羅斯柴爾德家族早年位於法蘭克福猶太社區的屋子，攝於一八六九年。

羅斯柴爾德五兄弟，由左至右、上至下分別為：阿姆斯洛．羅斯柴爾德（Amschel von Rothschild）、所羅門．羅斯柴爾德（Salomon von Rothschild）、南森．羅斯柴爾德（Nathan Rothschild）、卡爾．羅斯柴爾德（Carl von Rothschild）、詹姆斯．羅斯柴爾德（James de Rothschild）。

梅耶・羅斯柴爾德（Mayer Amschel Rothschild），五兄弟的父親。這是一張未註明日期也沒有簽名的小型畫像。

羅斯柴爾德五兄弟的母親，於一八四九年逝世，享年九十六歲。

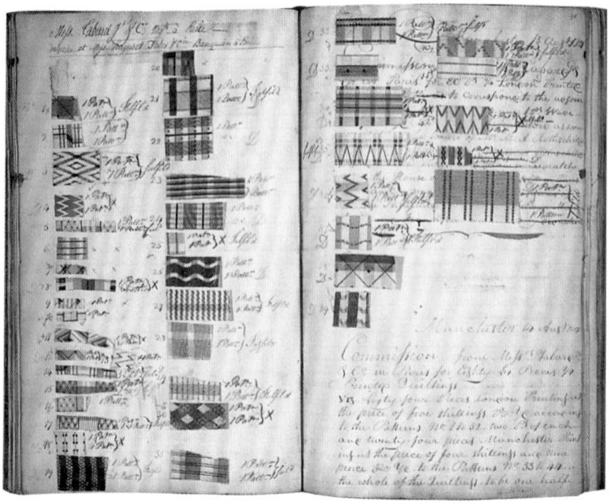

南森·羅斯柴爾德的筆記本，上頭貼有各種布料的樣品。這是他在曼徹斯特做紡織品生意時期的物品。

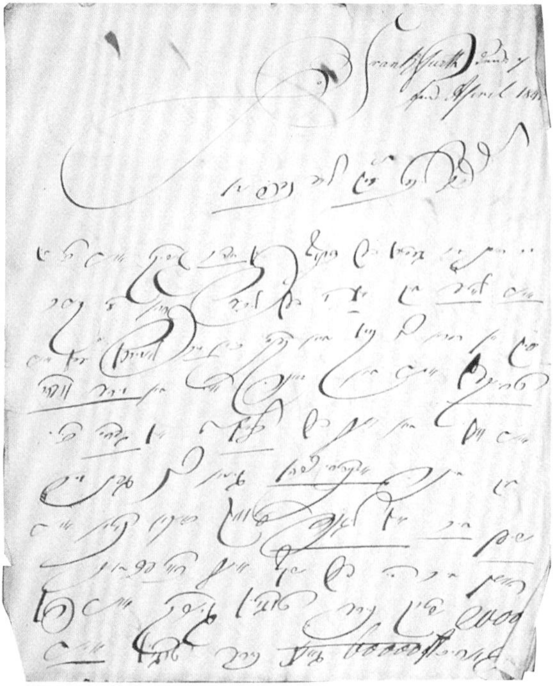

五兄弟之間往來的數千封書信之一，這封信是阿姆斯洛的手跡。

羅斯柴爾德家族成員齊聚一室，正在進行祈禱。

南森·羅斯柴爾德手持書信坐在書桌前。南森的書信通常措詞嚴厲，由此展現並行使他的權力。

詹姆斯·羅斯柴爾德老年時的照片，攝於一八六六年。

卡爾・羅斯柴爾德位於那不勒斯的別墅，繪於一八四五年。

所羅門・羅斯柴爾德位於維也納的飯店「Hôtel zum römischen Kaiser」。

羅斯柴爾德家族的徽章。一八二二年，奧地利國王授與羅斯柴爾德兄弟們男爵爵位，對猶太人來說，這是非常罕見的榮耀。

# 貨幣戰爭

誰掌握了貨幣，誰就能主宰這個世界

宋鴻兵 編著

推薦序

# 神秘的「錢」

中華經濟研究院研究員
吳惠林

初接出版社編輯邀序的電函，我頗爲猶豫要不要答應爲本書作序，因爲曾經看過中國學者對於金融方面的文章，幾乎都由「陰謀論」爲主軸進行分析，而且指的是西方經濟先進國家的陰謀，直覺上認爲這本《貨幣戰爭》也是如此。不過，由於我對「貨幣」的疑惑一直懸在心頭，多年來接觸到一些關於「貨幣的本質」之描述，對照現實世界的景況，總覺得世人將貨幣誤解，而專家們及有關金融業者更將貨幣的面目攪弄得更模糊，甚至於讓貨幣成爲人生夢魘，然而人們又脫離不了貨幣，於是千絲萬縷、錯綜複雜、糾纏不清。對於這本名爲《貨幣戰爭》的書究竟如何對待貨幣興起好奇，於是答應先看書再決定要不要寫序。

當看完本書前幾章和對本書已有的一些評論之後，我決定寫這篇序，因爲拋開陰謀論，本書對貨幣的諸種描述很可供世人深思。在對本書作評介之前，先跟讀者們談談我對「貨幣」或「錢」的認識。

## 問世間錢爲何物？

理財已成現代人生活中的重要事務，而理財的標的，無非是「錢滾錢」。不可否認地，「錢」和當代人關係密不可分，而「見錢眼開」、「有錢能使鬼推磨」、「人爲財死」等等自古以來即流傳世間的諺語，無不道出世人愛錢、錢對世人重要性之一斑。

縱然有著「君子愛財（錢），取之有道」、「勿做金錢奴役」的勉語和警語，可是「搶錢」風氣仍然熾熱，甚至在衍生性金融商品愈來愈多的今日，有著燎原趨勢。

在愛錢的同時，社會上卻也瀰漫著一股譴責「愛錢」、「銅臭味」，以及撻伐「功利」的詭異氣氛。人類對於錢財的愛恨交織，甚至於超越對「情」的感覺，那麼，「直叫人生死相許」的形容詞也當然頗適合於錢了。不過，「問世間『錢』爲何物？」恐怕更是一句貼切的問語。

對於這個也許被所謂的專家、行家們認爲是經濟學幼稚園的問題，很可能永遠找不到令人滿意的標準答案。國際著名的華裔產權經濟學專家張五常教授，在一九六三年於加州大學洛杉磯分校攻讀博士學位時，旁聽艾爾秦（A. Alchian）這位怪才名家的課，學期一開始第一堂課，艾爾秦一進教室劈頭就問：「什麼是貨幣？」貨幣就是「錢」的同義字，就這個看似簡單的問題，師生們（都是一群IQ頂高的人類）搞了三個星期，還是找不到完滿的答案，而艾爾秦在多年後雖發表了題爲〈什麼是貨幣？〉的論文，但仍然被認爲很有待商榷，當然也沒有令人滿意的答案。

## 貨幣有其「自化」秩序

類似的故事也發生在已故的一九七四年諾貝爾經濟學獎得主之一海耶克（F. A. Hayek）身上，這位終其一生不斷致力於對抗社會主義、極權主義，並揭穿其荼毒人類的眞實面目，以增進人類福祉的大儒，對於錢或貨幣的描述，更讓我們嘆爲觀止。

海耶克不客氣地說，一般人對不懂的事物，往往因爲猜忌而產生厭惡心理，對於貨幣就是如此，尤其因爲貨幣是高等文明秩序中最爲抽象的機制，這種厭惡心理也就更爲強烈。交易和貿易倚賴貨幣，透過貨幣的媒介傳導，個別特定的交易行爲，可以在最遙遠的地方，以最間接的方式，造成種種最爲一般化、而且也最不容易理解的影響。人類的合作秩序若要源遠流長，就必須藉助於貨幣，但是貨幣也將使引導人群合作的種種機制，覆蓋在一層難以穿透的濃霧之中。

一旦以物易物被以貨幣爲媒介的間接交易所取代，原本還可以理解的事物便消失不見了，代之而起的種種抽象的人際互動過程，即使是最有洞察力的人，也無法全盤理解。就是因爲如此，海耶克才說：「貨幣，或者說我們平常所使用的『金錢』，是所有事物當中最難理解的東西。」

人類對於金錢流露出既愛又恨的心理，金錢是自由最有力的寶貝，同時也是最爲邪惡的壓迫工具。海耶克認爲貨幣的運行，就像語言或道德那樣，是一種自化的秩序，而解釋這種秩序的理論，又是最不容易求得圓滿的。因此，貨幣專家們至今仍然對一些重大問題爭論不休。有些這方面的專家甚至已經認命，不再追求圓滿，因爲在他們看來，各種細節必然都無法被察覺，而整個秩序又是如此的複雜，以至於如果能夠抽象地說明貨幣秩序據以自化形成的種種原則，我們就應當感到心滿意足；這種抽象的原則性說明，儘管帶給我們很多重要的啓示，卻沒有辦法預測任何具體詳細的結果。

## 貨幣面對的道德挑戰

貨幣不僅讓專門學者感到苦惱，道德家們對於貨幣的猜忌也幾乎沒有一刻鬆懈。貨幣好比是萬能工具，誰掌有了它，誰就有力量，能夠以最不著痕跡的方式，實現或影響最多種類的目的。對於這個萬能的工具，海耶克舉出兩個讓道德家猜忌的理由：一是，雖然一般人一看就明白許多別的財富項目被用來作了些什麼事，但是我們通常無法分辨使用貨幣究竟給自己或別人帶來什麼具體的影響；二是，即使在某些情況下，貨幣所造成的影響可以分辨出來，然而貨幣雖然可以用來行善，也同樣可以用來爲惡。因此，對於有錢人來說，金錢之功用在於其萬能；但對於道德家而言，正因爲金錢萬能，所以金錢更不值得信任。而且，經由巧妙地運用貨幣，進而取得的巨大利益，看起來一如商業買賣，和體力付出無關，也看不出有什麼其他的功德。

貨幣就是這樣讓貨幣專家們感到迷惑，同時也讓道德家們感到憤怒。這兩種人都因爲發覺整個事態的發展，已經超出了我們能力關照得到的範圍，以及因爲已不再能控制我們賴以生存的事態發展順序，而感到震驚。似乎一切都已經超出我們的掌控，難怪有人談起貨幣，往往措辭強烈，乃至誇張。事實上現在還有許多人，相信「借錢取息」和「謀殺」一樣壞。

貨幣制度就像道德、法律、語言，以及各種生物那樣，也是來自於自化的秩序，因此，也同樣受到變異與演化選擇過程的焠煉。然而，貨幣制度終究是在所有自化長成的結構當中，最不令人滿意的產物。海耶克曾舉例說，自從基本上含有自動調整機制的國際金本位制，在專家們的指導下，被由政府刻意操縱的「貨幣政策」取代之後，迄今已過了七十多年；但很少人敢說，在這段期間中，貨幣制度的運作有任何改進。事實上，根據人類過去的經驗，貨幣確實並不值得信任，但不是因爲一般人所設想的那些理由而不值得信任，而是因爲貨幣經歷過的演化選擇過程，比別種制度受到更多的干擾。由於受到政府壟斷貨幣，阻撓市場競爭進行各種試驗的影響，演化選擇機制在貨幣方面未曾充分發揮作用。海耶克進一步說，在政府的照顧之下，貨幣制度已經發展到非常複雜的地步了。然而，在此一發展過程中，由於政府從中作梗，幾乎沒有市場試驗，也很少讓市場自由選擇可能適合它的制度。因此，我們到今天還不太清楚什麼是好的貨幣，也不知道貨幣可以好到什麼程度。

## 政府壟斷貨幣並不適當

其實，政府對貨幣發展的干擾與壟斷，並不是最近才開始的，幾乎在鑄幣開始被市場選作普遍接受的交易媒介時，政府的干擾就不斷地發生了。海耶克嚴厲地指責說，沒有貨幣，延遠的自由合作秩序就無法運行；但是貨幣幾乎自始就遭到政府無恥的摧殘，以致它竟然變成延遠的人類合作秩序當中，干擾各種自動調適過程的主要亂源。除了少數幾個幸運的短暫時期，整個政府管理貨幣的歷史，簡直就是一部詐欺和朦騙的歷史。在這方面，海耶克已經證實，政府自己比任何在競爭的市場裡提供各種貨幣的私人機構，都來得更不道德。海耶克說過不少次，如果政府不再壟斷貨幣，則市場經濟的潛能也許會有更大的發展空間。

重讀海耶克對貨幣的剴切剖析，不禁對世人當前面臨的金融風暴打顫，各國政府控制貨幣的慾望不但一如以往，或許還變本加厲。讓貨幣不再繼續被導入歧途，讓貨幣回歸其單純「交易媒介」的本質，否則，金融浩劫會是慣性的波濤洶湧、沒完沒了的。

平實地說，人類還是有許多睿智者，歐元的統合、歐洲中央銀行及世界中央銀行的構想等等都可以窺知有心人的反省。但是，實現的可能性卻是令人懷疑的。畢竟「錢為何物？」世人根本不想了解，何況似乎已無法理解了！

## 返還單純交易媒介的貨幣本質

如今雖進入電子錢幣時期，又是一次革命性的貨幣演變，但對於貨幣到底是什麼的疑問，不只沒有提出更明確的答案，反而讓世人更加眼花繚亂，也更為迷茫。「虛擬經濟」毋寧是傳神的比擬，此與「泡沫經濟」同義，僅就我們眼見的信用卡引發的諸項弊端，以及金錢泡沫投機遊戲一再帶來的禍害來看，讓貨幣成為單純的「交易媒介」實在是太重要了。

以上的論點是我在多年前就提出的，到美國次級房貸、「二房」風暴席捲全球的今日，竟然不但適用還更鮮明。「信用」貨幣更失序，各國政府對貨幣的管控更不如人意，國際熱錢的規模愈見龐大，美國聯邦準備理事會（Fed）、國際貨幣基金（ＩＭＦ）、世界銀行的力量依然強大，而各類基金如雨後春筍般不斷湧現，各類貨幣令人眼花繚亂。貨幣是「商品」已是理所當然，投機炒作司空見慣，貨幣在一夕之間化為烏有的可能性愈見升高，現代人有如生活在空氣愈漸稀薄的環境中，「信用貨幣」缺乏信用已是鮮活寫照。究其根本，人心墮落、道德敗壞、缺乏誠信是也。

經由這樣的了解，再回頭來看這本《貨幣戰爭》就會更爲踏實，也較不會浮面式的理解。誠如高盛集團董事胡祖六先生對本書的評語：

以金融爲脈絡，交錯穿插於近兩百餘年世界經濟、政治、社會乃至軍事戰爭中，將許多最有名的政治家、軍事家與最富戲劇性的歷史事件統統與金融聯繫起來，其構思之大膽、跨度之寬廣，令人驚嘆。當今世界，除了少數幾位學貫古今，在經濟學、金融學、政治學、歷史學等皆有造詣的文藝復興式的大師，相信很少有人能創作一本如此包羅萬象的書，並宣稱能夠成功破譯世界財富密碼，曝光不爲人知的歷史眞相，揭示許多重大歷史事件的前因後果。作爲一本通俗性供消遣娛樂的書，該書的欣賞價值顯而易見。《貨幣戰爭》一書把原著中的有關內容編串起來，視角獨特，可讀性強，更進一步增添了人們對原本顯得過於神秘的金融領域的興趣與好奇心。但是，如果讀者，尤其是政府決策者把它視爲一本眞實與嚴謹的書籍，對書中所作結論或政策建議認眞待之，那麼我們就不能不表示驚訝，甚至不安。

是的，《貨幣戰爭》一書主要寫歷史，但非嚴謹的學術性著作，毋寧更接近一本小說（fiction）。儘管有評論者認爲它輕率地改寫了人們早已廣爲接受的世界近代史，尤其是美國歷史。從美國獨立戰爭、南北戰爭到第一次世界大戰，從亞伯拉罕·林肯到約翰·甘迺迪，再到羅納德·雷根，美國歷史上所有總統遇刺事件，無一例外，都被該書通統歸結爲一小撮國際銀行家爭奪所謂「貨幣發行權」的陰謀策劃所致。書中，美國革命不再是北美各殖民地聯合起來擺脫英國統治、爭取政治獨立與經濟自由的鬥爭，而是爲了所謂「貨幣發行權」；南北戰爭不是因爲是否廢留奴隸制度所引起的尖銳衝突，而是「國際銀行家」的操縱結果。

## 有啓發力的書就是值得讀的書

更大膽的是，本書還鄭重宣稱，沒有Fed，就沒有第一次世界大戰；而第二次世界大戰也不是以美國、英國、蘇聯與中國爲首的盟國反擊納粹德國、義大利法西斯與日本軍國主義野蠻侵略的正義史詩，而是羅斯福總統玩世不恭地在戰爭硝煙中驗證凱恩斯的赤字財政和廉價貨幣的主張，刺激美國經濟復甦，並讓國際銀行家們在戰爭中再次大發一筆橫財。甘迺迪總統被刺殺，是因爲他簽署了一份「鮮爲人知」的關於白銀券的一一一一〇號總統令；越南戰爭結束的本質原因，乃是倫敦黃金戰場的慘敗，導致統治精英階層的金融「底氣」損耗殆盡；中東石油危機，不是石油輸出國家組織（OPEC）而是國際銀行家的決定等等。

不過，歷史終究是人寫的，其眞相如何宛如「羅生門」，人人都可編故事，何況這不是一本正經八百的書，譁眾取寵刺激銷路想必是作者的重要目的。然而，不可否認的是，本書文筆流暢，且引述了許多歷史典故、傳說、軼事、名人語錄等，的確引人入勝，也能勾起一般讀者對枯燥金融問題的興趣，但也不要太嚴肅、太認眞看待。

雖然作者發揮無限想像力，好像身臨其境似地看到眞相、實情，的確不可思議，但本書對Fed、

ＩＭＦ、世銀等當今全球舉足輕重的組織之偏向負面評價，也是諸多金融貨幣專家們撻伐本書最重且覺得莫名其妙之處，卻是最值得讀者深思的。已故的自由經濟大師、一九七六年諾貝爾經濟學獎得主傅立曼（M. Friedman）就曾大肆批評Fed，更對ＩＭＦ早該功成身退大聲疾呼，而二〇〇一年諾貝爾經濟學獎得主之一史迪格里茲（Joseph E. Stiglitz）也對ＩＭＦ和世銀嚴加批評。值得注意的是，史迪格里茲在一九九七年至二〇〇〇年元月，還曾擔任世銀首席經濟學者和資深副總裁呢！

可是，我們也不得不提醒，作者對政府管控貨幣的必要性持極正面看法，而如前面所引海耶克對政府壟斷貨幣弊害的暮鼓晨鐘剴切批評，讓我們心驚膽跳。所以，公說公有理、婆說婆有理，唯一不變的眞理是：貨幣或錢已是愈來愈神祕，任誰都無法理解了。究其根源，就在人心變壞、誠信隕落、貪求名利。除非大家都能「人心回升」，否則人類生活空間的空氣會愈來愈稀薄，不確定風險將愈來愈高，「遑遑然不可終日」會是最佳寫照。

古聖先賢曾說：「盡信書，不如無書。」希望讀者能以此心態看這本書。而今日哲人也說：「大凡一本值得讀的書，內容是否正確並不打緊，最重要的是它有沒有啓發力。」信哉斯言！本書是否屬於此類，有勞讀者們自行評斷了。

# 媒體報導

這樣一個包羅萬象的陰謀論，可能會像那些講述著「蘇黎世侏儒」和華爾街操控全球金融的小冊子一樣。但圍繞著是否應在美國壓力下開放中國金融體系，中國目前正進行著一場長時間的論戰。值此之際，此書出人意料地暢銷，並得到政府和商界高層人士的閱讀。

——英國《金融時報》

宋鴻兵的《貨幣戰爭》暢銷數十萬冊，令西方暢銷書作家望塵莫及。《貨幣戰爭》以「揭秘」這種廣大人民群眾喜聞樂見的形式風靡一時，另外在書中，歐洲古老的猶太金融家族成爲「陰謀論」的核心，《貨幣戰爭》暢銷本身已經引起西方媒體關注。

——BBC中文網

究竟《貨幣戰爭》只是一部以「陰謀論」作幌子的假大空著作，還是一部有根有據、值得關注的一家之言？讀者自可有本身的評價。不過這樣一本小書，就連中國國家發改委金融司司長徐林，及中國社科院研究員張宇燕也願意撰文推介，則自應有其值得閱讀的地方，也反映了中國金融界對貨幣政策具有一定的危機感。

——《明報》

報導過此書的國外媒體，尚有：美國《華盛頓郵報》、德國《明鏡周刊》、「美國之音」中文網、「德國之聲」中文網等。

# 目錄

## 第三章 美聯儲：私有的中央銀行 

## 第八章 不宣而戰的貨幣戰爭




## 第九章 美元死穴與黃金一陽指

# 第一章

# 羅斯柴爾德家族：「大道無形」的世界首富

只要我能控制一個國家的貨幣發行，我不在乎誰制訂法律。[1]

梅耶・羅斯柴爾德

◎本章導讀

當國際媒體成天炒作身家五百億美元的比爾．蓋茲蟬聯世界首富寶座的時候，如果你信以爲眞，你就上當了。因爲在人們耳熟能詳的所謂富豪排行榜上，你根本找不到「大道無形」的超級富豪們的身影，因爲他們早已嚴密地控制了西方的主要媒體。

所謂「大隱隱於朝」。如今，羅斯柴爾德家族仍在經營著銀行業務，但是如果我們隨機在北京或上海的街頭問一百個中國人，其中可能有九十九人知道美國花旗銀行，卻不見得有一人知道羅斯柴爾德銀行。

究竟誰是羅斯柴爾德？一個從事金融行業的人，從來沒有聽說過「羅斯柴爾德」這個名字，就如同一個軍人不知道拿破崙，研究物理學的人不知道愛因斯坦一樣不可思議。奇怪卻並不意外的是，這個名字對絕大多數中國人來說非常陌生，但它對中國人民乃至世界人民的過去、現在和未來的影響力是如此巨大，而其知名度如此之低，其隱身能力讓人嘆爲觀止。

羅斯柴爾德家族究竟擁有多少財富？這是一個世界之謎，保守的估計是五十兆美元！2

羅斯柴爾德家族到底如何賺到如此驚人的財富？這就是本章要告訴你的故事。

嚴密的家族控制、完全不透明的黑箱操作、像鐘錶一般精確的協調、永遠早於市場的資訊獲取、徹頭徹尾的冷酷理智、永無止境的金權慾望，以及基於這一切對金錢和財富的深刻洞察和天才預見力，使得羅斯柴爾德家族在世界兩百多年金融、政治和戰爭的殘酷漩渦中所向披靡，建立了一個人類歷史上迄今爲止最爲龐大的金融帝國。

## 拿破崙的滑鐵盧與羅斯柴爾德的凱旋門

南森是老羅斯柴爾德的第三個兒子，也是五兄弟中最具膽識的一人。一七九八年，他被父親從法蘭克福派往英國，開拓羅斯柴爾德家族的銀行業務。南森是個城府極深、行事果決的銀行家，從沒有人眞正了解他的內心世界。憑著驚人的金融天賦和神鬼莫測的手段，到了一八一五年，他已成爲倫敦首屈一指的銀行寡頭。

南森的大哥阿姆斯洛在法蘭克福打理羅斯柴爾德家族銀行的大本營（M.A. Rothschild and Sons），他的二哥所羅門在奧地利的維也納建立了家族的另一分支銀行（S.M. Rothschild and Sons），他的四弟卡爾在義大利的那不勒斯建立了另一個銀行，他的五弟詹姆斯在法國巴黎也有一個銀行（Messieus de Rothschild Freres）。羅斯柴爾德家族所創建的銀行體系，是世界上第一個國際銀行集團。此時五兄弟正密切地注視著一八一五年的歐洲戰況。

這是一場關係著歐洲大陸命運和前途的重要戰爭。如果拿破崙取得了最終勝利，法國將無庸置疑地成爲歐洲大陸的主人；如果威靈頓公爵打垮了法軍，英國將主導歐洲的大國均勢。

早在戰前，羅斯柴爾德家族就非常具有遠見地建立了自己的戰略情報收集和快遞系統。他們建構起數量龐大的祕密代理人網路，這些類似戰略情報間諜的人被稱爲「孩子們」。這些人被派駐於歐洲所有的首都、各大城市、重要的交易中心和商業中心，各種商業、政治和其他情報在倫敦、巴黎、法蘭克福、維也納和那不勒斯之間往來穿梭。這個情報系統的效率、速度和準確度，都達到了令人嘆爲觀止的程度，遠遠超過任何官方資訊網路的速度，其他商業競爭對手更是難以望其項背。這一切使得羅斯柴爾德銀行幾乎在所有的國際競爭中處於明顯的優勢。[3]

「羅斯柴爾德銀行的馬車奔馳在（歐洲各地的）公路上，羅斯柴爾德銀行的船隻穿梭於海峽之間，羅斯柴爾德銀行的間諜們遍佈（歐洲的）城市街道，他們揣著大量現金、債券、信件和消息，他們最新的獨家消息在股票市場和商品市場中被迅速地傳播著，但所有消息都沒有滑鐵盧戰役的結果來得寶貴。」[4]

一八一五年六月十八日，在比利時布魯塞爾近郊展開的滑鐵盧戰役，不僅是拿破崙和威靈頓兩支大軍之間的生死決鬥，也是成千上萬投資者的巨大賭博，贏家將獲得空前的財富，輸家將損失慘重。倫敦股票交易市場的氣氛緊張到了極點，所有人都在焦急地等待著滑鐵盧戰役的最終結果。如果英國敗了，英國公債（Consols）的價格將跌進深淵；如果英國勝了，英國公債將衝上雲霄。

正當兩支狹路相逢的大軍進行著殊死戰鬥時，羅斯柴爾德的間諜們也緊鑼密鼓地從兩軍內部收集著儘可能準確的各種戰況進展情報。更多的間諜們隨時負責將最新戰況轉送到離戰場最近的羅斯柴爾德情報中轉站。到了傍晚時分，拿破崙敗局已定，一位名叫羅斯伍茲的羅斯柴爾德快信傳遞員親眼目睹了戰況，他立刻騎快馬奔向布魯塞爾，然後轉往奧斯坦德港。當羅斯伍茲跳上一艘具有特別通行證的羅斯柴爾德快船時，已經是深夜時分。這時英吉利海峽風急浪高，在付了兩千法郎的費用之後，他終於找到了一名水手，連夜幫他渡過海峽[5]。當他於六月十九日清晨到達英國福克斯頓的岸邊時，南森．羅斯柴爾德親自在那裡等候。南森快速地打開信封，瀏覽了戰報標題，然後策馬直奔倫敦的股票交易所。

當南森快步進入股票交易所時，正在等待戰報、焦急而激動的人群立刻安靜下來，所有人的目光都注視著南森那張毫無表情、高深莫測的臉。這時南森放慢了腳步，走到自己那張被稱為「羅斯柴爾德支柱」的寶座上。此時他臉上的肌肉彷彿石雕一般，沒有絲毫情緒浮動。交易大廳已經完全沒有了往日的喧囂，每個人都把自己的富貴榮辱寄託在南森的眼神上。稍事片刻，南森衝著環伺在側的羅斯柴爾德家族的交易員們遞了一個深邃的眼色，大家立即一聲不響地衝向交易台，開始拋售英國公債。大廳裡立時一陣騷動，有些人開始交頭接耳，更多人仍然不知所措地站在原地。這時，相當於數十萬美元的英國公債被猛然拋向市場，公債價格開始下滑，然後更大的拋單像海潮一般，一波比一波猛烈，公債的價格開始崩潰。

此時南森依然毫無表情地靠在他的寶座上。交易大廳裡終於有人發出驚叫：「羅斯柴爾德知道了！」「威靈頓戰敗了！」所有人立刻像觸電一般回過神來，拋售終於變成了恐慌。人們在猛然失去理智的時候，跟隨別人的行為成了一種自我強制性行動。每個人都想立刻拋掉手中已經毫無價值的英國公債，儘可能地留住一些所剩無幾的財富。經過幾個小時的狂拋，英國公債已成為一堆垃圾，票面價值僅剩下五％。[6]

此時的南森像一開始一樣，仍然漠然地看著這一切。他的眼睛以一種不經長期訓練絕不可能讀懂的眼神輕微地閃動了一下，但這次的信號卻完全不同。他身邊眾多的交易員立即撲向各自的交易台，開始買進市場上所能見到的每一張英國公債。

六月二十一日晚間十一點，威靈頓公爵的信使亨利·珀西終於抵達了倫敦，消息是拿破崙大軍在八個小時的苦戰後被徹底打敗，損失了三分之一的士兵，法國完了！

這個消息比南森的情報晚了整整一天！而南森在這一天之內，狂賺了二十倍的金錢，超過拿破崙和威靈頓在幾十年戰爭中所得到的財富的總和！[7]

滑鐵盧一戰使南森一舉成爲英國政府最大的債權人，從而主導了英國日後的公債發行，英格蘭銀行被南森所控制。英國的公債就是未來政府稅收的憑證，英國人民向政府繳納各種稅賦的義務，變成了羅斯柴爾德銀行向全民變相徵稅。英國政府的財政支出是靠發行公債來籌集，換句話說，英國政府因爲沒有貨幣發行權而必須向私人銀行借錢花，而且要支付八％左右的利息，所有本息都以金幣結算。當南森手裡攥著具有壓倒性優勢數量的英國公債時，他實際上操控著公債的價格，左右著整個英國的貨幣供應量，英國的經濟命脈被緊緊地捏在羅斯柴爾德家族的手中。

志得意滿的南森毫不掩飾他征服了大英帝國的驕傲：

> 我不在乎什麼樣的英格蘭傀儡被放在王位上來統治這個龐大的日不落帝國。誰控制著大英帝國的貨幣供應，誰就控制了大英帝國，而這個人就是我！[8]

# 羅斯柴爾德起家的時代背景

> 少數能理解這個系統（支票貨幣和信用貨幣）的人，要嘛是對這個系統所產生的利潤非常感興趣，要嘛就是非常依賴這個系統的施捨（政治家），這個階層的人是不會反對我們的。另一方面，絕大多數的人民在智力上不足以理解基於這個系統而衍生出的資本所帶來的巨大優勢，他們將承受壓迫且毫無怨言，甚至一點都不會懷疑這個系統損害了他們的利益。[9]
>
> 羅斯柴爾德兄弟，一八六三年

老羅斯柴爾德生長於工業革命在歐洲迅猛發展、金融業空前繁榮的時代，全新的金融實踐和思想從荷蘭和英國向全歐洲輻射開來。隨著一六九四年英格蘭銀行（Bank of England）的成立，一個遠較過去複雜得多的金錢概念和實踐，被一大批富於冒險精神的銀行家創造出來。

在十七世紀的一百年中，金錢的概念和形式都發生了深刻變化，從一六九四年到一七七六年亞當·史密斯的《國富論》（*The Wealth of Nations*）問世時，人類歷史上銀行發行的紙幣量，第一次超過了流通中的金屬貨幣總量[10]。工業革命所產生的對鐵路、礦山、造船、機械、紡織、軍工、能源等新興行業空前巨大的融資需求，與傳統金匠銀行的古老低效和極爲有限的融資能力之間產生了日益強烈的矛盾。以羅斯柴爾德家族爲代表的新興銀行家，抓住了這一歷史性的重要機遇，以對自己最爲有利的方式，全面主導了現代金融業的歷史走向，而所有其他人的命運，則不得不或毫無知覺地被這種制度所決定。

一六二五年以來的兩次內戰和政局動盪使英國國庫空虛，一六八九年威廉一世入主英國（由於迎娶英王詹姆士二世的女兒瑪麗才得到王位）時，他面對的是一個爛攤子，再加上他與法王路易十四正在進行的戰爭，使得威廉一世四處求錢，幾近饑不擇食的程度。這時，以威廉・派特森（William Paterson）為首的銀行家，向國王提出一個從荷蘭學來的新概念：建立一家私有的中央銀行——英格蘭銀行，來為國王龐大的開支進行融資。

這家私有銀行向政府提供一二〇萬英鎊的現金，作為政府的「永久債務」（Perpetual Loan），年息八％，每年的管理費為四千英鎊，這樣每年政府只要花十萬英鎊，就可以立刻籌到一二〇萬英鎊的現金，而且可以永遠不用還本錢！當然政府還要提供更多的「好處」，那就是允許英格蘭銀行獨家發行國家認可的銀行券（Bank Note）[11]。

長久以來，人們知道金匠銀行家（Goldsmith Banker）最有利可圖的就是發行銀行券，這些銀行券，其實就是儲戶存放在金匠那裡保管的金幣的收據。由於攜帶大量金幣非常不便，大家就開始以金幣的收據進行交易，然後再從金匠那裡兌換相應的金幣。時候長了，人們覺得沒必要總是到金匠那裡存取金幣，後來這些收據逐漸成了貨幣。聰明的金匠銀行家們漸漸發現，每天只有很少的人來取金幣，他們便開始悄悄地增發一些收據，來放貸給需要錢的人並收取利息，當借債者連本帶息地還清借據上的欠款，金匠銀行家們就收回借據再悄悄地銷毀，好像一切都沒發生過，但利息卻穩穩地裝進了自己的錢袋。一個金匠銀行的收據流通範圍愈廣，接受程度愈高，利潤就愈大。而英格蘭銀行發行的銀行券，其流通範圍和接受程度，是其他銀行遠遠無法比擬的，這些得到國家認可的銀行券就是國家貨幣。

英格蘭銀行的現金股本向社會招募，認購兩千英鎊以上的人，有資格成爲英格蘭銀行的董事（Governor）。一共有一三三〇人成爲英格蘭銀行的股東，十四人成爲銀行董事，包括威廉・派特森[12]。

一六九四年，英王威廉一世頒發了英格蘭銀行的皇家特許執照（Royal Charter），第一個現代銀行就這麼誕生了。

英格蘭銀行的核心理念，就是將國王和王室成員的私人債務轉化爲國家的永久債務，用全民稅收做抵押，由英格蘭銀行來發行基於債務的國家貨幣。如此一來，國王有錢打仗或享受，政府有錢做自己愛做的事，銀行家放出了他們日思夜想的巨額貸款並得到可觀的利息收入，似乎是個皆大歡喜的局面，只有人民的稅收成了被抵押品。由於有了這樣強大的新的金融工具，英國政府的赤字直線上升，從一六七〇年到一六八五年，英國政府的財政收入是二四八〇萬英鎊。從一六八五年到一七〇〇年，政府收入增加了一倍多，達到五五七〇萬英鎊，但英國政府從英格蘭銀行的借貸，自一六八五年到一七〇〇年暴漲了十七倍多，從八十萬英鎊漲到了一三八〇萬英鎊。[13]

更妙的是，這個設計把國家貨幣的發行和永久國債鎖死在一起。要新增貨幣就必須增加國債，而還清國債就等於摧毀了國家貨幣，市場上將沒有貨幣流通，所以政府也就永遠不可能還清債務。由於償還利息和經濟發展的需要，必然導致對貨幣更大的需求，這些錢還得向銀行借債，所以國債只會永遠不斷地增加，而這些債務的利息收入全部落入銀行家的錢袋，利息支出則由人民的稅收來負擔。

果然從此以後，英國政府就再也沒有還清債務，到二〇〇五年底，英國政府的欠債從一六九四年的一二〇萬英鎊增加至五二五九億英鎊，佔英國GDP的四二·八%。[14]

如此看來，爲了這樣大的一筆鉅款，如果有誰膽敢擋了私有化的國家銀行之路，砍掉個把國王的頭，或刺殺若干個總統的風險，實在值得冒險一下。

## 老羅斯柴爾德的第一桶金

一七四四年二月二十三日，梅耶·A·鮑爾出生於法蘭克福的猶太人聚居區，他的父親摩西是一個流動的金匠和放貸人，常年在東歐一帶謀生。當梅耶出生以後，摩西決定在法蘭克福定居下來。梅耶從小就展現出驚人的智商，父親對他傾注了大量心血，悉心調教，系統地教授他關於金錢和借貸的商業知識。幾年後摩西去世，年僅十三歲的梅耶在親戚的鼓勵下，

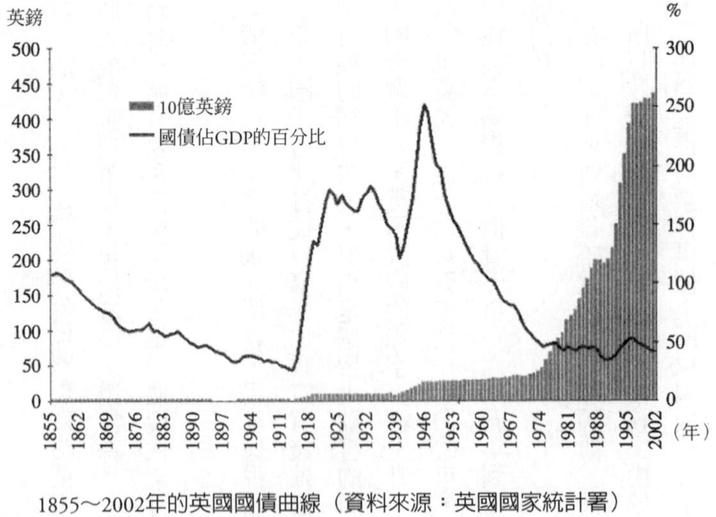


1855～2002年的英國國債曲線（資料來源：英國國家統計署）

來到漢諾威的歐本海默家族銀行當銀行學徒[15]。

梅耶以其過人的悟性和勤奮，迅速掌握了銀行運作的各類專門技能，在整整七年的歲月中，他像海綿吸水一般吸收並消化著從英國傳來的種種金融業的奇思妙想。由於工作出色，梅耶被提拔為初級合夥人。在銀行工作的日子裡，他結識了一些很有背景的客戶，其中包括對他日後發展起了重大作用的馮·伊斯托弗將軍。正是在這時候，梅耶意識到把錢貸給政府和國王，要比貸給個人的利潤和保險係數高得多，不僅貸款數額大得多，更有政府稅收做抵押。這種來自英國的全新金融理念，使梅耶的頭腦煥然一新。

幾年以後，年輕的梅耶回到了法蘭克福，繼續父親的放貸生意。他還將自己的姓氏改為羅斯柴爾德（Rothschild，Rot是德文的「紅色」，Schild是德文的「盾」）。當梅耶得知馮·伊斯托弗將軍也回到法蘭克福，並在威廉王子的宮廷中做事時，立刻想到要好好利用這一層關係。馮·伊斯托弗將軍再次見到梅耶時，他也非常高興。將軍是一名錢幣收藏家，而梅耶對錢幣的研究更是幾代祖傳的，談起古代的各種錢幣如數家珍，直聽得將軍眉飛色舞。更讓將軍欣喜的是，梅耶願意以很低的折扣賣幾枚罕見的金幣給將軍，馮·伊斯托弗將軍很快地就把梅耶當作知己。工於心計的梅耶迅速地和宮廷中的重要人物熟稔起來。終於有一天，經馮·伊斯托弗將軍引見，威廉王子召見了梅耶，原來王子也是金幣收藏家，梅耶用同樣的手段，很快就讓王子對他青睞有加。

在幾次以低價賣給王子稀世罕見的金幣之後，王子也覺得不好意思，於是問梅耶有沒有什麼需要幫忙的，梅耶不失時機地提出想要成為宮廷正式代理人，他終於如願以償了。一七六九年九月二十一日，梅耶在自己的招牌上鑲上王室盾徽，旁邊以金字寫上「M·A·羅斯柴爾德，威廉王子殿下指定代理人」[16]。一時之間，梅耶的信譽大漲，生意愈來愈紅火。

威廉王子在歷史上是個嗜財如命的人，在十八世紀的歐洲以「租借軍隊」給其他國家來「維護和平」而出名。他和歐洲各王室都有著密切的關係，尤其喜歡和英國王室做生意——英國有許多海外利益，經常需要用兵，而自己的軍隊數量不敷使用。英國出的錢較多，也很少拖欠，所以和威廉王子一拍即合。日後在美國獨立戰爭時，華盛頓對付的德國士兵比英國士兵還多。威廉王子由此積攢下歐洲歷史上王室最大的一筆遺產，大約相當於兩億美元，難怪人們稱他爲「歐洲最冷血的貸款鯊魚」。[17]

投身於威廉王子帳下後，梅耶盡心竭力地把每件差事都辦得盡善盡美，因此深得王子信任。不久後，法國大革命爆發（一七八九～一七九九），革命的浪潮從法國逐漸向周邊的君主制國家蔓延。威廉王子開始焦慮不安起來，他愈來愈擔心革命會在德國產生共鳴，暴徒們會洗劫他的財富。與王子的想法相反，梅耶對法國革命感到非常高興，因爲恐慌導致他的金幣生意量大漲。當革命的矛頭指向神聖羅馬帝國之時，德國與英國間的貿易中斷了，進口貨的價格飛漲，從英國販運商品到德國販賣，使梅耶狠賺了一筆。

梅耶一直是猶太社區非常活躍的領袖人物。「每個星期六晚上，當猶太教堂的禮拜結束之後，梅耶總會邀請一些最具智慧的猶太學者到他家裡，他們聚攏在一起，一面慢慢地喝著葡萄酒，一面詳細地討論做一些事的順序直到深夜。」[18]

梅耶有句名言：「在一起祈禱的家庭將凝聚在一起。」後來人們始終弄不明白，是什麼樣的力量，讓羅斯柴爾德家族的人如此執著於征服與權力。

到了一八〇〇年，羅斯柴爾德家族已成爲法蘭克福最富有的猶太家族之一。這一年，梅耶更獲得了神聖羅馬帝國皇帝授予的「帝國皇家代理」稱號。這個稱號使他能通行帝國的各個地區，免除了加在其他猶太人身上的各種賦稅，他的公司人員還可以配備武器。

一八〇三年，梅耶和威廉王子的關係日益密切，使梅耶的勢力大大地躍上一個台階。事情是這樣的，威廉王子的一位表兄是丹麥國王，他向威廉王子提出想借一筆款項，威廉王子怕露富而不願答應。當梅耶得知此事後，認爲這是個很好的機會，於是向王子提出一個解決方案：由王子出錢，梅耶出面協商，以羅斯柴爾德的名義讓丹麥國王貸款，利息梅耶可以提成。王子仔細想了想，覺得這是個不錯的辦法，既能放貸收錢又不會露富。對梅耶來說，放貸給國王是他夢寐以求的事，不僅能得到穩定的回報，更是提高聲譽的絕佳機會。結果貸款獲得了極大的成功。緊接著，又有六筆丹麥王室的貸款透過梅耶成交。羅斯柴爾德聲名鵲起，尤其是他與皇室的密切聯繫在歐洲開始爲人所知。

拿破崙當政之後，曾經試圖將威廉王子拉到自己這一邊，但威廉王子首鼠兩端，不願在形勢明朗前選邊站。最後拿破崙宣佈「要把赫思—凱瑟（威廉王子家族）從歐洲的統治者名單中清除出去」，隨即法軍大兵壓境，威廉王子倉皇流亡至丹麥，出逃之前，將一筆價值三百萬美元的現金交給梅耶保管[19]。就是這三百萬美元的現金，爲梅耶帶來了前所未有的權力和財富，成爲梅耶鑄造其金融帝國的第一桶金。

梅耶有比建立一個英格蘭銀行更大得多的雄心。當他得到威廉王子這筆鉅款時，他就開始點兵遣將了。他的五個兒子像五枝利箭一般，射向歐洲的五個心臟地區。老大阿姆斯洛鎮守法蘭克福總部，老二所羅門前往維也納開闢新戰場，老三南森被派往英國主持大局，老四卡爾奔赴義大利的那不勒斯建立根據地，並擔任兄弟之間的信使往來穿梭，老五詹姆斯執掌巴黎業務。

一個人類歷史上前所未有的金融帝國揭開了帷幕。

## 南森主宰倫敦金融城

他們（羅斯柴爾德家族）是世界金錢市場的主宰，當然也就是幾乎所有一切其他事物的主宰。他們實際上擁有以整個南義大利地區的財政收入做抵押的資產，（歐洲）所有國家的國王和部長都在聆聽他們的教誨。[20]

班哲明．狄斯雷利，英國首相，一八四四年

倫敦金融城是大倫敦地區中心一塊占地僅二．六平方公里的地區，十八世紀以來一直是英國乃至世界的金融中心，它擁有獨立的司法系統，與梵蒂岡十分相似，頗像一個國中之國。這個彈丸之地雲集著包括英格蘭銀行總部在內的世界主要金融機構，創造了當今英國GDP的六分之一。誰主宰著倫敦金融城，誰就主宰著英國。

南森初到英國時正值法英對峙，互相封鎖。英國貨在歐洲價格賣得很高，南森開始與在法國的弟弟詹姆斯聯手，將貨物從英國偷運至法國轉手，從中賺了很多錢。後來南森結識了英國財政部的官員約翰·哈里斯，打聽到英軍在西班牙的困境。當時威靈頓公爵所統帥的英軍已做好進攻法軍的準備，唯一的難題就是欠缺軍餉。儘管威靈頓公爵有著英國政府的擔保，但他即使磨破了嘴皮子，也難以說服西班牙和葡萄牙的銀行家接受他拿出的銀行券。威靈頓公爵的大軍迫切地需要黃金[21]。

南森靈機一動，決心在此事上大撈一筆。他四處打聽黃金的貨源，正好東印度公司有一批黃金剛從印度運來，準備出售，而英國政府也想購買，只是覺得價格太高，想等黃金價格降下來再購進。南森摸準了情況，立即將帶到英國打天下的威廉王子的三百萬美元現金，以及自己走私英國貨物賺來的大筆資金全部押上，搶先與東印度公司交易，購買了八十萬英鎊的黃金[22]，然後立刻抬高黃金價格。英國政府眼見黃金價格降不下來，前方軍情又十萬火急，只有從南森手中以高價購進，這筆交易讓南森賺得盆滿缽滿。

南森繼續施展連環計，他又提出要護送這批黃金到威靈頓公爵的軍中。當時法國對英國進行嚴密的陸上封鎖，此行風險極大，英國政府願意支付很高的價錢來運送這批黃金。拿到這個差事後，南森讓年僅十九歲的弟弟詹姆斯通知法國政府，南森想運送黃金到法國。英國政府可能對此非常憤怒，因為黃金流到法國，會大大削弱英國的財政能力。法國一得知有這樣的大好事，豈有不大力支持的道理？立即下令法國員警沿途保護，一路放行。個別瞧出名堂的法國官員也被重金賄賂，裝聾作啞。

於是南森等人押送的黃金，得到英法兩國政府的支持，浩浩蕩蕩、大搖大擺地進入巴黎的銀行。南森一面參加法國政府的歡迎宴會，一面悄悄派人將黃金兌換成威靈頓公爵能夠接受的金幣，再神不知、鬼不覺地透過羅斯柴爾德的運輸網路，運送到西班牙的英軍手中。其手法之高妙，直追現代好萊塢的電影情節。

一位普魯士駐英國的外交官這樣說道：「羅斯柴爾德對這裡（倫敦）金融事務的影響力大得驚人，他們完全左右著倫敦金融城的外匯交易價格。身為銀行家，他們的權力令人瞠目。當南森發怒時，英格蘭銀行都在顫抖。」

有一次，南森拿著哥哥阿姆斯洛從法蘭克福羅斯柴爾德銀行開的支票，前往英格蘭銀行要求兌換現金，銀行以「只兌換本銀行支票」為由加以拒絕。南森勃然大怒，隔日一早，他領著自己的九名銀行職員，帶著大批英格蘭銀行的支票要求兌現黃金，只一天就使英格蘭銀行的黃金儲備明顯下降。第二天，南森帶來更多支票，一名銀行的高級主管顫聲問南森還要兌換幾天，南森冷冷地回答：「英格蘭銀行拒絕接受我的支票，我幹嘛要它的？」英格蘭銀行立即召開緊急會議，然後銀行的高級主管非常客氣地告訴南森，英格蘭銀行今後將榮幸地兌換所有羅斯柴爾德銀行的支票。

南森在滑鐵盧戰役中，一舉奪得倫敦金融城的主導權，從而掌握了英國的經濟命脈。此後，包括貨幣發行和黃金價格等至關重要的決定權，一直把持在羅斯柴爾德家族的手中。

## 詹姆斯征服法蘭西

當一個政府依賴銀行家的金錢時，掌握局勢的便是銀行家，而不是政府的領導人，因為給錢的手始終高於拿錢的手。金錢沒有祖國，金融家不知道何爲愛國和高尚，他們的唯一目的就是獲利。[23]

拿破崙，一八一五年

老羅斯柴爾德的第五個兒子詹姆斯在拿破崙執政時期，主要來往於倫敦和巴黎之間，建立家族運輸網路來走私英國貨。在幫助威靈頓運送黃金及英國國債收購戰之後，詹姆斯在法國聲名大噪。他建立了羅斯柴爾德巴黎銀行，並暗地裡資助西班牙革命。

一八一七年滑鐵盧戰敗之後，法國喪失了拿破崙戰爭中得來的大片領土，政治上陷於被圍堵的境地，國民經濟也日益凋敝。路易十八的政府四處貸款，希望在財政上逐漸站穩腳跟。一家法國銀行和英國的巴林銀行得到了數目龐大的政府融資專案，而聲名顯赫的羅斯柴爾德銀行卻名落孫山，詹姆斯爲此憤憤不平。

到了一八一八年，由於前一年發行的政府債券在巴黎和其他歐洲城市均行情見漲，法國政府嚐到了甜頭，想再向這兩家銀行融資。羅斯柴爾德兄弟費盡心機也得不到半點利益。原來法國貴族們自恃出身顯赫，血統高貴，認爲羅斯柴爾德家族不過是一群鄉巴佬、暴發戶，不願意和他們做生意。儘管詹姆斯在巴黎財大氣粗，豪宅華服，但是社會地位並不高，法國貴族的高傲令詹姆斯惱羞成怒。

詹姆斯立即與其他幾位兄弟策劃制服法國貴族們的計畫。法國的貴族們高傲卻不聰明，更低估了羅斯柴爾德家族在金融方面出類拔萃的戰略戰術，其運籌帷幄、決勝千里的能力，並不低於拿破崙在軍事上的造詣。

一八一八年十一月五日，一向穩健升值的法國公債突然開始頗不尋常地跌價。很快地，政府的其他債券開始受到影響，價格出現了不同程度的下滑。市場上的投資者開始議論紛紛。隨著時間的推移，情況非但沒有好轉，反而愈來愈糟[24]。交易所裡的議論逐漸演變為流言四起，有人說拿破崙可能再次上台，也有人說政府財政稅收不足以償還利息，還有人擔心爆發新的戰爭。

路易十八的宮廷內部氣氛也相當緊張，倘若債券繼續大幅下滑，政府往後的開支將無從籌集。高傲的貴族們臉上也堆滿了愁容，每個人都在擔心這個國家的未來。只有兩個人在一邊冷眼旁觀，他們就是詹姆斯和他的哥哥卡爾。

由於有英國的前車之鑑，逐漸有人開始懷疑羅斯柴爾德家族在操縱公債市場。實際情況正是如此。從一八一八年十月開始，羅斯柴爾德家族開始以其雄厚的財力為後盾，在歐洲各大城市悄悄吃進法國債券，法國債券漸漸升值。從十一月五日開始，他們突然在歐洲各地同時放量拋售法國債券，造成市場的極大恐慌。

眼看著自己的債券價格像自由落體般滑向深淵，路易十八感到自己的王冠也將隨之而去。這時候，宮廷裡羅斯柴爾德家族的代理人向國王進言，為什麼不讓富甲天下的羅斯柴爾德銀行嘗試挽救局面呢？心神不定的路易十八再也顧不得皇家的身分地位，馬上召見詹姆斯兄弟。愛麗舍宮的氛圍為之一變，被冷落許久的詹姆斯兄弟處處被笑臉和尊敬包圍著。

果不其然，詹姆斯兄弟一出手就制止了債券的崩潰，他們成了法國上下矚目的中心，在法國軍事戰敗之後，是他們從經濟危機中拯救了法國。讚美和鮮花令詹姆斯兄弟陶醉不已，連他們的衣服款式也成了流行的時裝樣式，他們的銀行成了人們競相求貸的地方。

自此，羅斯柴爾德家族完全控制了法國金融。

「詹姆斯．羅斯柴爾德的財富達到了六億法郎。在法國只有一個人的財富比他多，那就是法國國王，他的財富是八億法郎。法國其他所有銀行家的財富加在一起，仍然比詹姆斯少一．五億法郎。如此的財富自然賦予了他不可名狀的權力，甚至到了隨時可以讓政府內閣垮台的程度。眾所周知的梯也爾政府就是被他推翻的。」[25]

## 所羅門問鼎奧地利

在他們（羅斯柴爾德家族）的眼裡沒有戰爭與和平，沒有口號和宣言，也沒有犧牲或榮譽，他們忽略了這些迷惑世人眼睛的東西。他們的眼中只有墊腳石。威廉王子是一個，下一個就是梅特涅。[26]

弗雷德里克．默頓

所羅門是羅斯柴爾德家的老二，常年穿梭於歐洲各大城市，擔任家族各個銀行間的協調人角色。他在幾個兄弟中具有過人的外交才能，說話措辭考究，巧於恭維。一位和所羅門打過交道的銀行家曾評論道：「沒有人離開他時不是神清氣爽的。」正是因爲這個原因，兄弟們公推他到維也納開拓歐洲心臟地區的銀行業務。

維也納是當時歐洲的政治中心，幾乎所有的歐洲王室，都與奧地利的哈布斯堡王朝有著千絲萬縷的血緣關係。哈布斯堡王朝身爲神聖羅馬帝國（一八〇六年解體）的王室，統治著包括現在的奧地利、德國、義大利北部、瑞士、比利時、荷蘭、盧森堡、捷克、斯洛維尼亞及法國東部地區長達四百餘年，是歐洲最古老、最正宗的王室血脈。

拿破崙戰爭雖然打垮了神聖羅馬帝國，但它的繼承者奧地利仍然以中歐的龍頭自居，傲視其他的王室。加之其正統的天主教教義，與英法等新教盛行的國家相比要僵化不少，和這樣高貴的家族打交道，要比與威廉王子交往高貴得多。雖然羅斯柴爾德家族過去曾經幾次想和哈布斯堡建立商業關係，卻始終被王室擋在圈子之外，不得其門而入。

當拿破崙戰爭結束後，所羅門再次叩響維也納的大門時，情勢已經全然不同。羅斯柴爾德家族在歐洲已成爲名噪一時的望族，挾征服英法之銳氣，底氣足了不少。儘管如此，所羅門也不敢造次直接去和哈布斯堡的人談生意，而是找到了一塊「墊腳石」，他就是名震十九世紀歐洲政壇的奧地利外長梅特涅（Klemens von Metternich）。

拿破崙戰敗之後的歐洲，由梅特涅牽頭建立的維也納體系，維繫了十九世紀歐洲最長的和平時期。梅特涅在奧地利日漸衰落而強敵環伺的不利態勢下，將制衡的精髓發揮到了極致。他利用哈布斯堡在歐洲殘存的皇家正統號召力，拉住鄰國普魯士和俄國組成神聖同盟，既遏制了法國的東山再起，又牽制了俄國的擴張躁動，還形成聯合壓制境內民族主義和自由主義浪潮的機制，確保了奧地利境內多民族分裂勢力不致失控。

一八一八年的亞琛會議，是討論拿破崙戰敗後歐洲未來的一次重要會議，來自英、俄、奧、普、法等國的代表，決定了法國的戰爭賠款和同盟國撤軍等問題。所羅門和他的弟弟卡爾參加了這次會議。正是在這次會議上，經梅特涅的左右手金斯引薦，所羅門結識了梅特涅，並很快地與梅特涅成為無話不談的密友。一方面所羅門巧妙而得當的讚美讓梅特涅極為受用，另一方面，梅特涅也想借重羅斯柴爾德家族的雄厚財勢，兩人一拍即合，所羅門和金斯更是關係好到不分彼此。

有了梅特涅和金斯的極力推薦，加之羅斯柴爾德與威廉王子和丹麥王室密切的商業關係，哈布斯堡高大的圍牆終於被所羅門越過了。王室開始固定和頻繁地向所羅門的銀行貸款和融資，所羅門很快就成了「圈裡人」。一八二二年，哈布斯堡王室授予羅斯柴爾德四兄弟（南森除外）男爵封號。

在所羅門的大力資助下，梅特涅開始擴張奧地利的影響力，四處派出軍隊去麻煩地區「保衛和平」，使原本國力日衰的奧地利陷入更深的債務泥潭，從而更加依賴所羅門的銀箱。一八一四年至一八四八年的歐洲被稱為「梅特涅時代」，而實際上控制著梅特涅的，是背後的羅斯柴爾德銀行。

一八二二年，梅特涅、金斯和所羅門、詹姆斯、卡爾三兄弟參加了重要的維羅納會議（Verona Congress）。會後，羅斯柴爾德銀行得到了利益豐厚的資助第一條中歐鐵路的項目。奧地利人愈來愈感受到羅斯柴爾德的影響力，人們開始笑言：「奧地利有一個斐迪南皇帝和一個所羅門國王。」一八四三年，所羅門收購了V kovice聯合礦業公司和奧地利—匈牙利冶煉公司，這兩家公司都名列當時世界十家最大的重工業公司。

到了一八四八年，所羅門已成爲奧地利金融和經濟的主宰者。

## 羅斯柴爾德盾徽下的德國和義大利

自拿破崙從德國撤軍之後，德國由過去三百多個鬆散的封建小國，合併成三十多個較大的國家，並成立了德意志聯邦。留守法蘭克福的羅斯柴爾德家老大阿姆斯洛被任命爲德意志的首屆財政部長，一八二二年受奧地利皇帝加封爲男爵。法蘭克福的羅斯柴爾德銀行成爲德國的金融中心。由於阿姆斯洛膝下無子，引爲終生憾事，所以對後起之秀傾心扶持。其中一位深得阿姆斯洛喜愛的年輕人，就是後來名聞世界現代史的德國鐵血宰相俾斯麥。

阿姆斯洛與俾斯麥情同父子，阿姆斯洛去世後，俾斯麥與羅斯柴爾德家族仍然保持著密切聯繫。俾斯麥背後的銀行家布雷克勞德（Samuel Bleichroder），也是羅斯柴爾德家族的代理人[27]。

老四卡爾是羅斯柴爾德五兄弟中最平庸的一個，擔任家族的主要信使，往來歐洲各地傳遞資訊和協助其他兄弟。幫助五弟在一八一八年法國國債戰役中取得輝煌勝利之後，卡爾被執掌家門的三哥南森派往義大利的那不勒斯建立銀行。他在義大利展露了超出其他兄弟預期的能力。卡爾不僅資助了梅特涅派往義大利鎮壓革命的軍隊，並以出色的政治手腕迫使義大利當地政府承擔了佔領軍的費用。他還幫朋友麥迪奇策劃並奪回那不勒斯財政大臣的要職。卡爾逐漸成爲義大利宮廷的財政支柱，影響力遍及義大利半島。他還與梵蒂岡教廷建立了商業往來，當教皇格列高利十六世見到他時，破例伸出手讓卡爾親吻，而不是像慣常那樣伸出腳來。

## 羅斯柴爾德金融帝國

只要你們兄弟凝聚在一起，世界上沒有任何一家銀行能夠與你們競爭、傷害你們，或是從你們身上漁利。你們合在一起將擁有比世界上任何一家銀行都要強大的威力。[28]

大衛森給南森的信，一八一四年六月二十四日

老羅斯柴爾德在一八一二年去世之前，立下了森嚴的遺囑：

一、所有家族銀行中的要職必須由家族內部人員擔任，絕不用外人。只有男性家族人員能夠參與家族商業活動。

二、家族通婚只能在表親之間進行，防止財富稀釋和外流。（這一規定在前期被嚴格執行，後來放寬到可以與其他猶太銀行家族通婚。）

三、絕對不准對外公佈財產情況。

四、在財產繼承上，絕對不准律師介入。

五、每家的長子擔任各家首領，只有家族一致同意，才能另選次子接班。

任何違反遺囑的人，將失去一切財產繼承權[29]。

中國有句俗語：「兄弟同心，其利斷金。」羅斯柴爾德家族透過家族內部通婚，嚴格防止財富稀釋和外流。在一百多年裡，家族內部通婚十八次，其中十六次是在第一表親（堂兄妹）之間。

據估計，在一八五〇年左右，羅斯柴爾德家族總共積累了相當於六十億美元的財富，如果以六%的回報率計算，在一百五十多年後的今天，他們家族的資產至少超過五十兆美元。嚴密的家族控制，完全不透明的黑箱操作，像鐘錶一般精確的協調，永遠早於市場的資訊獲取，徹頭徹尾的冷酷理智，永無止境的金權慾望，以及基於這一切對金錢和財富的深刻洞察和天才預見力，使得羅斯柴爾德家族在兩百多年金融、政治和戰爭的殘酷漩渦中所向披靡，建立了一個迄今為止人類歷史上最為龐大的金融帝國。

到了二十世紀初，羅斯柴爾德家族所控制的財富，估計達到了當時世界總財富的一半。[30]

羅斯柴爾德家族銀行遍及歐洲主要城市，他們擁有自己的情報收集和快速傳遞系統，甚至歐洲國家的王室和貴族需要迅速和祕密地傳遞各種資訊時，都是透過他們的系統進行。他們還首創了國際金融清算系統，利用其對世界黃金市場的控制，他們在家族銀行體系中，首先建立起不用實物黃金運輸的帳目清算系統。

在這個世界上，只怕沒有其他人比羅斯柴爾德家族更能深刻理解黃金的眞正意義。當二〇〇四年羅斯柴爾德家族宣佈退出倫敦黃金定價系統時，他們正在悄悄地遠離未來世界空前的金融風暴的中心，撇清他們與黃金價格之間的關係。負債累累的美元經濟、危機四伏的世界法定貨幣體系，以及世界外匯儲備體系，很有可能將面臨一場清算，只擁有微不足道的黃金儲備的亞洲國家累積多年的財富，將被「重新分配」給未來的贏家。對沖基金將再次發動攻擊，只不過這一次的對象將不再是英鎊和亞洲貨幣，而是世界經濟的支柱——美元。

對銀行家而言，戰爭是天大的喜訊。和平時期緩慢折舊的各種昂貴設施和物品，會在戰爭中頃刻之間灰飛煙滅，交戰各方會不惜一切代價取得勝利，到戰爭結束時，政府無論輸贏，都將深深地陷入銀行的債務陷阱之中。在英格蘭銀行成立到拿破崙戰爭結束的一百二十一年時間裡（一六九四～一八一五），英國有五十六年處於戰爭之中，剩下的一半時間在準備下一場戰爭。

策動和資助戰爭符合銀行家的根本利益，羅斯柴爾德家族也不例外，從法國大革命到第二次世界大戰的幾乎所有近代戰爭背後，幾乎都閃動著他們的影子。羅斯柴爾德家族是當今主要西方發達國家的最大債權人。老羅斯柴爾德的夫人（Gutle Schnaper）在去世前說道：「如果我的兒子們不希望發生戰爭，那就不會有人熱愛戰爭了。」

到了十九世紀中葉，英、法、德、奧、義等歐洲主要工業國的貨幣發行大權，均落入了羅斯柴爾德家族的控制之中，「神聖的君權被神聖的金權所取代」。此時，大西洋彼岸美麗繁榮富庶的美利堅大陸，早已落入了他們的視野。

## 注釋

1 G. Edward Griffin, The Creature from Jekyll Island (American Media, Westlake Village, CA 2002), p218.

2 Note: Morton (1962) noted that the Rothschild wealth was estimated at over $6 billion US in 1850. Not a 0significant amount in today dollars; however, consider the potential future value compounded over 156 (2006) years!

Taking $6 billion (and assuming no erosion of the wealth base) and compounding that figure at various returns on investment (a conservative range of 4% to 8%) would suggest the following net worth of the Rothschild family enterprise:

$2.7 trillion US (@ 4%)
$12.1 trillion US (@ 5%)
$53.2 trillion US (@ 6%)
$230.2 trillion US (@ 7%)
$982.3 trillion US (@ 8%)

3 Des Griffin, *Descent into Slavery* (Emissary Publications 1980), Chapter 5.

4 Des Griffin, *Descent into Slavery* (Emissary Publications 1980), p94.

5 Eustace Mullins, *The Secrets of the Federal Reserve-The London Connection* (Bankers Research Institute, 1985), Chapter 5.

6 Des Griffin, *Descent into Slavery* (Emissary Publications 1980), Chapter 5.

7 Ignatius Balla, *The Romance of the Rothschilds*, (Everleigh Nash, London, 1913).

Note: the New York Times, April 1, 1915 reported that in 1914, Baron Nathan Mayer de Rothschild went to court to suppress Ignatius Balla book on the grounds that the Waterloo story about his grandfather was untrue and libelous. The court ruled that the story was true, dismissed Rothschild suit, and ordered him to pay all costs.

8 Eustace Mullins, *The Secrets of the Federal Reserve-The London Connection* (Bankers Research Institute, 1985), Chapter 5.

9 The Rothschild Brothers of London in a letter sent in 1863 to New York Bankers in support of the then proposed National Banking Act.

10 Glyn Davis, *History of Money From Ancient Times to The Present Day* (University of Wales Press, 2002), p257, p258.
11 Eustace Mullins, *The Secrets of the Federal Reserve-The London Connection* (Bankers Research Institute, 1985), Chapter 5.
12 Ibid.
13 Glyn Davis, *History of Money From Ancient Times to The Present Day* (University of Wales Press, 2002), p239.
14 UK National Statistics (http://www.statistics.gov.uk/ CCI/nugget.asp?ID=277).
15 Des Griffin, *Descent into Slavery* (Emissary Publications 1980), Chapter 5.
16 Ibid.
17 Frederic Morton, *The Rothschilds* (Fawcett Books, 1961), p40.
18 Ibid., p31.
19 Des Griffin, *Descent into Slavery* (Emissary Publications, 1980), Chapter 5.
20 Benjamin Disraeli, *Coningsby* (New York: Alfred A. Knopf, originally published in England in 1844), p225
.
21 G. Edward Griffin, *The Creature from Jekyll Island* (American Media, Westlake Village, CA 2002), p224.
22 Frederic Morton, *The Rothschilds* (Fawcett Books, 1961), p45.
23 R. McNair Wilson, *Monarchy or Money Power* (London: Eyre and Spottiswoode, Ltd., 1933), p68.
24 Des Griffin, *Descent into Slavery* (Emissary Publications, 1980), Chapter 5.
25 David Druck, *Baron Edmond de Rothschild* (Privately printed), N.Y. 1850.
26 Frederic Morton, *The Rothschilds* (Fawcett Books, 1961).
27 Des Griffin, *Descent into Slavery* (Emissary Publications, 1980), Chapter 5.
28 Lord Rothschild, *The Shadow of a Great Man*. London: 1982, p.6.
29 Des Griffin, *Descent into Slavery* (Emissary Publications,1980), Chapter 5.
30 Ted Flynn, Hope of the Wicked (MaxKol Communication, Inc, 2000), p38.

第二章

# 國際銀行家和美國總統的百年戰爭

我有兩個主要的敵人：我面前的南方軍隊，還有後面的金融機構。在這兩者之中，後者才是最大的威脅。我看見未來一場令我顫抖的危機正在向我們靠近，讓我對我們國家的安危顫慄不已。金錢的力量將繼續統治並傷害著人民，直到財富最終積聚到少數人手裡，我們的共和國將被摧毀。我現在對這個國家安危的焦慮勝過以往任何時候，甚至比在戰爭中更爲焦慮。[1]

林肯，美國第十六屆總統

◎本章導讀

如果說中國的歷史是圍繞著政治權力鬥爭而展開，不理解帝王心術，就無法洞察中國歷史的精髓，那麼西方近代史則是沿著金錢角逐而進化，不明瞭金錢的機謀，就不能把握西方歷史的脈絡。

美國的成長歷程充斥著國際勢力的干預和陰謀，其中尤以國際金融勢力對美國的滲透和顛覆最令人驚心動魄，而卻最不為人所知。

民主制度的設計和建立，幾乎是全神貫注地防範封建專制勢力的威脅，並在這方面取得了可觀的成效，但是民主制度對金錢權力這一新生的、致命的病毒，卻沒有可靠的免疫力。

新生的民主制度對於「國際銀行家透過控制貨幣發行權來控制整個國家」這一戰略主攻方向的判斷和防禦出現了重大漏洞。「金錢超級特殊利益集團」與美國民選政府在南北戰爭前後的一百多年時間裡，雙方在美國私有中央銀行系統的建立此一金融制高點上，進行了反覆的殊死搏鬥，前後共有七位美國總統因而被行刺，多位國會議員喪命。美國歷史學家指出，美國總統的傷亡率，比美軍二戰期間諾曼地登陸的一線部隊的平均傷亡率還要高！

隨著中國金融的全面開放，國際銀行家將大舉深入中國的金融腹地，昨天發生在美國的故事，今日會在中國重演嗎？

## 刺殺林肯總統

一八六五年四月十四日星期五晚間，在艱難困苦和重重危機中度過了四年殘酷內戰的林肯總統，終於在五天前迎來了南軍將領羅伯特．李將軍向北方格蘭特將軍投降的勝利消息。總統高度緊張的神經一下子鬆弛下來，興致頗高地來到華盛頓的福特劇院看表演。十點十五分，兇手潛入沒有守衛的總統包廂，在距離林肯不到兩英尺的後方，以一把大口徑手槍向總統的頭部開槍，林肯中彈後倒向前方。第二天淩晨，林肯總統去世。

兇手是個名叫布斯（John Wilkes Booth）的頗有名氣的演員。他在刺殺林肯後倉皇出逃，據說四月二十六日在逃亡途中被擊斃。在兇手的馬車裡，發現了許多以密碼寫成的信件和一些猶大．班哲明的私人物品。這個猶大是當時南方政府的戰爭部長和後來的國務卿，也是南方金融方面的實權人物，因爲他和歐洲的大銀行家們過從甚密。他後來逃到了英國。刺殺林肯事件被廣泛認爲是一個大規模的陰謀，參與陰謀的可能有林肯的內閣成員、紐約和費城的銀行家、南方的政府高官、紐約的報紙出版商和北方的激進分子。

當時流傳甚廣的一個說法，是布斯並沒有被殺死，而是被放走了，後來埋葬的屍體是他的同謀。當時手握重權的戰爭部長愛德溫．斯坦頓（Edwin Stanton）掩蓋了事實眞相。乍聽之下，這又是一個荒謬的陰謀論說法，但是當戰爭部長的大量祕密檔案到二十世紀三〇年代中期被解密之後，歷史學家吃驚地發現，眞相竟和民間傳說高度吻合。

第一個深入研究這些驚人史料的是歷史學家奧托·愛森斯默（Otto Eisenschiml），他發表的《爲什麼林肯被刺殺？》震動了當時的史學界。後來希歐多爾·羅斯科（Theodore Roscoe）出版了影響更爲廣泛的研究結果，他指出：

> 十九世紀大量有關刺殺林肯事件的歷史研究，對福特劇院的悲劇描述更像是在展示一部大型歌劇……只有少數人將其視爲一個謀殺事件來看待：林肯死於一個魯莽的罪犯手中……罪犯得到了經典的法律懲罰；陰謀論被扼殺了；美德最終取得了勝利，林肯也「屬於過去」了。
>
> 但是，刺殺事件的解釋既不能使人滿意也難以令人信服。事實表明，林肯之死的相關罪犯一直逍遙法外。[2]

兇手的孫女伊左拉（Izola Forrester）在她的回憶錄《這個瘋狂的行動》（*This One Mad Act*）中提到，她發現「金色圓圈騎士」（Knights of the Golden Circle）的祕密記錄被政府小心地收藏在一個檔案庫裡，並被戰爭部長愛德溫·斯坦頓列爲機密材料。林肯遇刺後，任何人都不允許接觸這些檔案。由於伊左拉與布斯的血緣關係，以及她身爲專業作家的身分，她最終成爲第一位獲准查閱這些材料的學者。她在書中說道：

> 這些神祕的舊檔包，被隱藏在存放「陰謀審判」的遺跡和展覽的房間角落的一個保險箱裡。如果不是五年前，我偶然跪在（那個房間的）地上翻閱資料時看到了保險箱的一側，我可能永遠都不會發現它們（祕密檔案）。
>
> 這裡（的文件）與我祖父有關。我知道他曾是一個祕密組織的成員，這個組織就是由比克利（Bickley）建立的「金色圓圈騎士」。我有一張他（祖父）的照片，是和他們一起照的，他們全都穿著全套的制服，這張照片是從我祖母的《聖經》中發現的……我還記得祖母曾說過她的丈夫（布斯）是「別人的工具」。[3]

「金色圓圈騎士」和紐約的金融勢力到底有什麼樣的關係？林肯政府內部有多少人捲入刺殺林肯的陰謀？對林肯遇刺的研究怎麼會長期系統性地偏離正確方向？林肯遇刺和一百年後的甘迺迪遇刺頗爲相似，同樣都是大規模的組織協調，全方位的證據封殺，系統性的調查誤導，眞相始終隱藏在一片濃厚的歷史迷霧之中。

要理解刺殺林肯的眞正動機和圖謀，我們必須以更大的歷史縱深來審視美國立國以來，民選政府和金錢權力在控制貨幣發行權這一國家戰略制高點上的反覆與殊死較量。

## 貨幣發行權與美國獨立戰爭

有關美國獨立戰爭的起源分析的歷史課本，多半採取全面且抽象地論述巨大原則和意義的方式。在這裡我們將從另一個視角，去闡述這場革命的金融背景及其所引發的核心作用。

最早到美洲大陸謀生的人，大多是非常窮困的貧民，他們除了隨身的簡單行李，幾乎沒有什麼財產和金錢。當時的北美還沒有發現大型的金礦和銀礦，所以在市場上流通的貨幣極爲短缺。加之與母國英國的嚴重貿易逆差，使得大量金銀貨幣流向英國，更加劇了流通貨幣的稀缺[4]。

北美的新移民透過辛勤的勞動所創造出來的大量產品和服務，由於流通貨幣短缺而無法進行充分和有效的交換，從而嚴重地制約了經濟的進一步發展。爲了應對這個難題，人們不得不使用各種替代貨幣進行商品交易，諸如動物的皮毛、貝殼、煙草、大米、小麥、玉米等接受程度較高的物品，被各地拿來當錢使用。僅在北卡羅來納州，一七一五年時就有多達十七種不同的物品被當做法定貨幣（Legal Tender），政府和民間可用這些物品進行稅務繳納、公私債務償還和商品服務買賣。當時所有這一切替代貨幣都以英鎊、先令作爲會計結算標準。在實際運作中，這些物品由於成色、規格、接受度和可保存性都有很大的差異，難以進行標準計量，所以雖然在一定程度上緩解了沒有貨幣的燃眉之急，但仍然構成了商品經濟發展的重大瓶頸。[5]

長期的金屬貨幣奇缺和替代實物貨幣的應用不便，促使當地政府跳出傳統思維，開始了一種嶄新的嘗試，那就是由政府印刷和發行紙幣（Colonial Script）來作爲統一和標準的法幣。這種紙幣和歐洲流行的銀行券的最大區別，是它沒有任何金銀實物做抵押，是一種完全的政府信用貨幣。社會上所有人都需要向政府交稅，而只要政府接受這種紙幣作為繳稅的憑證，它便具備了在市場上流通的基本要素。

新的貨幣果然大大地促進了社會經濟的迅速發展，商品貿易日趨繁榮。

與此同時，英國的亞當·史密斯也注意到了北美殖民地政府這一新的貨幣嘗試，他相當清楚這種紙幣所帶來的、對商業的巨大刺激作用，特別是對於缺少金屬貨幣的北美地區，「基於信用的買和賣，使得商家可以每月或每年定期結算相互之間的信用餘額，這將減少（交易的）不便。一個管理良好的紙幣系統，不僅不會產生任何不便，甚至可以在某些情況下擁有更多的優勢」。[6]

然而，一種沒有抵押的貨幣是銀行家的天敵，因為沒有政府債務做抵押，政府就不需要向銀行借當時最為稀缺的金屬貨幣，銀行家手上最大的砝碼一下子就失去了威力。

當班哲明·富蘭克林在一七六三年訪問英國時，英格蘭銀行的主管問他新大陸的殖民地如此興旺發達的原因，富蘭克林回答：「這很簡單。在殖民地，我們發行自己的貨幣，名叫『殖民券』。我們按照商業和工業的需要來發行等比例的貨幣，如此一來，產品就很容易地從生產者那裡傳遞到消費者手中。以這種方式創造我們自己的紙貨幣，並保證它的購買力，我們（的政府）不需要向任何人支付利息。」[7]

這種新的紙貨幣必然會導致美洲殖民地脫離英格蘭銀行的控制。

憤怒的英國銀行家們立刻行動起來，在他們控制之下的英國議會於一七六四年通過《貨幣法案》

（*Currency Act*），嚴厲禁止美洲殖民地各州印發自己的紙幣，並強迫當地政府必須使用黃金和白銀來支付全部向英國政府繳納的稅收。

富蘭克林痛苦地描述這個法案給殖民地各州帶來的嚴重經濟後果：「只一年的時間，（殖民地的）情況就完全逆轉，繁榮時代結束了，經濟嚴重衰退到大街小巷都站滿了失業的人群。」[8]

「如果英格蘭不剝奪殖民地的發幣權，殖民地人民樂意支付茶葉和其他商品作爲額外的少量稅賦。這個法案造成了失業和不滿。殖民地不能發行自己的貨幣，從而無法永久擺脫國王喬治三世和國際銀行家的控制，這是美國獨立戰爭爆發的最主要原因。」[9]

美國的開國奠基者們，對於英格蘭銀行對英國政治的控制和對人民的不公有著相當清醒的認識。年僅三十三歲就完成萬古流芳的美國《獨立宣言》的作者，也是美國第三屆總統的湯瑪斯·傑佛遜有一句警世名言：

> 如果美國人民最終讓私有銀行控制了國家的貨幣發行，那麼這些銀行將先是透過通貨膨脹，然後是通貨緊縮來剝奪人民的財產，直到有一天早晨，當他們的孩子們一覺醒來時，發現自己已經失去了家園和父輩曾經開拓過的土地。[10]

兩百多年後再來聆聽一七九一年傑佛遜的這一段話，我們不禁驚嘆他的預見驚人地準確。今日美國私有銀行果然發行了國家貨幣流通量的九七％，美國人民也果然積欠銀行四十四兆美元的天文數字般的債務，也許他們眞有一天一覺醒來就會失去家園和財產，就像一九二九年發生過的一樣。

當美利堅的偉大先驅們以他們智慧和深邃的目光審視著歷史和未來時，他們在美國《憲法》第一章第八節開宗明義地寫下：「國會擁有貨幣製造和價值設定的權利。」[11]

## 國際銀行家的第一次戰役：美國第一銀行（一七九一～一八一一）

> 我堅信銀行機構對我們自由的威脅比敵人的軍隊更嚴重。他們已經創造出了一個金錢貴族階級，並且藐視政府。（貨幣的）發行權應該從銀行手中奪回來，它應該屬於它的正當主人——人民。[12]
>
> 湯瑪斯・傑佛遜，一八〇二年

亞歷山大・漢彌爾頓是一個與羅斯柴爾德家族有著密切聯繫的重量級人物。他出生於英屬西印度群島，在隱瞞了年齡、眞實姓名和出生地的情況下來到美國，並與紐約望族的女兒成親。大英博物館收藏的付款收據顯示，漢彌爾頓曾接受過羅斯柴爾德家族的資助。[13]

一七八九年，漢彌爾頓被華盛頓總統任命為美國第一任財政部長，他始終是美國中央銀行制度的主要推動者。一七九〇年，面對獨立戰爭之後嚴重的經濟困境和債務危機，他強烈建議國會成立類似英格蘭銀行的私有中央銀行，以徹底履行發行貨幣的職責。他的主要思路是：中央銀行由私人擁有，總部設在費城，各地設立分支銀行，政府的貨幣和稅收必須放在這個銀行系統中，該銀行負責發行國家貨幣來滿足經濟發展的需要，向美國政府貸款並收取利息。該銀行總股本爲一千萬美元，私人擁有八〇%的股份，美國政府擁有剩餘的二〇%。二十五人所組成的董事會中，二十人由股東推舉，五人由政府任命。

漢彌爾頓代表著精英階級的利益，他曾經指出：「所有的社會都分成極少數和大多數人群。前者出身良好而富有，後者則是普羅大眾。大眾是動盪和變化的，他們很少能做出正確的判斷和決定。」而傑佛遜則代表著人民大眾的利益，對於漢彌爾頓的觀點，他的回應是：「我們認爲下述眞理是不言而喻的：人人生而平等，造物主賦予他們若干不可剝奪的權利，其中包括生存權、自由權和追求幸福的權利。」

在私有中央銀行制度的問題上，雙方也是針鋒相對。

漢彌爾頓認爲：「如果不將社會上有錢的個人的利益和財富信用集中起來，這個社會不可能成功。」[14]「國家的債務如果不是過多，應該是我們國家的福祉。」[15]

傑佛遜反駁道：「一個私有的中央銀行發行人民的公共貨幣，這對人民自由的威脅比敵人的軍隊更嚴重。」[16]「我們不能容忍統治者將永久債務強加在人民身上。」[17]

一七九一年十二月，當漢彌爾頓的方案被提交國會討論時，立即引起了空前激烈的爭論。最終參議院以些微多數通過了這項提案，而在眾議院也以三十九對二十票過關。此時，被嚴重的債務危機壓得喘不過氣的總統華盛頓陷入了深深的猶豫，他徵詢了當時的國務卿傑佛遜和麥迪遜的意見，他們明確表示這個提案明顯與憲法衝突。憲法授權國會發行貨幣，但絕沒有授權國會轉讓發幣權給任何私人銀行。華盛頓顯然被深深地觸動了，他甚至已決心要否決該法案。

得知這個消息後，漢彌爾頓立刻跑來遊說華盛頓，財政部長漢彌爾頓的帳本似乎更有說服力，那就是如果不成立中央銀行以得到外國資金入股，政府將很快垮台。最終，迫在眉睫的危機壓倒了對未來的長遠顧慮，華盛頓總統於一七九一年二月二十五日簽署了美國第一個中央銀行的授權，有效期二十年。[18]

國際銀行家終於取得了第一個重大勝利。到了一八一一年，外國資本已佔一千萬股本中的七百萬，英格蘭銀行和南森．羅斯柴爾德成為美國中央銀行——美國第一銀行（The First Bank of the United States）的主要股東。[19]

漢彌爾頓最終成爲巨富。第一銀行後來與亞倫．波成立的紐約曼哈頓公司成爲華爾街的第一家銀行，它在一九五五年與洛克斐勒的大通銀行合併，成爲大通曼哈頓銀行（Chase Manhattan Bank）。

對金錢極度渴望的政府，與熱烈期盼政府債務的私有中央銀行一拍即合，從中央銀行成立的一七九一年到一七九六年短短五年時間裡，美國政府的債務就增加了八二〇萬美元。

傑佛遜在一七九八年懊惱地說：「我真希望我們能增加哪怕一條憲法修正案，取消聯邦政府借錢的權力。」[20]

當傑佛遜當選美國第三屆總統（一八〇一～一八〇九）之後，他不遺餘力地試圖廢除美國第一銀行，到一八一一年銀行有效期滿之時，雙方的角力達到了白熱化程度，眾議院以六十五對六十四僅一票之差，否決了銀行授權延期的提案，而參議院是十七對十七票打平。這次由副總統喬治·克林頓打破僵局，投下關鍵的否決票，美國第一銀行於一八一一年三月三日關門大吉。[21]

此時坐鎮倫敦的南森·羅斯柴爾德聞訊大發雷霆，他威脅道：「要嘛給（美國第一）銀行授權延期，要嘛美國將會面對一場最具災難性的戰爭。」結果美國政府不為所動，南森立刻回應：「給這些放肆無理的美國人一次教訓，把他們打回到殖民地時代。」

結果幾個月之後，爆發了英美之間的一八一二年戰爭。戰爭持續了三年，羅斯柴爾德的目的非常明確，要打到美國政府債台高築，最後不得不屈膝投降，讓他們掌握的中央銀行繼續運作為止。結果，美國政府的債務從四千五百萬美元增加到一億二千七百萬美元，美國政府最終在一八一五年屈服了，麥迪遜總統在一八一五年十二月五日提出成立第二家中央銀行，結果一八一六年誕生了美國第二銀行（The Bank of the United States）。

## 國際銀行家捲土重來：美國第二銀行（一八一六～一八三二）

> 銀行機構所擁有的對人民意識的支配必須被打破，否則這種支配將打破我們（的國家）。[22]
>
> 傑佛遜一八一五年寫給門羅（美國第五屆總統）的信

美國第二銀行得到了二十年的營業授權，這次總股本提高到三千五百萬美元，仍然是八〇%由私人佔有，剩下的二〇%屬於政府[23]。和第一銀行一樣，羅斯柴爾德牢牢地把握了第二銀行的權力。一八二八年，安德魯．傑克遜參加了總統競選，在一次面對銀行家發表演講時，他不假顏色地說道：「你們是一群毒蛇。我打算把你們連根拔掉，以上帝的名義，我一定會將你們連根拔掉。如果人民知道我們的貨幣和銀行系統是何等的不公正，在明天天亮之前就會發生革命。」

當安德魯．傑克遜在一八二八年當選總統後，他決心廢除第二銀行。他指出：「如果憲法授權國會發行貨幣，那是讓國會自己行使這個權力，而不是讓國會授權給任何個人或公司。」在一萬一千人的聯邦政府工作人員中，他解雇了兩千多名與銀行相關的人員。

一八三二年是傑克遜總統競選連任的年頭，如果他連任，第二銀行的有效期將於一八三六年（他的下一屆任期內）結束。大家都知道總統對第二銀行的觀感，為了避免夜長夢多，銀行想在大選年趁亂提前再延續二十年的經營特許權。與此同時，銀行家以三百萬美元的重金，不惜血本地資助傑克遜的競爭對手亨利．克雷（Henry Clay），而傑克遜的競選口號是「要傑克遜，不要銀行」。最後傑克遜以壓倒性優勢獲勝。

銀行經營權延期的提案在參議院以二十八對二十票獲得通過，在眾議院以一百六十七對八十五票也成功過關[24]。第二銀行主席比德爾自恃有歐洲強大的羅斯柴爾德金融帝國做後援，沒有將總統放在眼裡，當人們議論傑克遜可能會否決提案時，比德爾毫不退讓地表示：「如果傑克遜否決提案，我將否決他。」

傑克遜總統當然毫無疑問地否決了第二銀行延期的提案，他還下令財政部長將所有政府儲蓄從第二銀行帳戶上立即取走，轉存進各州銀行。一八三五年一月八日，傑克遜總統還清了最後一筆國債，這是歷史上美國政府唯一一次將國債降到了零，並且產生了三千五百萬美元的盈餘。歷史學家評論這一偉大成就爲：「這是總統最爲燦爛的榮譽，也是他爲這個國家做出的最重要貢獻。」《波士頓郵報》將這一成就和耶穌將放貸者（Money Changers）趕出神廟相提並論。

## 「銀行想要殺了我，但我將殺死銀行」

一八三五年一月三十日，美國第七屆總統安德魯·傑克遜來到國會山參加一位國會議員的葬禮。一位來自英國的失業油漆匠理查·勞倫斯悄悄地跟隨著傑克遜總統，在他的口袋裡有兩把子彈上膛的手槍。

當總統進入葬禮儀式的房間時，勞倫斯與總統距離較遠，他耐心地等待著更好的時機。儀式結束後，勞倫斯守候在兩根柱子之間，那裡是總統的必經之地。就在總統經過的一刹那，勞倫斯衝了出來，在距離總統不到兩米的地方開了槍，但是手槍炸了膛，子彈沒有射出。這時周圍所有人都驚呆了。此時戎馬一生、六十七歲的傑克遜總統並未驚慌失措，面對窮兇極惡的殺手，他本能地舉起手杖自衛。這時兇手已掏出第二把手槍開了火，結果仍然是個臭彈。福大命大的傑克遜險些成爲美國歷史上第一位被刺殺的總統，而兩把手槍都發臭彈的機率，據說僅爲十二萬五千分之一。

這位三十二歲的刺殺者，號稱自己是英國國王的合法繼承人，美國總統殺死了他的父親，還拒絕讓他得到一大筆錢。其後，法庭經過僅僅五分鐘的審理，就斷定此人有精神病，沒有追究其法律責任。

從此以後，精神病就成爲各種謀殺兇手最合適的藉口了。

一八三五年一月八日，傑克遜總統還清了最後一筆國債，一月三十日就發生了刺殺事件。關於兇手，理查．勞倫斯，格里芬在他的書中寫道：「那個刺客要嘛是眞的瘋了，要嘛是假裝瘋了來逃避嚴厲的懲罰。後來他向別人誇口說他和歐洲有權勢的人有聯繫，他得到許諾，如果被抓住將會得到保護。」[25]

一八四五年六月八日，傑克遜總統去世。他的墓誌銘上只有一句話：「我殺死了銀行。」

美國中央銀行再度被廢，招致英國方面的嚴厲報復，英國立刻停止了對美國的各種貸款，尤其厲害的撒手鐗是收緊美國的黃金貨幣供應量。當時的英國金融體系在羅斯柴爾德的運作之下，擁有最大規模的黃金貨幣流通量，透過貸款和美國中央銀行的運作，完全控制了美國的貨幣供應。

當美國第二銀行的延期申請遭到總統否決之後，第二銀行主席比德爾啓動了對總統的「否決」。第二銀行宣佈立即召回所有貸款，停止一切新貸款的發行。羅斯柴爾德家族所把持的歐洲主要銀行也同時收緊了美國銀根，美國陷入嚴重的「人爲」貨幣流通量劇減的境地，最終引發了「一八三七年恐慌」，經濟陷入嚴重衰退長達五年之久，其破壞力之大前所未見，直追一九二九年美國大蕭條時期。「一八三七年恐慌」以及後來的「一八五七年恐慌」、「一九〇七年恐慌」，再次印證了羅斯柴爾德的一句名言：「只要我能控制一個國家的貨幣發行，我不在乎誰制訂法律。」

## 新的戰線：獨立財政系統

一八三七年，當傑克遜總統大力支持的繼任者馬丁・范布倫接手白宮時，他最大的挑戰，是如何克服由於國際銀行家緊縮貨幣供應所造成的嚴重危機。范布倫針鋒相對的策略是建立獨立財政系統（Independent Treasury System），將財政部所控制的貨幣從私人銀行系統中全部抽取出來，存放在財政部自己的系統中，史學家稱之為「財政與銀行的離婚」。

獨立財政系統的起因，是傑克遜總統在否決美國第二銀行經營權延期的同時，下令將政府的貨幣從該銀行全部取出，轉存入各州銀行。誰曾想到，前面剛躲過羅斯柴爾德的魔掌，後面的州級銀行也不是省油的燈。它們以政府的錢作為儲備，大量發放信貸用於投機，這是導致「一八三七年恐慌」的另一個原因。馬丁・范布倫所提出的政府財政的錢應當與金融系統脫鉤，固然是為了保護政府的資金，也是考慮到銀行以人民的稅收進行大量投機放貸，造成了經濟上的不公正。

獨立財政系統的另一個特點，是所有進入財政系統的錢必須是金銀貨幣，這樣政府對國家的金銀貨幣供應量就有了一個調控的支點，以對沖歐洲銀行家對美國貨幣發行的控制。這個思路從長遠來看應不失為一個妙計，但是就短期而言，卻引爆了眾多銀行的信用危機，加上美國第二銀行的煽風點火，危機變得無法控制。

在這一過程中，亨利・克雷是一個非常關鍵的人物。他是漢彌爾頓私有中央銀行思想的重要衣缽傳人，更是銀行家們的寵兒。他口才極佳，思維嚴謹，頗具煽動力。他身邊聚集了一群支持銀行業並受到銀行家支持的議員，在他的組織下成立了輝格黨。輝格黨堅決反對傑克遜的銀行政策，並致力於重新恢復私有的中央銀行制度。

輝格黨在一八四〇年的總統大選中推出了戰爭英雄哈里森（William Henry Harrison），由於經濟危機導致民心思變，哈里森順利當選美國第九屆總統。

亨利·克雷以輝格黨領袖自居，多次「教導」哈里森應該如何理政。在哈里森當選總統之後，兩人之間的矛盾日趨尖銳。亨利·克雷在列克星敦的家裡「召見」即將上任的總統，哈里森爲了顧全大局，忍氣來到亨利·克雷家，結果兩人因爲國家銀行、獨立財政制度及其他問題鬧得不歡而散。原以爲能以「太上皇」身分發號施令的亨利·克雷，未經哈里森同意，就已經找人代筆總統的就職演說，被哈里森拒絕了，哈里森還親自起草了長達八千多字的就職演說稿。他在這篇系統闡述治國思路的文件中，與亨利·克雷主張的私有中央銀行和廢除獨立財政的政策思路大唱反調，因而深深地刺痛了銀行家的利益[26]。

一八四一年三月四日是個寒冷的日子，哈里森總統在寒風中發表了就職演說，結果受了寒。這對於戎馬生涯的哈里森總統本不算什麼大事，誰知道他的病情卻奇怪地日趨嚴重，到四月四日竟然不治而亡。甫上任的哈里森總統正準備大展鴻圖卻突然「受了寒」，一個月前還生龍活虎的總統突然辭世，這無論如何是一件非常可疑的事。有歷史學者認爲總統是被砒霜毒死的，下毒時間可能是三月三十日，六天以後，哈里森總統去世。

關於私有中央銀行和獨立財政系統的鬥爭，因爲哈里森總統的去世而更加激烈。亨利·克雷所主導的輝格黨於一八四一年中，兩次提出恢復中央銀行和廢除獨立財政制度，結果兩度被哈里森總統的繼任者——原副總統約翰．泰勒所否決。惱羞成怒的亨利．克雷下令將總統約翰．泰勒開除出輝格黨，結果泰勒總統「有幸」成爲美國歷史上唯一一位被開除黨籍的「孤兒」總統。

到了一八四九年，另一位輝格黨總統札卡里．泰勒當選後，恢復中央銀行的希望似乎近在咫尺。建立一個完全比照英格蘭銀行模式的私有中央銀行，是所有銀行家的最高夢想，它意味著銀行家最終決定著國家和人民的命運。有了哈里森總統的前車之鑒，泰勒在重大的中央銀行問題上保持著相當大的模糊性，但他同時也不甘心成爲亨利．克雷的傀儡。歷史學家邁克．霍特（Michael Holt）指出，泰勒總統曾私下裡明確表示：「建立中央銀行的主意是死定了，在我任內是不會考慮它的。」[27]結果「死定的」不是中央銀行的主意，而恰恰是泰勒總統自己。

一八五〇年七月四日，泰勒總統參加了在華盛頓紀念碑前舉行的國慶活動。當日天氣非常炎熱，泰勒喝了些冰鎮牛奶，又吃了幾顆櫻桃，結果有些鬧肚子。到了七月九日，這位健康魁梧的總統又神祕地死去了。

如此區區小病，害得兩位軍人出身的總統死得不明不白，當然會引起人們的關注。史學界爲此爭論達百年之久。一九九一年，在徵得泰勒總統後人的同意後，他的遺體被挖掘出來，總統的指甲和頭髮經過化驗，結果果然發現了砒霜。但是當局很快下了「少量砒霜不足以致命」的結論，然後匆匆結案。沒有人知道爲什麼總統體內會有這些砒霜。

## 國際銀行家再度出手：「一八五七年恐慌」

由於一八三六年美國第二銀行的關閉而導致國際銀行家突然出手，猛抽美國流通的金屬貨幣，造成了美國持續五年的嚴重經濟危機。一八四一年，雖然國際銀行家的代理人曾兩次試圖恢復私有中央銀行體系，但都沒有成功，雙方陷入僵局，美國的貨幣緊縮狀態直到一八四八年才開始得到緩解。情況開始好轉的原因當然不是國際銀行家大發慈悲，而是由於一八四八年，美國加州發現了巨大的金礦——舊金山。

從一八四八年開始，美國的黃金供應量持續九年空前增長，僅加州就生產出價值五億美元的金幣。一八五一年澳洲也發現了大量金礦，世界範圍內的黃金供應量由一八五一年的一．四四億先令猛增到一八六一年的三．七六億先令。而美國國內的金屬貨幣流量從一八四〇年的八三〇〇萬美元猛增到一八六〇年的二．五三億美元[28]。

美國和澳洲的黃金大發現，打破了歐洲金融家對黃金供應量的絕對控制。被緊緊扼住貨幣供應量的美國政府長長地舒了一口氣。大量優質貨幣的供應大大增強了市場信心，銀行重新開始大規模擴張信貸，美國許多重要的工業、礦山、交通、機械等國家財富最重要的基礎，都是在這一段黃金般的歲月裡確立的。

眼看金融遏制難以奏效，國際銀行家早已有了新的對策。那就是「金融上控制，政治上分化」。早在危機結束之前，他們已經開始著手低廉地吸納美國的優質資產，到一八五三年美國經濟蒸蒸日上時，外國資本，尤其是英國資本已經擁有美國聯邦國債的四六%，各州債券的五八%，美國鐵路債券的二六%[29]，從而再度給美國經濟套上了籠頭，中央銀行制度一旦就位，美國經濟就和歐洲其他國家一樣被銀行家們所控制了。

國際銀行家再度施展他們的絕技，先使勁發放信貸，把泡沫吹起來，讓人民和其他行業拚命創造財富，然後突然猛踩信貸煞車，使得大量企業和人民破產，銀行家們就又有了一個好收成。果然，當收穫的季節到了，國際銀行家和他們在美國的代理人攜手再度收緊信貸，造成了「一八五七年恐慌」。出乎他們意料之外，此時的美國國力已非二十年前可比，「一八五七年恐慌」並未重創美國經濟，僅一年就恢復了元氣。

眼見美國的實力愈來愈強大，金融愈來愈難以操控時，挑動內戰、分裂美國就成了國際銀行家的當務之急。

## 美國內戰的起因：歐洲的國際金融勢力

> 毫無疑問，將美國分裂成南北兩個實力較弱的聯邦，是內戰爆發前早就由歐洲的金融強權定好了的。
>
> 俾斯麥

美國的成長歷程充滿了國際勢力的干預和陰謀，其中尤以國際金融勢力對美國的滲透和顛覆最令人驚心動魄，卻最不爲人所知。

美國歷史上發生在其本土的最大規模戰爭當屬南北戰爭。這場歷時四年的血腥戰爭，南北雙方參戰人數多達三百萬人，佔其總人口的十%，其中六十萬人戰死，無數人員受傷，大量財產毀於戰火，戰爭給人民帶來的創傷到一百四十多年後的今天仍未完全平復。

今日關於南北戰爭起源的爭論，大多圍繞著戰爭的道義問題，即廢除奴隸制的正當性，恰如希特尼所說：「如果沒有奴隸制，就不會有戰爭。如果沒有對奴隸制的道德譴責，就不會有戰爭。」[30]

其實在十九世紀中葉的美國，關於奴隸制的爭論是經濟利益第一，道德問題第二。當時南方的經濟支柱是棉花種植產業和奴隸制，倘若廢除奴隸制，農場主就不得不按白人勞動力的市場價格支付工資給原來的奴隸，那麼整個產業就會陷入虧損，社會經濟結構勢必崩潰。

如果說戰爭是政治鬥爭的延續，那麼政治利益衝突的背後正是經濟利益的較量。這種經濟利益的較量，表面上體現爲南北方的經濟利益差異，但其實質是國際金融勢力爲分裂新生的美利堅合眾國而玩弄「分而制之」（Divide And Conquer）的策略。

與羅斯柴爾德家族有著極深淵源的德國首相俾斯麥說得透徹：「毫無疑問，將美國分裂成南北兩個實力較弱的聯邦，是內戰爆發前早就由歐洲的金融強權定好了的。」

其實「倫敦、巴黎和法蘭克福軸心」的銀行家們，正是美國南北戰爭的幕後黑手。

爲了挑起美國內戰，國際銀行家們進行了長期縝密而周詳的策劃。在美國獨立戰爭之後，英國的紡織工業和美國南方的奴隸主階層逐漸建立起密切的商業聯繫，歐洲的金融家們瞧準了這一機會，乘勢祕密發展起一個將來可以挑起南北衝突的人脈網路。在當時的南方，到處都是英國金融家的各類代理人，他們和當地的政治勢力共同策劃脫離聯邦的陰謀，並炮製各種新聞和輿論。他們巧妙地利用南北雙方在奴隸制問題上的經濟利益衝突，不斷地強化、突出和引爆這原本並非熱門的話題，最終成功地將奴隸制問題催化成南北雙方水火不容的尖銳矛盾。

國際銀行家們做好了充分準備，就等戰爭開打，然後大發戰爭橫財。他們在策動戰爭的過程中，慣用打法是兩面下注，無論誰勝誰負，巨額的戰爭開支所導致的政府巨額債務，是銀行家們最豐盛的美餐。

一八五九年秋，法國著名銀行家所羅門·羅斯柴爾德（詹姆斯·羅斯柴爾德之子）以旅遊者身分從巴黎來到美國，他是所有計劃的總協調人。他在美國南北奔走，廣泛接觸當地政界、金融界要人，不斷地把收集到的情報反饋給坐鎮英國倫敦的堂兄納薩尼爾·羅斯柴爾德。所羅門在與當地人士的會談中，公開表示將在金融方面大力支持南方，並表示將盡全力幫助獨立的南方取得歐洲大國的承認。[31]

國際銀行家在北方的代理人，是號稱紐約「第五大道之王」（The King of Fifth Avenue）的猶太銀行家奧古斯特·貝爾蒙特（August Belmont）。他是法蘭克福羅斯柴爾德家族銀行的代理人，也是該家族的姻親。一八二九年，年僅十五歲的奧古斯特開始了銀行家生涯，他起初爲法蘭克福的羅斯柴爾德銀行工作，很快便顯露了出類拔萃的金融天賦。一八三二年，他被提拔到那不勒斯的一家銀行工作，以便歷練他國際金融業務的經驗。他精通德、英、法、義語。他於一八三七年被派往紐約，由於大手筆吃進政府債券，很快便成爲紐約金融界的領袖級人物，並被總統任命爲金融顧問。奧古斯特代表英國和法蘭克福的羅斯柴爾德銀行表態，願意從金融上支持北方的林肯。

爲了增大對北方的軍事壓力，一八六一年年底，英國增兵八千人到加拿大，隨時準備策應南軍的進攻，從北部邊界威脅林肯政府。一八六二年，英國、法國和西班牙聯軍在墨西哥港口登陸，在美國南方邊境地區完成集結，必要時將進入美國南方直接與北方開戰。一八六三年十月三日，法軍將領耶列又增兵三萬，並佔領了墨西哥城。

在戰爭爆發初期，南方的軍事進攻節節勝利，英法等歐洲列強又強敵環伺，林肯陷入了極大的困境。銀行家們算準了此時的林肯政府國庫空虛，若不進行巨額融資，戰爭將難以爲繼。自一八一二年與英國的戰爭結束以來，美國的國庫收入連年赤字，到林肯主政之前，美國政府預算的赤字都以債券形式賣給銀行，再由銀行轉賣到英國的羅斯柴爾德銀行和巴林銀行，美國政府需要支付高額利息，多年積累下來的債務已使政府舉步維艱。

銀行家們向林肯總統提出許多融資計畫並開出條件，當聽見銀行家們所開的利息要求高達二四%至三六%之時，驚得目瞪口呆的林肯總統立即指著門讓銀行家們離開。這是一個徹底陷美國政府於破產境地的狠招，林肯深知美國人民將永遠無法償還這筆天文數字的債務。

## 林肯的貨幣新政

沒有錢就無法進行戰爭，而向國際銀行家借錢，無疑是拿絞索往自己脖子上套。林肯苦思冥想解決方案。這時候，他在芝加哥的老友迪克．泰勒給林肯出了一個主意——政府自己發行貨幣。

「讓國會通過一個法案，授權財政部印發具有完全法律效力的貨幣，支付士兵工資，然後去贏得你的戰爭。」林肯問美國人民是否會接受這種新貨幣，迪克說：「所有人在這個問題上將別無選擇，只要你使這種新貨幣具有完全的法律效力，政府賦予它們完全的支持，它們將會和真正的錢一樣通用，因爲憲法授予國會發行和設定貨幣價值的權力。」

林肯聽了這個建議後大喜過望，立即讓迪克籌畫此事。這個石破天驚的辦法，打破了政府必須向私人銀行借錢並負擔高額利息的慣例。這種新貨幣使用綠色的圖案以區別於其他的銀行貨幣（Bank Note），史稱「綠幣」（Greenback）。這種新貨幣的獨到之處，在於它完全沒有金銀等貨幣金屬做抵押，並在二十年裡提供五％的利息。

在內戰期間，由於這種貨幣的發行，政府克服了在戰爭初期嚴重缺乏貨幣的情況，極大並高效地調動了美國北方的各種資源，爲最終戰勝南方奠定了堅實的經濟基礎。同時，由於這種低成本的貨幣依法成爲北方銀行的儲備貨幣，北方的銀行信貸得以大幅擴張，軍事工業、鐵路建設、農業生產和商業貿易都得到了前所未有的金融支援。

一八四八年以來的黃金大發現，使美國的金融逐漸擺脫了完全被歐洲銀行家控制的極端不利局面，也正由於有大量的優質貨幣作爲信心基礎，林肯的新幣才能夠廣爲人民接受，爲贏得南北戰爭的勝利奠定了可靠的金融基礎。更加令人吃驚的是，林肯發行的新幣並未造成類似獨立戰爭時期的嚴重通貨膨脹，從一八六一年內戰爆發到一八六五年戰爭結束，整個北方的物價指數僅溫和地從一〇〇增長到二一六。考慮到戰爭的規模和破壞的嚴重程度，以及與世界上其他同等規模的戰爭相比，這不能不說是一種金融奇蹟。相反地，南方也採用了紙幣流通方式，但效果真是天壤之別，南方物價指數在同期從一〇〇飆升到二七七六。[32]

在整個南北戰爭期間，林肯政府總共發行了四．五億美元的新貨幣。這種新的貨幣機制運行得如此之好，以至於林肯總統非常認真地考慮要將這種無債貨幣（Debt Free Money）的發行長期化和法制化。這一點深深地刺痛了國際金融寡頭的根本利益。倘若所有政府都不用向銀行借錢而「悍然」自己發行貨幣，銀行家對貨幣發行的壟斷將不復存在，銀行豈不是要喝西北風了嗎？

難怪在聽到這個消息後，代表英國銀行家的《倫敦時報》立即發表聲明：

> 如果源於美國的這種令人厭惡的新財政政策（林肯綠幣）得以永久化，那麼政府就可以沒有成本地發行自己的貨幣。它將能夠償還所有的債務並且不再欠債，它將獲得所有必要的貨幣來發展商業，它將變成世界上前所未有的繁榮國家，世界上的優秀人才和所有的財富將湧向北美。這個國家必須被摧毀，否則它將摧毀世界上每一個君主制國家。

英國政府和紐約銀行協會（New York Associations of Banks）憤怒地表示要實施報復。一八六一年十二月二十八日，他們宣佈停止向林肯政府支付金屬貨幣。紐約的一些銀行還阻止黃金儲蓄者提取黃金，並宣佈撤銷以黃金購買政府債券的承諾。美國各地銀行紛紛回應，他們跑到華盛頓向林肯總統提出變通方案，建議仍然採取過去的做法，將高利息的債券賣給歐洲銀行家們；把美國政府的黃金存到私人銀行，作爲信貸發放的儲備，銀行家好大發其財；美國政府向工業部門和人民徵稅以支持戰爭。林肯總統理所當然地堅決拒絕了銀行家們這個完全不合常理的要求。他的政策深得民心，美國人民踴躍購買全部債券，並根據法律把它們當做現金使用。

銀行家們見一計不成，又生一計。他們發現國會發行林肯新幣的法案中，並未提及國債利息的支付是否使用黃金，於是和國會議員達成了一項妥協，即允許用林肯新幣購買國債，但利息部分要以金幣支付。這是一個完整計畫的第一步，先把美國國內的林肯新幣和黃金的價值掛鉤，而身爲當時擁有世界儲備貨幣的英鎊系統的歐洲銀行家們，擁有遠遠多於美國的黃金貨幣。美國銀行家和國會的妥協，使國際金融勢力利用對美國黃金進出口總量的控制，間接達到了操縱美國貨幣價值的效果。

## 林肯的俄國同盟者

在一八六一年美國內戰爆發前後，歐洲的國王們向美洲大量派兵，準備分裂美國的最危險時刻，林肯立刻想到了歐洲君主們的宿敵——俄國。林肯派出特使向沙皇亞歷山大二世求救。當沙皇收到林肯的信，他並沒有立刻打開，只是在手上掂了掂，然後說道：「在我打開這封信或知道它的內容之前，我將先同意它所提出的任何要求。」[33]

沙皇準備軍事介入美國內戰有幾方面的原因。一是唇亡齒寒的擔憂，在亞歷山大二世時期，橫掃歐洲的國際金融勢力已經叩響了克里姆林宮的大門。銀行家們強烈要求比照歐洲「先進」金融國家的經驗，成立私有的中央銀行，沙皇早已瞧破了其中祕密，堅決拒絕了這個要求。當看到岌岌可危的另一個反對國際金融勢力的林肯總統陷入危險境地時，亞歷山大二世若不出手相助，只怕下一個就輪到他了。另一個原因是在美國南北戰爭爆發之前的一八六一年三月三日，亞歷山大二世宣佈了解放農奴的法律，在廢除奴隸制方面，雙方有些同仇敵愾，惺惺相惜。還有一個原因就是俄國剛在一八五六年結束的克里米亞戰爭中敗於英法之手，亞歷山大二世雪恥之心未泯。

未經宣戰，俄國的艦隊在里維斯基（Liviski）將軍的率領下，在一八六三年九月二十四日開進了紐約港。波波夫將軍所統領的俄國太平洋艦隊在十月十二日到達舊金山。對於俄國的行爲，基丁．威爾士評論道：「他們是在南方正處於高潮而北方處於低潮時來到的，他們的出現造成了英國和法國的猶豫不決，最終讓林肯贏得時間扭轉局面。」

內戰結束以後，爲了支付俄國艦隊總計七二〇萬美元的費用，美國政府頗費了一番周折。因爲憲法沒有授權總統支付外國政府的戰爭費用，當時的總統約翰遜與俄國達成了以購買俄國阿拉斯加的土地來支付戰爭費用的協議。這件事在歷史上稱爲「西華德的蠢事」（Seward Folly），西華德是當時的美國國務卿，人們強烈批評他不應該花七二〇萬美元去買當時看起來不值一文的荒地。

由於同樣的原因，亞歷山大二世在一八六七年被行刺，但沒有成功。一八八一年三月一日，亞歷山大二世終於還是死於刺客之手。

## 誰是刺殺林肯的眞凶

德國的鐵血首相俾斯麥曾一針見血地指出：

他（林肯）從國會那裡得到授權，透過向人民出售國債來借債，這樣政府和國家就從外國金融家的圈套中跳了出來。當他們（國際金融家）明白過來美國將逃出他們的掌握時，林肯的死期就不遠了。

林肯在解放了黑奴、統一了南方以後，立即宣佈南方在戰爭中所負的債務全部一筆勾銷。在戰爭中一直爲南方提供巨額金融支援的國際銀行家們損失慘重。爲了報復林肯，更爲了顚覆林肯的貨幣新政，他們糾集了對林肯總統不滿的各種勢力，嚴密策劃了刺殺行動。最後發現，指派幾個行刺的狂熱分子實在不是一件困難的事。

林肯遇刺後，在國際金融勢力的操縱下，國會宣佈廢除林肯的新幣政策，凍結林肯新幣的發行上限爲不超過四億美元。

一九七二年，有人問美國財政部，林肯發行的四．五億美元的新幣到底節省了多少利息。經過認眞計算，幾個星期之後財政部的回答是：因爲林肯發行美國政府自己的貨幣，一共爲美國政府節省了四十億美元的利息。[34]

美國的南北戰爭，從根本上看，是國際金融勢力及其代理人與美國政府激烈爭奪美國國家貨幣發行權和貨幣政策的利益之爭。在南北戰爭前後的一百多年時間裡，雙方在美國中央銀行系統的建立這個金融制高點上進行反覆的殊死搏鬥，前後共有七位美國總統因此被刺殺，多位國會議員喪命。直至一九一三年，美國聯邦儲備銀行系統的成立，最終標誌著國際銀行家取得了決定性勝利。

誠如俾斯麥所言：

林肯的死是基督徒世界的重大損失。美國可能沒人能夠沿著他偉大的足跡前行，而銀行家們將會重新掌握那些富有的人。我擔心外國銀行家以他們高超和殘酷的手腕會最終得到美國的富饒，然後用它來系統地腐蝕現代文明。

## 致命的妥協：一八六三年《國家銀行法》

我在催生《國家銀行法》上所引發的作用是我一生中最嚴重的財政錯誤。它（《國家銀行法》）所產生的（貨幣供應）壟斷將影響這個國家的每一個層面。它應該被廢除，但是在此之前，國家將會分裂成兩邊，人民在一邊，而銀行家在另一邊，這種情況在這個國家的歷史上還從未出現過。

所羅門．柴斯，美國財政部長（一八六一～一八六四）

南北戰爭爆發以後，林肯拒絕了羅斯柴爾德及其美國代理人利息高達二四%至三六%的金融絞索，轉而授權財政部發行自己的「美國政府券」（United States Notes），又稱綠幣。一八六二年二月通過的《法幣法案》（*Legal Tender Act*）授權財政部發行一・五億綠幣，隨後又於一八六二年七月和一八六三年三月，再度授權財政部發行一・五億綠幣。在內戰期間，綠幣總共發行了四・五億。

林肯綠幣的發行就像捅了國際銀行業的馬蜂窩，銀行家們對此深惡痛絕，相反地，普通人民和其他工業部門則對綠幣持非常歡迎的態度，林肯綠幣在美國貨幣系統中一直流通到一九九四年。

一八六三年，當戰爭到了最緊要的關頭，林肯需要更多的綠幣去贏得戰爭，他爲了獲得第三次綠幣發行的授權，不得不向國會的銀行家勢力低頭，做出了一個重要的妥協，簽署了一八六三年《國家銀行法》。該法案授權政府批准國家銀行（National Bank）發行統一標準的銀行券（除了發行銀行的名稱不同），這些銀行實際上將發行美國的國家貨幣。至關重要的一點就是，這些銀行以美國政府債券（Government Bond）作爲發行銀行券的儲備金，實際上將美國的貨幣發行和政府債務鎖死在一起，政府將永遠不可能還清債務。

美國著名經濟學家高伯瑞（John Kenneth Galbraith）就曾一針見血地指出：「在內戰結束以後的許多年裡，聯邦政府財政每年都獲得了大量盈餘。但是它卻無法還清它的債務，清償發售出的政府債券，因爲這樣做意味著沒有債券去做國家貨幣的抵押。還清債務就等於摧毀了貨幣流通。」

國際銀行家把英格蘭銀行模式複製到美國的陰謀終於得逞了。從此償還美國政府永久的和永遠增加的債務利息，就像一根絞索牢牢地套在美國人民的脖子上，愈掙扎愈緊。到了二〇〇六年，美國聯邦政府共欠下八．六兆美元的天文數字的債務，平均每一個四口之家就要攤上十一．二萬美元的國債，而且國債總額正以每秒兩萬美元的速度增長！美國聯邦政府對國債利息的支出僅次於健康醫療和國防，二〇〇六年會達到四千億美元之巨。

從一八六四年開始，銀行家們可以世世代代享用國債利息這一美餐。僅僅是由於政府直接發行貨幣，還是政府發行債券而銀行發行貨幣這一點看似不起眼的差別，就造成了人類歷史上最大的不公平。人民被迫向銀行家間接繳稅，爲了原本是他們血汗勞動所創造的財富和貨幣！

到目前爲止，中國是世界上僅存的爲數不多的由政府直接發行貨幣的國家。政府和人民爲此而節省下來的巨額利息開支，是中國能夠長期高速發展不可缺少的重要因素。如果有人提出要學習外國的「先進經驗」，人民銀行必須用政府的國債作爲抵押來發行人民幣，中國人民就要當心了。

林肯並非不知道這個永久的威脅，只是迫於眼前的危機不得不做出權宜之計。

林肯本來打算在一八六五年獲得連任之後廢除該法案，結果他在大選獲勝之後僅四十一天就被刺殺。銀行家們在國會的勢力乘勝追擊，必除掉林肯的綠幣而後快。一八六六年四月十二日，國會通過了《緊縮法案》（*Contraction Act*），試圖召回所有流通中的綠幣，兌換成金幣，然後把綠幣踢出貨幣流通領域，恢復國際銀行家占絕對優勢的金本位體系。

在一個剛剛經過空前戰爭浩劫、百廢待興的國家，沒有比實施緊縮貨幣更爲荒謬的政策了。貨幣流通量從一八六六年的十八億美元（每人五〇．四六美元），降到一八六七年的十三億美元（每人四四．〇〇美元），一八七六年的六億美元（每人一四．六美元），最後降到一八八六年的四億美元（每人六．

六七美元），在美國戰爭創傷亟待醫治、經濟急需恢復和發展，同時人口大量增加的時期，卻人爲造成貨幣供應嚴重短缺。大多數人民總是覺得繁榮和衰退是經濟發展的規律，但事實上，操縱在國際銀行家手中的貨幣供應時緊時鬆才是問題的根源。

一八七二年冬，國際銀行家們派出歐尼斯特・塞德（Ernest Seyd）帶著大筆金錢從英國來到美國，透過賄賂促成了一八七三年《硬幣法案》（*Coinage Act*），史稱「一八七三年惡法」（Crime of 1873），歐尼斯特本人起草了法案全文，該法案把銀幣從貨幣流通中踢了出去，金幣成爲貨幣中唯一的主宰。這一法案無疑對本已嚴重短缺的貨幣流通造成了雪上加霜的效應。事後，歐尼斯特本人洋洋自得地說：「我一八七二年冬去了一趟美國，確保了廢除銀幣的硬幣法案的通過。我所代表的是英格蘭銀行董事們的利益。到一八七三年，金幣成爲了唯一的金屬貨幣。」

事實上，廢除銀幣在國際貨幣流通領域的作用，是爲了確保國際銀行家們對世界貨幣供應量的絕對控制力。相對於愈來愈多的銀礦發掘，金礦的勘探和產量要稀有得多，在完全掌握了世界金礦開採之後，國際銀行家當然不希望難以控制的銀幣流通量，影響了他們主宰世界金融的霸權地位。所以從一八七一年開始，白銀在德國、英國、荷蘭、奧地利，以及斯堪地納維亞國家被普遍廢除，導致各個國家的貨幣流通量大幅緊縮，從而引發了歐洲長達二十年的嚴重經濟大衰退（Long Depression，一八七三～一八九六）。

在美國，《緊縮法案》和《硬幣法案》直接觸發了一八七三年至一八七九年的經濟大衰退。在三年時間裡，美國的失業率高達三〇％，美國人民強烈要求回到林肯綠幣和銀幣共同構成貨幣的時代。

美國民眾自發成立了白銀委員會（US Silver Commission）、綠幣黨（Greenback Party）等組織，推動全國恢復銀幣和金幣雙軌制，重新發行受到人民歡迎的林肯綠幣。

美國白銀委員會的報告指出：「黑暗的中世紀時代正是由於貨幣短缺和價格下降所造成。沒有貨幣，文明就不可能發生，貨幣供應減少，文明必將消亡。在羅馬的基督徒時代，帝國共有相當於十八億美元的金屬貨幣流通，到了十五世紀末，（歐洲的）金屬貨幣流通量只剩下了兩億美元。歷史表明，沒有任何災難性的變化能夠與從羅馬帝國墜入黑暗的中世紀相比。」

與之形成鮮明對比的是美國銀行家協會（The American Bankers Association）的態度。該協會在發給所有會員的信中指出：

> 我們建議你們竭盡全力去支持著名的日報和週刊，特別是農業和宗教方面的媒體，堅決反對政府發行綠幣，你們要停止資助那些不願表示反對政府發行綠幣的候選人。廢除銀行發行國家貨幣或恢復政府發行綠幣都將使（國家）能夠向人民提供貨幣，這將嚴重損害我們身爲銀行家和放貸者的利潤。立刻去約見你們地區的國會議員，要求他們保護我們的利益，這樣我們就能夠控制立法。[35]

一八八一年，在一片經濟蕭條之中上台的美國第二十屆總統詹姆斯·加菲爾德已經明確地把握了問題的要害，他說道：

在任何一個國家裡，誰控制著貨幣供應，誰就是所有工業和商業的絕對主人。當你明白整個（貨幣）系統非常容易地由極少數人用這樣或那樣的方法來控制時，你就不用別人告訴你通貨膨脹和緊縮的根源了。

這番話落地才幾個星期，加菲爾德總統就被另一個「精神病患者」查理斯·吉托於一八八一年七月二日行刺。總統被擊中了兩槍，最後在九月十九日去世。

國際銀行家們在整個十九世紀中，成功地在歐洲「以神聖的金權取代了神聖的君權」，在美國，「神聖的金權也逐步瓦解了神聖的民權」。國際銀行家在與美國民選政府經歷了長達百年的激烈較量之後，已經完全佔了上風。美國歷史學家指出，美國總統的傷亡率比美軍諾曼地登陸的第一線部隊的平均傷亡率還要高！

當銀行家們躊躇滿志地手握一八六三年《國家銀行法》時，他們距離最終目標——在美國完全複製一個英格蘭銀行的計畫只剩一步之遙。一個完全控制美國貨幣發行的私有的中央銀行、一個銀行家的銀行已經出現在美利堅的地平線上。

## 注釋

1 Abraham Lincoln, letter to William Elkins, Nov 21, 1864 (just after the passage of the debt causing National Bank Act [June 3, 1864], right before assassination) .
2 G. Edward Griffin, *The Creature from Jekyll Island* (American Media, Westlake Village, CA 2002) p393.
3 Izola Forrester, *This One Mad Act* (Boston: Hale, Cushman & Flint, 1937), p359.
4 Glyn Davis, *History of Money From Ancient Times to The Present Day* (University of Wales Press, 2002), p458.
5 Ibid., p459.
6 Adam Smith, *Wealth of Nations*, 1776, book IV Chapter one.
7 Congressman Charles G. Binderup, *How Benjamin Franklin Made New England Prosperous*, 1941.
Note: Radio address given by Congressman Charles G. Binderup of Nebraska, and was reprinted in *Unrobing the Ghosts of Wall Street*.
8 Ibid.
9 Ibid.
10 In 1787, when the Continental Congress met to adopt the replacement to the Articles of Confederation, which would become the Constitution, Jefferson address regarding a central banking system.
11 US Constitution Article I Section 8.
12 *Letter to the Secretary of the Treasury Albert* Gallatin (1802) .
13 Allan Hamilton, *The Intimate Life of Alexander Hamilton* (Charles Scribner Sons 1910) .
14 Quoted by Arthur Schlesinger, Jr., *The Age of Jackson* (New York: Mentor Books, 1945), p6-7.
15 Written on April 30, 1781, to his mentor, Robert Morris. Quoted by John H. Makin, The Global Debt Crisis: *America's Growing Involvement* (New York: Basic Books, 1984), p246.
16 The Writings of Thomas Jefferson (New York: G.P.Putnam & Sons, 1899), Vol. X, p31.
17 The Basic Writings of Thomas Jefferson (Willey Book Company, 1944), p749.
18 Glyn Davies, *History of Money From Ancient Times to The Present Day* (University of Wales Press, 2002), p474.
19 Ibid., p475.

20 Thomas Jefferson, *Letter to John Taylor of Caroline, 26 November 1798*; reproduced in The Writings of Thomas Jefferson v. 10, editted by Lipscomb and Bergh.

21 Glyn Davies, *History of Money From Ancient Times to The Present Day* (University of Wales Press, 2002), p475-476.

22 Thomas Jefferson, Letter to James Monroe, January 1, 1815.

23 Glyn Davies, *History of Money From Ancient Times to The Present Day* (University of Wales Press, 2002), p476.

24 Ibid., p479.

25 G. Edward Griffin, *The Creature from Jekyll Island* (American Media, Westlake Village, CA 2002) .

26 *Inaugural Address of President William Henry Harrison March 4*, 1841.

27 Michael F. Holt; *The Rise and Fall of the American Whig Party: Jacksonian Politics and the Onset of the Civil War* (1999). p272.

28 Glyn Davies, *History of Money From Ancient Times to The Present Day* (University of Wales Press 2002), p484.

29 Ibid., p486.

30 Sydney E. Ahlstrom, *A Religious History of the American People* (Yale University Press, 1972), on p. 649.

31 Jewish History in Civil War, Jewish-American History Documentation Foundation, Inc. 2006.

32 Glyn Davies, *History of Money From Ancient Times to The Present Day* (University of Wales Press 2002), p489.

33 Des Griffin, *Descent into Slavery* (Emissary Publications, 1980).

34 Abraham Lincoln and John F. Kennedy by Melvin Sickler.

35 From a circular issued by authority of the Associated Bankers of New York, Philadelphia, and Boston signed by one James Buel, secretary, sent out from 247 Broadway, New York in 1877, to the bankers in all of the States.

# 第三章 美聯儲：私有的中央銀行

一個偉大的工業國家被信用系統牢牢地控制著，這個信用系統高度地集中。這個國家的發展和我們所有的（經濟）活動完全掌握在少數人手中。我們已經陷於最糟糕的統治之下，一種世界上最完全、最徹底的控制。政府不再有自由的意見，不再擁有司法定罪權，不再是那個多數選民選擇的政府，而是在極少數擁有支配權的人的意見和強迫之下（運作）的政府。

這個國家的許多工商業人士都畏懼著某種東西。他們知道這種看不見的權力是如此的有組織、如此的悄然無形、如此的無孔不入、如此的互鎖在一起、如此的徹底和全面，以至於他們不敢公開譴責這種權力。[1]

伍德羅．威爾遜，美國第二十八屆總統

◎本章導讀

不算誇張地說，直到今天，中國可能也沒有幾個經濟學家知道美聯儲其實是私有的中央銀行。所謂「聯邦儲備銀行」，其實既不是「聯邦」，更沒有「儲備」，也算不上「銀行」。多數中國人可能會想當然耳地認為是美國政府發行著美元，但實際情況是，美國政府根本沒有貨幣發行權！一九六三年甘迺迪總統遇刺後，美國政府最終喪失了僅剩的「白銀美元」的發行權。美國政府要想得到美元，就必須將美國人民的未來稅收（國債）抵押給私有的美聯儲，由美聯儲來發行「美聯儲券」，這就是「美元」。

美聯儲的性質和來歷在美國的學術界及新聞媒體中，是一個大家心照不宣的「禁區」。媒體每天可以長篇累牘地辯論「同性戀婚姻」這類無關痛癢的問題，而對到底誰控制著貨幣發行這樣一個關係到每一個人、每一天、每一分錢收入、每一項貸款利息支付的「利益攸關」的問題，幾乎隻字不提。

讀到這裡，如果你有吃驚的感覺，說明這一問題是重要的，而你居然不知道。這一章將講述被美國主流媒體刻意「過濾掉」的美聯儲成立的祕密，當我們拿著放大鏡，以慢鏡頭重播這一影響世界歷史進程的重大事件的最後關頭時，事件發展將精確到以小時為單位。

一九一三年十二月二十三日，美國民選政府終於被金錢權力所顛覆。

## 神祕的哲基爾島：美聯儲的策源地

一九一〇年十一月二十二日夜，紐約城外一節完全密封的火車車廂裡，所有的車窗全部被窗簾嚴密地遮擋住，列車緩緩向南駛去。車廂裡坐著的全是美國最重要的銀行家，沒有任何人知道他們此行的目的地。列車的終點是數百英里之外的喬治亞州的哲基爾島。

喬治亞州的哲基爾島是一群美國超級富豪擁有的冬季度假勝地。以J．P．摩根爲首的大亨們成立了一個哲基爾島打獵俱樂部，地球上六分之一的財富聚集在這個俱樂部會員的手中，會員身分只能繼承，不可轉讓。此時，該俱樂部得到通知，有人要使用俱樂部場所大約兩個星期，所有會員不能在這段時間內使用會所。會所的所有服務人員全部從大陸調來，對所有到達會所的客人一律只稱呼名字，而絕對不能使用姓氏。會所周圍五十英里的範圍內被確保不會出現任何記者。

當一切準備就緒，客人們出現在會所中。參加這個絕密會議的有：

尼爾森．奧爾德里奇（Nelson Aldrich），參議員，國家貨幣委員會主席，尼爾森．洛克斐勒的外祖父。

派亞特．安德魯（A. Piatt Andrew），美國財政部助理部長。

佛蘭克．范德利普（Frank Vanderlip），紐約國家城市銀行總裁。

亨利·大衛森（Henry P. Davison），J·P·摩根公司高級合夥人。

查理斯·諾頓（Charles D. Norton），紐約第一國家銀行總裁。

班哲明·斯特朗（Benjamin Strong），J·P·摩根的左右手。

保羅·沃伯格（Paul Warburg），德國猶太移民，一九〇一年到美國，庫恩雷波公司（Kuhn Loeb and Company）的高級合夥人，英國和法國的羅斯柴爾德家族的代理人，美聯儲（編按：即Federal Reserve System，簡稱Fed，臺灣一般翻譯爲「聯邦準備理事會」，簡稱「聯準會」）的總設計師，第一任美聯儲董事。

這些重要人物來到這個偏僻的小島，對來此打獵毫無興趣，他們的主要任務是起草一份重要的文件：《聯邦儲備法案》（*Federal Reserve Act*）。

保羅·沃伯格是銀行運作方面的高手，精通幾乎所有的銀行運作細節。當其他人提出各類問題時，保羅不僅耐心解答，更滔滔不絕地講解每一個細節概念的歷史淵源。所有人無不爲他在銀行方面的淵博知識所折服，保羅自然成爲文件的主要起草者和解釋者。

尼爾森·奧爾德里奇是所有人中唯一的外行，他負責使文件內容符合政治正確的要求，能夠在國會被接受。其他人則代表不同的銀行集團的利益，他們圍繞著保羅提出的方案細節進行了長達九天的激烈爭論，最後終於達成了共識。

由於一九〇七年銀行危機以來，銀行家在美國人民心目中的形象太差，以至於國會議員中沒有人膽敢公開支持由銀行家參與制訂的法案，所以這些人不遠千里從紐約躲到這個僻靜的小島來起草這份文件。另外，中央銀行這個名稱過於樹大招風，自傑佛遜總統以來，中央銀行的名稱始終與英國的國際銀行家陰謀聯繫過密，所以保羅建議用聯邦儲備理事會（Federal Reserve System）的名稱來掩人耳目。但是它具有一切中央銀行的職能，和英格蘭銀行一樣，美聯儲被設計成私人擁有股份，並將從中獲得巨大的利益。與第一銀行和第二銀行不同的是，美聯儲的股份構成中，原來二〇%的政府股份被拿掉了，它將成爲一個「純粹」的私有中央銀行。

爲了使聯邦儲備理事會更具有欺騙性，在誰控制美聯儲的問題上，保羅巧妙地提出：「國會控制美聯儲，政府在董事會中擁有代表，但是董事會的多數成員由銀行協會直接或間接控制。」

後來，保羅把最後的版本改爲「董事會成員由美國總統任命」，但是董事會的眞正功能由聯邦諮詢委員會（Federal Advisory Council）所控制，聯邦諮詢委員會與董事會定期開會「討論」工作。聯邦諮詢委員會成員將由十二家聯邦儲備銀行的董事決定，這一點被有意地向公眾隱瞞了。

另一個保羅要應付的難題是，如何隱藏紐約的銀行家將主導美聯儲這個事實。十九世紀以來，美國中西部廣大中小商人、農場主飽受銀行危機的浩劫，對東部銀行家深惡痛絕，這些地區的議員不可能支持紐約銀行家主導的中央銀行。保羅爲此設計了一套由十二家美聯儲地區銀行構成整個系統的天才解決方案。在銀行圈子之外，很少有人明白，在美國貨幣和信貸發放高度集中於紐約地區這一基本前提下，提議建立各地區聯儲銀行，只不過給人造成中央銀行的業務並沒有集中在紐約的假象罷了。

還有一個體現保羅深謀遠慮之處的就是將美聯儲總部設在政治首都華盛頓，而有意遠離它眞正接受指令的金融之都紐約，以進一步分散公眾對紐約銀行家的顧慮。

保羅的第四個困擾是如何產生十二家美聯儲地區銀行的管理人員，尼爾森・奧爾德里奇的國會經驗終於派上了用場。他指出中西部的議員普遍對紐約銀行家有敵意，爲了避免失控現象，所有地區銀行的董事應該由總統任命，而不要由國會插手。但是這造成了一個法律漏洞，《憲法》第一章第八節明確規定由國會負責發行管理貨幣，將國會排除在外，意味著美聯儲從一開始就違背了《憲法》。後來這一點果然成爲了很多議員攻擊美聯儲的靶子。

經過這一番頗具匠心的安排，該法案儼然以模擬美國憲法分權與制衡的面目出現。總統任命，國會審核，獨立人士任董事，銀行家做顧問，眞是滴水不漏的設計！

## 華爾街七巨頭：美聯儲的幕後推動者

華爾街的七個人現在控制了美國大部分基礎工業和資源。其中J・P・摩根、詹姆斯・希爾、喬治・貝克（紐約第一國家銀行總裁），屬於所謂摩根集團；其餘四人，約翰・洛克斐勒、威廉・洛克斐勒、詹姆斯・斯蒂爾曼（國家城市銀行總裁）、雅各・希夫（庫恩雷波公司），屬於標準石油城市銀行集團。他們所構成的「資本的核心樞紐」控制著美國。[2]

穆迪，穆迪投資評估體系創始人，一九一一年

華爾街的七位大亨是建立美聯儲的眞正幕後推動者。他們之間及其與歐洲羅斯柴爾德家族的祕密

協調，最終建立了英格蘭銀行在美國的翻版。

## 摩根家族的興起

摩根銀行的前身是不太爲人所知的英國喬治・皮博迪公司（George Peabody and Company）。喬治・皮博迪原是美國巴爾的摩的一個乾貨商，在發了一些小財之後，於一八三五年來到英國倫敦闖世界。他瞧準了金融行業是個發財的行業，就開始在倫敦和一些商人一起做起承兌銀行（Merchant Bank）的生意，這是當時一種非常時髦的「高級金融」（High Finance）業務，客戶主要包括政府、大公司和大富豪們。他們提供國際貿易貸款，發行股票和債券，經營大宗商品，這就是現代投資銀行的前身。

喬治・皮博迪透過巴爾的摩的布朗兄弟公司在英國分店的引薦，很快打入了英國的金融圈子。不久，喬治・皮博迪非常吃驚地收到南森・羅斯柴爾德男爵的邀請前去做客。誠惶誠恐的喬治・皮博迪覺得能被名震世界銀行界的南森請去做客，就好像天主教徒被教皇接見一般榮幸。

南森開門見山地提出希望喬治・皮博迪幫他一個忙，做羅斯柴爾德家族的祕密公關代理人。羅斯柴爾德家族由於在歐洲巧取豪奪，雖然家財萬貫，可也被很多人痛恨和鄙視。倫敦的貴族階級就不屑於與南森爲伍，屢次拒絕南森的邀請，雖然羅斯柴爾德在英國勢力很大，但始終有些被貴族孤立的感覺。南森看中喬治・皮博迪的另一個原因是他爲人謙和，人緣頗佳，又是美國人，日後還可以派上大用場。

喬治・皮博迪對南森的提議自然是滿口應承，所有公關開銷全由南森買單，喬治・皮博迪的公司很快就成為倫敦著名的社交中心。特別是每年七月四日在喬治・皮博迪家舉辦的美國獨立日宴會，更是倫敦貴族圈子裡的一件盛事[3]。客人們可能沒有想到，富麗堂皇和氣派奢華的招待開銷，豈是一個幾年前還名不見經傳的普通商人所能負擔得起的。

直到一八五四年，喬治・皮博迪還只是一個百萬英鎊級別的銀行家，在短短的六年之內，他卻發了一筆近兩千萬英鎊的橫財，一舉成為美國重量級的銀行家。原來在羅斯柴爾德家族策動的美國一八五七年經濟危機中，喬治・皮博迪由於大量投資於美國鐵路債券和政府債券，當英國的銀行家突然狂拋和美國沾邊兒的一切債券時，喬治・皮博迪也被深度套牢。奇怪的是，英格蘭銀行在他瀕臨破產邊緣的時候，彷彿天使從天而降，緊急提供了八十萬英鎊的信用額度，不僅把他從死神身邊奪了回來，更鬼使神差般地使一貫極端謹慎和早已失魂落魄的喬治・皮博迪賭上全部身家，大筆吃進被驚恐萬狀的美國債券投資者當做垃圾拋售的各類債券。一八五七年的危機全然不同於一八三七年的十年蕭條，僅一年時間，美國的經濟就完全走出衰退的陰影，結果，喬治・皮博迪手中的美國債券使他很快成為超級富豪，這與一八一五年南森的英國國債戰役驚人的相似。在沒有內線準確資訊的情況下，剛從破產噩夢中驚醒過來的喬治・皮博迪，是斷然不敢大量吃進美國債券的。

喬治・皮博迪一生沒有子嗣，龐大的產業無人繼承，他為此煞費苦心，終於決定邀請年輕的朱尼厄斯・摩根（Junius Morgan）入夥。在喬治・皮博迪退休以後，朱尼厄斯・摩根接掌了全部生意，並將公司改名為朱尼厄斯・摩根公司（Junius S. Morgan and Company），仍然設在倫敦。後來，朱尼厄斯的兒子J・P・摩根接掌了公司，後來他將美國的分支改名為J・P・摩根公司。一八六九年，J・P・

摩根和佐格索（Drexel）在倫敦與羅斯柴爾德家族會面，摩根家族完全繼承了喬治·皮博迪與羅斯柴爾德家族的關係，並將這種合作發展到一個新的高度。一八八〇年，J·P·摩根開始大量資助重組鐵路公司的商業活動。

一八九一年二月五日，羅斯柴爾德家族和英國的其他一些銀行家成立了祕密組織「圓桌會議集團」，美國也建立了相應的組織，牽線的就是摩根家族。第一次世界大戰以後，美國的「圓桌會議集團」更名爲「外交協會」（Council on Foreign Relation），英國的改爲「皇家國際事務協會」（Royal Institute of International Affairs）。美英兩國政府的許多重要官員就是從這兩個協會中被挑選出來的。

一八九九年，J·P·摩根和佐格索到英國倫敦參加國際銀行家大會。當他們回來時，J·P·摩根已經被指派爲羅斯柴爾德家族在美國利益的首席代理人。倫敦會議的結果就是，紐約的J·P·摩根公司，費城的佐格索公司，倫敦的葛蘭費爾（Grenfell）公司，巴黎的摩根·哈傑斯·希公司（Morgan Harjes Cie），德國和美國的沃伯格公司（M. M. Warburg Company），與羅斯柴爾德家族完全聯繫在一起了。[4]

一九〇一年，J·P·摩根以五億美元的天價收購了卡內基的鋼鐵公司，並組建了世界上第一家市值超過十億美元的巨無霸——美國鋼鐵公司（United States Steel Corporation）。J·P·摩根在當時被認爲是世界上最富有的人，可是，據國家臨時經濟委員會（Temporary National Economic Committee）的報告，他僅擁有自己公司九％的股份。看來，聲名赫赫的摩根還只是一個前台人物。

## 洛克斐勒：石油大王

老約翰．洛克斐勒在美國歷史上是一個頗有爭議的人物，被人們冠以「最冷酷無情的人」。他的名字自然和大名鼎鼎的標準石油公司密不可分。

洛克斐勒的石油生涯開始於美國內戰時期（一八六一～一八六五），直到一八七〇年他成立美國標準石油公司時，生意做得仍然屬於一般水準。自從得到克里夫蘭國家城市銀行的一批種子貸款後，他好像一下子找到了感覺，尤其是在惡意競爭方面展現出超乎常人的想像力。在他非常看好的石油精煉行業中，他很早就悟出石油精煉雖然短期利潤極高，但由於缺乏控制的激烈競爭，終將陷入自殺般的惡性競爭。辦法只有一個，毫不留情地消滅競爭對手，為此目的可以不惜一切手段。

具體方法是，首先由受其控制但不為人所知的中間公司提出用現金低價收購競爭對手，如果遭到拒絕，競爭對手將面臨慘烈的價格戰，直到對方屈服或破產。如果還不奏效，洛克斐勒最後將使出撒手鐧：暴力破壞。毆打競爭對手的工人，放火焚燒對手廠房等，幾個回合下來，倖存者寥寥無幾。如此霸道的壟斷行為，雖然引起了同行的公憤，但也招來了紐約銀行家的濃厚興趣。酷愛壟斷的銀行家非常欣賞洛克斐勒實現壟斷的高度執行力。

羅斯柴爾德家族一直煞費苦心想控制日益強大的美國，但屢屢失手。控制一個歐洲的國王比控制一個民選政府要簡單得多。美國內戰以後，羅斯柴爾德家族開始部署控制美國的計畫。在金融業，有摩根銀行和庫恩雷波公司，在工業界，他們還一直沒有物色到合適的代理人選，洛克斐勒的所作所為，讓羅斯柴爾德家族眼前一亮。如果在金融方面給予大量輸血，洛克斐勒的實力會遠遠超出小小的克里夫蘭地區。

羅斯柴爾德家族派出他們在美國最重要的金融戰略家庫恩雷波公司的雅各・希夫（Jacob Schiff）。一八七五年，希夫親赴克里夫蘭去指點洛克斐勒下一步的擴張計畫。希夫帶來了洛克斐勒想都不敢想的空前支持，由於羅斯柴爾德此時透過摩根銀行和庫恩雷波公司，已經控制了美國九五％的鐵路運力，希夫擬定了一個由影子公司（South Improvement Company）出面，給洛克斐勒的標準石油公司提供非常低廉的運費折扣，在這個運費折扣壓力之下，沒有幾家煉油公司還能夠繼續生存。洛克斐勒很快就完全壟斷了美國石油行業，成了名副其實的「石油大王」。

## 雅各・希夫：羅斯柴爾德的金融戰略家

羅斯柴爾德家族和希夫家族之間的密切關係可以上溯到一七八五年，當老羅斯柴爾德舉家搬到法蘭克福的一幢五層樓房時，與希夫家族合住了多年。同爲德國猶太銀行家，兩家有長達百年的情誼。

一八六五年，年僅十八歲的雅各・希夫在英國羅斯柴爾德銀行見習了一段時間以後，來到美國。在林肯總統被刺殺之後，雅各協調在美國的歐洲銀行家代理人之間的利益，共同推動建立美國的私有中央銀行制度。他的另外一個目的就是發現、培養歐洲銀行的代理人，並將他們送到政府、法院、銀行、工業、新聞等各種重要的位置上，以待時機。

一八七五年一月一日，雅各加盟庫恩雷波公司，並從此成爲公司的核心。在強大的羅斯柴爾德家族支持之下，庫恩雷波公司最終成爲美國十九世紀末和二十世紀初最著名的投資銀行之一。

## 詹姆斯·希爾：鐵路大王

鐵路的建設是嚴重依賴金融支持的重要基礎建設，美國龐大的鐵路工業的發展，在很大程度上是仰賴英國和其他歐洲國家的資本市場的金錢才得以實現的。控制美國鐵路債券在歐洲的發行，就成為掌握美國鐵路工業命脈的直接手段。

一八七三年，由於國際銀行家們對美國突然實施金融緊縮，狂拋美國債券，美國鐵路債券也未能倖免。到危機結束的一八七九年時，羅斯柴爾德家族已成為美國鐵路最大的債權人，只要他們高興，可以隨時掐斷任何美國鐵路公司的金融命脈。在這樣的時代背景之下，靠汽船運輸和煤礦起家的詹姆斯·希爾必須投靠在金融家的旗下，才可能在鐵路行業慘烈的競爭中生存和壯大，摩根正是他背後的金融靠山。在摩根的大力扶持下，利用一八七三年危機後大量鐵路公司倒閉的機會，詹姆斯·希爾實現了迅速兼併和擴張的計畫。

到了一八九三年，詹姆斯·希爾擁有橫貫美國大陸的鐵路的夢想終於實現了。在爭奪中西部鐵路（Chicago，Burlington and Quincy Railroad）控制權時，詹姆斯·希爾遇到了強大的對手，由洛克斐勒財團支持的太平洋聯合鐵路（Union Pacific Railroad）向他發動突襲。太平洋聯合鐵路的總裁哈里曼開始祕密收購詹姆斯·希爾控制的北方太平洋鐵路公司（Northern Pacific）的股票，當詹姆斯·希爾驚覺即將失去控制權時，哈里曼還差四萬股就大功告成了。詹姆斯·希爾立即向正在歐洲度假的後台老闆摩根緊急求救，摩根馬上指令手下反擊洛克斐勒的挑戰。一時間華爾街烽煙四起，對北方太平洋鐵路公司股票的爭奪達到了白熱化的程度，每股價格一度達到一千美元的天價。

兩虎相爭必有一傷，最後國際銀行家們不得不出面調停，達成的最終結果是成立一家新的控股公司——北方證券公司（Northern Securities Company），兩強共同控制美國北方的鐵路運輸。在公司成立當天，麥金利總統被刺殺，副總統老羅斯福繼任。在老羅斯福的強力反對下，北方證券公司被美國一八九〇年通過的《謝爾曼反壟斷法》強制解體。受挫之後，詹姆斯·希爾的發展方向掉頭向南，收購了從科羅拉多直抵德克薩斯的鐵路。到一九一六年去世時，詹姆斯·希爾累積了五千三百萬美元的財產。

## 沃伯格兄弟

一九〇二年，保羅和費里克斯兄弟從德國法蘭克福移民到美國。出身於銀行世家的兩兄弟對銀行業務十分精通，尤其是保羅，堪稱當時的金融頂尖高手。羅斯柴爾德非常看重保羅的天分，特意從歐洲戰略聯盟的沃伯格家族銀行（M. M. Warburg and Co.）將兩兄弟抽調到急需人才的美國戰線上。

此時，羅斯柴爾德家族在美國推行私有中央銀行的計畫已近百年，始終起起伏伏沒能得手。這一次，保羅將承擔主攻任務。在抵達美國不久，保羅加盟先頭部隊雅各·希夫的庫恩雷波公司，並娶了希夫妻妹的女兒，費里克斯則娶了希夫的女兒。

老羅斯福和威爾遜總統兩朝的金融顧問加里森（Colonel Ely Garrison）指出：「在奧爾德里奇計畫招致全國憤恨和反對的情況下，是保羅·沃伯格先生把《美聯儲法案》重新組合起來的。這兩份計畫背後的天才智慧都源自於倫敦的阿爾弗雷德·羅斯柴爾德。」[5]

## 策立美聯儲的前哨戰：一九〇七年銀行危機

一九〇三年，保羅將一份如何將歐洲中央銀行的「先進經驗」介紹到美國的行動綱領交給雅各·希夫，這份檔案隨後又被轉交給紐約國家城市銀行（後來的花旗銀行）總裁詹姆斯·斯蒂爾曼和紐約的銀行家圈子，大家都覺得保羅的思想眞如醍醐灌頂，使大家茅塞頓開。

問題是美國歷史上反對私有中央銀行的政治力量和民間力量相當強大，紐約銀行家在美國工業界和中小業主的圈子裡口碑極差。國會的議員們對銀行家提出的任何有關私有中央銀行的提案都像躲避瘟疫一般避之唯恐不及。在這樣的政治氣氛中想通過有利於銀行家的中央銀行法案比登天還難。

爲了扭轉這種不利的態勢，一場巨大的金融危機開始被構想出來。

首先是新聞輿論導向開始大量出現宣傳新金融理念的文章。一九〇七年一月六日發表了保羅的文章，題目是〈我們銀行系統的缺點和需要〉，從此保羅成爲美國倡導中央銀行制度的首席吹鼓手。此後不久，雅各·希夫在紐約商會宣稱：「除非我們擁有一個足以控制信用資源的中央銀行，否則我們將經歷一場前所未有而且影響深遠的金融危機。」6

蒼蠅不叮沒縫的雞蛋，與一八三七年、一八五七年、一八七三年、一八八四年和一八九三年一樣，銀行家們早已瞧出經濟過熱發展中出現的嚴重泡沫現象，這也是他們不斷放鬆銀根所導致的必然結果。整個過程形象地說就像銀行家在魚塘裡養魚，當銀行家向魚塘裡放水時就是在放鬆銀根，向經濟體大量注入貨幣，在得到大量的金錢之後，各行各業的人就開始在金錢的誘惑之下日夜苦幹，努力創造財富，這個過程就像水塘裡的魚兒使勁吸收各種養分，愈長愈肥。當銀行家看到收穫的時機成熟時，就會突然收緊銀根，從魚塘中開始抽水，這時魚塘裡的多數魚兒就只有絕望地等著被捕獲的命運。

但是，什麼時候開始抽水撈魚卻只有幾個最大的銀行寡頭知道，當一個國家建立了私有的中央銀行制度以後，銀行寡頭對放水抽水的控制就更加得心應手，收穫也就愈加精確。經濟發展與衰退，財富積累與蒸發都成為銀行家「科學飼養」的必然結果。

摩根和他背後的國際銀行家們精確地計算著這次金融風暴的預估成果。首先是震撼美國社會，讓「事實」說明一個沒有中央銀行的社會是多麼脆弱。其次是擠垮和兼併中小競爭對手，尤其是令銀行家頗為側目的信託投資公司。還有就是得到讓他們垂涎已久的重要企業。

時髦的信託投資公司在當時享有許多銀行不能經營的業務，政府監管方面又非常寬鬆，這一切導致了信託投資公司過度吸納社會資金並投資於高風險的行業和股市。到一九〇七年十月危機爆發時，紐約一半左右的銀行貸款都被高利息回報的信託投資公司作為抵押投在高風險的股市和債券上，整個金融市場陷入極度投機狀態。

摩根在此之前的幾個月裡一直在歐洲的倫敦與巴黎之間「度假」，經過國際金融家們精心策劃，摩根回到美國。不久，紐約突然開始廣泛傳言美國第三大信託公司尼克伯克（Knickerbocker Trust）即將破產，流言像病毒一般迅速傳染了整個紐約，驚恐萬狀的存款市民在各個信託公司門口徹夜排隊等候取出他們的存款。銀行則要求信託公司立即還貸，受到兩面催款的信託公司只好向股票市場借錢

（Margin Loan），借款利息一下衝到一五〇%的天價。到十月二十四日，股市交易幾乎陷於停盤狀態。

摩根此時以救世主的面目出現了。當紐約證交所主席來到摩根的辦公室求救時，他聲音顫抖地表示如果不能在下午三點之前籌集到二千五百萬美元，至少五十家交易商將會破產，他除了關閉股票市場將別無選擇。下午兩點，摩根緊急召開銀行家會議，在十六分鐘裡，銀行家們籌足了錢。摩根立即派人到證交所宣佈借款利息將以十%敞開供應，交易所裡立即一片歡呼。僅過了一天，緊急救助的資金告罄，利息再度瘋長。八家銀行和信託公司已經倒閉。摩根趕到紐約清算銀行，要求發放票據作爲臨時貨幣以應付嚴重的現金短缺。

十一月二日星期六，摩根開始了他蓄謀已久的計畫，「拯救」仍在風雨飄搖之中的摩爾斯萊（Moore and Schley）公司。該公司已陷入二千五百萬美元的債務，瀕臨倒閉。但是它卻是田納西礦業和製鐵公司（Tennessee Coal and Iron Company）的主要債權人，如果摩爾斯萊被迫破產清償，紐約股市將完全崩潰，後果不堪設想。摩根將紐約金融圈子裡的大亨悉數請到他的圖書館，商業銀行家被安排在東書房，信託公司老總被安排在西書房，惶惶不可終日的金融家們焦急地等待著摩根給他們安排的命運。

摩根深知田納西礦業和製鐵公司擁有的田納西州、阿拉巴馬州和喬治亞州的鐵礦和煤礦資源，將大大加強摩根自己創辦的鋼鐵巨無霸——美國鋼鐵公司的壟斷地位。在反壟斷法的制約之下，摩根始終對這塊大肥肉無法下嘴，而這次危機給他創造了一個難得的兼併機會。摩根的條件是，爲了拯救摩爾斯萊公司和整個信託行業，信託公司必須集資二千五百萬美元來維持信託公司不致崩潰，美國鋼鐵公司要從摩爾斯萊手中買下田納西礦業和製鐵公司的債權。焦慮煩躁的心情，瀕臨破產的壓力，整夜未眠極度疲倦的信託公司的老總們終於向摩根繳械投降。

在拿到田納西礦業和製鐵公司這塊肥肉之後，喜不自勝的摩根還有最後一關要過，那就是對反壟斷一點也不含糊的老羅斯福總統。十一月三日星期天晚上，摩根派人星夜趕往華盛頓，務必在下個星期一上午股票市場開盤之前，拿到總統的批准。銀行危機使大批企業倒閉，失去一生積蓄的成千上萬憤怒的人民形成了巨大的政權危機，老羅斯福不得不借重摩根的力量來穩定大局，他在最後時刻被迫簽下城下之盟。此時距星期一股市開盤僅剩五分鐘！

紐約股市聞訊大漲。

摩根以四千五百萬美元的超低價吃下田納西礦業和製鐵公司，而該公司的潛在價值按照約翰．穆迪的評估，至少在十億美元左右。[7]

每一次金融危機都是蓄謀已久的精確定向爆破，熠熠奪目的嶄新金融大廈總是建築在成千上萬破產者的廢墟之上。

## 從金本位到法定貨幣：銀行家世界觀的大轉變

十九世紀末以來，國際銀行家對金錢的認識再一次重大飛躍。

原有的英格蘭銀行模式，即以國債作爲抵押來發行貨幣，透過兩者的鎖死，實現政府舉債，銀行發行貨幣，確保債務規模愈來愈大，從而保證了銀行家不斷增長的巨額收益。在金本位體系之下，銀行家堅決反對通貨膨脹，因為任何貨幣貶值都直接傷害了銀行家的利息實際收入。這種思路還是比較原始的放貸吃利息的辦法，主要的缺點就是財富積累得太慢，即使是用上部分儲備金制度（Fractional Reserve），仍然不足以滿足銀行家們日漸膨脹的胃口。特別是黃金和白銀增加緩慢，這就等於給銀行放貸總量設了一個上限。

十九、二十世紀之交的歐洲，銀行家們已經摸索出一套更為高效也更為複雜的法定貨幣體制。法定貨幣（Fiat Money）徹底擺脫了黃金和白銀對貸款總量的剛性制約，對貨幣的控制更加有彈性，也更加隱祕。當銀行家逐漸明白透過無限制地增加貨幣供應來獲得的收益，遠比通貨膨脹帶來的貸款利息損失要大得多時，他們隨即成為法定貨幣最熱烈的擁護者。透過急劇增發貨幣，銀行家們等於掠奪了整個國家儲蓄者的巨額財富，而比起原來銀行強制拍賣別人財產的方式，通貨膨脹要「文明」得多，所遇到人民的抵抗也要小得多，甚至難以被人察覺。

在銀行家的資助之下，通貨膨脹的經濟學探討逐漸被引導到純數學遊戲的軌道上，由於增發紙幣所導致的通膨（Currency Inflation）的概念，在現代已經完全被價格上漲的通膨（Price Inflation）理論所淹沒。

這時，銀行家們賴以發財致富的手段中除了原有的部分儲備金制度、貨幣與國債鎖死之外，又增加了一個更為強大的工具：通貨膨脹。從此，銀行家實現了從黃金的衛道人士到黃金的死敵這一戲劇性的轉變。

凱恩斯就通貨膨脹的評價可謂一針見血：「用這個辦法，政府可以祕密地和難以察覺地沒收人民的財富，一百萬人中也很難有一個人能夠發現這種偷竊行爲。」

準確地說，在美國使用這個辦法的是私有的美聯儲而不是政府。

## 一九一二年大選烽煙

> 星期二，普林斯頓的校長將會當選你們（紐澤西州）的州長。他不會完成他的任期。在一九一二年十一月，他將當選美國總統。一九一七年三月，他將連任總統。他將是美國歷史上最偉大的總統之一。
>
> 拉比．懷斯在紐澤西的演講，一九一〇年

這個後來成爲威爾遜總統親密智囊的懷斯能在兩年前準確預測總統大選的結果，甚至準確預測六年之後的總統大選結果，並不是因爲他的手中眞有神奇的水晶球，而是因爲所有的結果都是事先由銀行家們精確謀劃出來的。

不出國際銀行家們所料，一九〇七年的銀行危機的確極大地震撼了美國社會。人們對信託投資公司的憤怒，對銀行倒閉的恐慌，與對華爾街金融寡頭勢力的畏懼摻和在一起，一股反對一切金融壟斷的強大民意潮流席捲全國。

普林斯頓大學校長伍德羅・威爾遜就是一位著名的反對金融壟斷的活躍分子。紐約國家城市銀行的總裁范德利普曾這樣說道：「我寫信邀請普林斯頓的伍德羅・威爾遜參加一個晚宴並發表演講。爲了讓他知道這是一次重要的機會，我提到了參議員奧爾德里奇也要到場並發表演講。我的朋友威爾遜博士的回答讓我大吃一驚，他拒絕和奧爾德里奇參議員同台發表演說。」[8]

參議員奧爾德里奇當時權傾朝野，他在四十年的國會生涯中，有三十六年爲參議員，又是權力極大的參議院金融委員會的主席，身爲小約翰・洛克斐勒的岳父，他與華爾街銀行界過從甚密。一九〇八年，奧爾德里奇提議在緊急情況下，銀行可以發行貨幣，並以聯邦政府、州政府和地方政府的債券和鐵路債券做抵押。天下竟有如此好事，風險由政府和人民扛著，好處全是銀行家得，讓人不得不佩服華爾街的手段。該法案被稱爲《緊急貨幣法案》（*Emergency Currency Act*），這個法案成爲五年以後《美聯儲法案》的立法基礎。奧爾德里奇被社會認爲是華爾街的代言人。

伍德羅・威爾遜在一八七九年畢業於普林斯頓大學，後進入佛吉尼亞大學深造法律，於一八八六年在約翰・霍普金斯大學獲得博士學位，一九〇二年就任普林斯頓大學校長。學究氣十足的伍德羅・威爾遜一貫高調反對金融壟斷，自然不肯與金融寡頭的代言人親近。學術上的精深造詣和理想主義的情懷並不能彌補他對金融行業知識的極度缺乏，他對華爾街銀行家們的賺錢技巧更是一竅不通。

銀行家們正是看中了威爾遜的單純而容易被利用的特點，又是社會公認的反金融壟斷的著名活動家，形象清新可人，真是一塊難得的璞玉。銀行家們準備在他身上投下重金，悉心「雕琢」，以備大用。

正好，紐約國家城市銀行的董事克里夫蘭・道奇（Cleveland Dodge）是威爾遜在普林斯頓的大學同學，一九〇二年威爾遜能夠順利當上普林斯頓的校長，就是財大氣粗的道奇鼎力相助的結果。有了這一層不淺的關係，道奇在銀行家們的策劃下，開始在華爾街放風說威爾遜是一塊當總統的料。

一個上任才幾年的校長突然被人捧爲是當總統的料，心中一陣竊喜也是人之常情。當然，被捧紅總是要付出代價的，威爾遜開始背地裡和華爾街黏糊起來。果然，威爾遜很快在華爾街大佬們的扶持下，於一九一〇年當選紐澤西州的州長。

在公開的場合下，威爾遜仍然義正詞嚴地抨擊華爾街金融壟斷，私下裡也明白他的地位和政治前途完全要依賴銀行家的勢力。銀行家們對威爾遜的抨擊出奇地容忍和克制，雙方保持了一種微妙而不可言傳的默契。

正當威爾遜聲譽日隆的時候，銀行家緊鑼密鼓地爲他籌措競選總統的經費。道奇在紐約百老匯大道四十二號設立了爲威爾遜籌款的辦公室，並建立了銀行帳戶，道奇捐上第一張一千美元的支票。很快地，道奇透過直郵的方式，迅速在銀行家的圈子裡徵集到了大筆經費，其中三分之二的經費來源於七個華爾街銀行家。[9]

威爾遜在獲得總統競選提名後，難耐激動的心情，他在給道奇的信中說：「我的喜悅無法言表。」自此，威爾遜已經完全撲進了銀行家的懷抱。身爲民主黨候選人的威爾遜肩負著民主黨的莫大希望，失去總統寶座多年的民主黨對權力的饑渴和威爾遜一樣強烈。

威爾遜挑戰的是現任總統塔虎脫，與當時在全國範圍內還名不見經傳的威爾遜相比，塔虎脫擁有很大的優勢。正當躊躇滿志準備著連任總統的塔虎脫表示不準備對奧爾德里奇法案開綠燈時，一件前所未見的怪事發生了，塔虎脫的前任總統老羅斯福突然橫刀殺出，居然又要參加總統競選，這對於老羅斯福自己挑選的接班人和同是共和黨的塔虎脫而言，眞是天大的噩耗。當年老羅斯福因迫使北方證券解體而名聲大噪，享有反壟斷絕不手軟的勝譽，他的突然出現將會嚴重侵蝕塔虎脫的選票。

事實上，三個競選人背後全都是銀行家在支持，只不過銀行家在三個人中間暗地偏向最具可控制性的威爾遜罷了。在華爾街的安排下，老羅斯福果然「不小心」重創塔虎脫，使得威爾遜順利當選。這一幕和一九九二年老布希被斐洛搶走大量選票而意外地敗於新手柯林頓有異曲同工之妙。

## B計畫

銀行巨頭們在哲基爾島的策劃十分機密，出於嚴謹的職業本能，他們準備了兩份計畫。第一份就是由奧爾德里奇參議員主持的計畫，負責佯攻，以便吸引反對派的火力，共和黨是奧爾德里奇計畫的支持者。另一份被稱爲B計畫的方案才是眞正的主攻方向，這就是後來的《美聯儲法案》，民主黨是主要推動力量。

其實這兩份計畫並無本質區別，只是措辭有所不同而已。

總統大選也是圍繞這個核心目標而展開的。奧爾德里奇參議員和華爾街的關係是人盡皆知的事，在當時全國普遍強烈地反華爾街的氛圍中，他所提出的金融改革法案必然失敗。而遠離權力中心已有多年的民主黨，一直扮演著強烈批評金融壟斷的角色，再加上形象清新的威爾遜，這一切使得民主黨所支持的《美聯儲法案》有著更大的機會被接受。一九〇七年的危機設計巧妙地達成了金融體制必須改革的兩黨共識，爲了「順應」民意，此時銀行家們犧牲共和黨而成全民主黨，就成爲邏輯上的必然。

爲了進一步迷惑公眾，銀行家們使出了讓實際上是支援同一內容不同版本的兩派互相攻擊的高招。奧爾德里奇參議員率先發難，他詞嚴色厲地指責民主黨的提案對銀行懷有敵意，而且不利於政府。他宣稱一切背離金本位的法定貨幣政策都是對銀行家的嚴重挑戰。《國家》（*Nation*）雜誌在一九一三年十月二十三日指出：「奧爾德里奇先生所反對的沒有黃金支撐的政府法定貨幣，恰恰是他自己在一九〇八年所提出的法案（《緊急貨幣法案》）所要做的事。他還應該知道，政府事實上與貨幣發行毫無關係，是聯邦儲備委員會全權控制著貨幣發行。」民主黨對奧爾德里奇提案的指責同樣令人大開眼界，他們聲稱奧爾德里奇維護的是華爾街銀行家的利益和金融壟斷地位，而民主黨所提出的美聯儲提案旨在打破這種壟斷，建立起一套地區分立、總統任命、國會審核、銀行家提供專家意見的相互制約、分權分立的完美的中央銀行系統。不諳金融事務的威爾遜誠心實意地相信這個方案打破了華爾街銀行家們對金融的壟斷。

正是由於奧爾德里奇和范德利普以及華爾街不遺餘力地反對和指責，反而使得民主黨的《美聯儲法案》贏得了民眾的好感，銀行家們把「明修棧道，暗渡陳倉」的計謀發揮到了令人拍案叫絕的程度。

## 《美聯儲法案》過關，銀行家美夢成真

威爾遜當選總統的同時，B計畫正式啟動。

一九一三年六月二六日，即威爾遜入主白宮僅三個月，由維吉尼亞州的眾議員銀行家格拉斯（Carter Glass）在眾議院正式拋出了B計畫：格拉斯提案（The Glass Bill），他刻意避免了中央銀行等過於刺激的用詞，代之以美聯儲。九月十八日，該提案在多數眾議員不知就裡的情況下以二百八十七對八十五票獲得通過。

該提案被轉送到參議院後變成格拉斯—歐文提案（Glass-Owen Bill），參議員歐文（Robert L. Owen）也是一位銀行家。參議院的提案於十二月十九日獲得通過。此時，兩份提案中尚有四十多處分歧有待解決，按照兩院的慣例，耶誕節前的一週之內不會通過重要法案，按照當時兩院提案的差距推算，在正常情況下，只能等到第二年再討論，所以許多重要的反對該法案的議員紛紛離開華盛頓，回家過節去了。

此時，在國會山設有一個臨時辦公室，在「戰地」直接指揮的保羅．沃伯格瞧準了這一千載難逢的時機，發動了一場閃電戰。在他的辦公室裡，每隔一個小時就有一批議員趕到，商討下一步的計畫。十二月二十日星期六晚上，參眾兩院召開聯席會議繼續商討重要分歧。此時，國會彌漫著一種不惜一切代價也要在耶誕節前通過《美聯儲法案》的氣氛，白宮甚至在十二月十七日宣佈，已經開始考慮第一屆美聯儲董事成員名單。但是直到二十日深夜，重要的分歧一個也未能解決。看起來，要在十

二月二十二日星期一通過《美聯儲法案》已經不太可能了。

在銀行家們的催逼之下，聯席會議決定二十一日星期天全天繼續開會，不解決問題絕不休會。

到二十日深夜，參眾兩院在若干重要問題上仍然沒有達成一致。這些分歧包括：美聯儲地區銀行的數量、如何確保儲備金、黃金儲備的比例、國內國際貿易中的貨幣結算問題、儲備金更改提案、美聯儲發行的貨幣能否成爲商業銀行的儲備金、政府債券作爲聯儲貨幣發行抵押品的比例、通貨膨脹問題等。[10]

在經過二十一日緊張的一天之後，二十二日星期一《紐約時報》頭版登出「貨幣提案今天可能成爲法律」的重要新聞，這篇文章熱情洋溢地稱讚國會的效率，「以這種幾乎是前所未有的速度，聯席會議修正了兩院提案的差異，在今天早晨全部完工」。這篇文章提到的時間段大約是星期一的凌晨一點三十分到四點。一個即將影響每一個美國人的每一天生活的重要法案就是在這樣一種倉促和壓力之下進行，絕大多數議員根本沒有來得及仔細閱讀修改之處，更別說提出修正案了。

二十二日凌晨四點三十分，最後文件被送交列印。

七點整，最後校稿。

下午兩點，列印好的文件放在了議員的辦公桌上，並通知下午四點開會。

下午四點，會議開始。

六點整，最後聯席會議報告提交，此時大多數議員已經去吃晚飯了，會場上的議員寥寥無幾。

晚間七點三十分，格拉斯開始二十分鐘演講，然後進入辯論階段。

晚間十一點開始表決，最後以兩百九十八對六十票獲得眾議院通過。

二十三日，耶誕節前兩天，參議院表決以四十三對二十五票（二十七人缺席）通過了《美聯儲法案》。威爾遜總統爲報答華爾街的知遇之恩，在參議院通過《美聯儲法案》僅一小時，就正式簽署了該法案。

華爾街和倫敦金融城頓時一片歡騰。

林德伯格（Lindbergh）議員在這一天對眾議院發表演講：

> 這個法案（《美聯儲法案》）授權了地球上最大的信用。當總統簽署這個法案後，金錢權力這個看不見的政府將被合法化。人民在短期內不會知道這一點，但幾年以後他們會看到這一切。到時候，人民需要再次宣告《獨立宣言》才能將自己從金錢權力之下解放出來。這個金錢權力最終將能夠控制國會。如果我們的參議員和眾議員不欺騙國會，華爾街是無法欺騙我們的。如果我們擁有一個人民的國會，人民將會有穩定（的生活）。國會最大的犯罪就是它的貨幣系統法案（《美聯儲法案》）。這個銀行法案是我們這個時代最嚴重的立法犯罪。兩黨的頭頭和祕密會議再一次剝奪了人民從自己的政府得到益處的機會。[11]

銀行家們對這個法案卻好評如潮，美利堅國家銀行（American National Bank）的總裁奧利佛（Oliver Sands）熱情洋溢地說：

這個貨幣法案的通過將對整個國家帶來有益的影響，它的運作將有利於商業活動。在我看來，這是一個普遍繁榮時代的開始。

美聯儲的始作俑者奧爾德里奇參議員在一九一四年七月《獨立》雜誌對他的採訪中透露：

在這個法案（《美聯儲法案》）之前，紐約的銀行家只能控制紐約地區的資金。現在，他們可以主宰整個國家的銀行儲備金。

經過與美國政府一百多年的激烈較量，國際銀行家終於達到了他們的目的，徹底控制了美國的國家貨幣發行權，英格蘭銀行的模式終於在美國被複製成功了。

## 誰擁有美聯儲

許多年以來，究竟誰擁有美聯儲一直是一個諱莫如深的話題，美聯儲自己總是含糊其辭。和英格蘭銀行一樣，美聯儲對股東情況嚴守祕密。眾議員賴特．派特曼（Wright Patman）擔任眾議院銀行和貨幣委員會主席長達四十年，在其中二十年裡，他不斷地提案要求廢除美聯儲，他也一直在試圖發現究竟誰擁有美聯儲。

這個祕密終於被發現了。《美聯儲的祕密》（*Secrets of Federal Reserve*）一書的作者尤斯塔斯（Eustace Mullins）經過近半個世紀的研究，終於得到了十二個美聯儲銀行最初的企業營業執照（Organization Certificates），上面清楚地記錄了每個聯儲銀行的股份構成。

美聯儲紐約銀行是美聯儲系統的實際控制者，它在一九一四年五月十九日向貨幣審計署（Comptroller of the Currency）報備的文件上，記錄著股份發行總數爲二十萬三千零五十三股，其中：

- 洛克斐勒和庫恩雷波公司所控制的紐約國家城市銀行，擁有最多的股份，持有三萬股。
- J．P．摩根的第一國家銀行擁有一萬五千股。

當這兩家公司在一九五五年合併成花旗銀行後，它擁有美聯儲紐約銀行近四分之一的股份，它實際上決定著美聯儲主席的候選人，美國總統的任命只是一枚橡皮圖章而已，而國會聽證會更像一場走過場的表演。

- 保羅．沃伯格的紐約國家商業銀行擁有二萬一千股。
- 由羅斯柴爾德家族擔任董事的漢諾威銀行（Hanover Bank）擁有一萬零二百股。
- 大通銀行（Chase National Bank）擁有六千股。
- 漢華銀行（Chemical Bank）擁有六千股。

這六家銀行共持有四〇%的美聯儲紐約銀行股份，到一九八三年，他們總共擁有五三%的股份。經過調整後，他們的持股比例是：花旗銀行十五%，大通曼哈頓十四%，摩根信託九%，漢諾威製造七%，漢華銀行八%。[12]

美聯儲紐約銀行的註冊資本金爲一．四三億美元，上述這些銀行究竟是否支付了這筆錢仍然是個謎。有些歷史學家認爲他們只付了一半現金，另一些歷史學家則認爲他們根本沒出任何現金，僅僅是以支票支付，而他們自己所擁有的美聯儲的帳戶上只有幾個數字的變動而已，美聯儲的運作其實就是「以紙張做抵押發行紙張」。難怪有的歷史學家譏諷聯邦儲備銀行系統既不是「聯邦」，又沒有「儲備」，也不是銀行。

一九七八年六月十五日，美國參議院政府事務委員會（Government Affairs）發佈了美國主要公司的利益互鎖問題的報告，該報告顯示，上述銀行在美國一百三十家最主要公司裡擁有四百七十個董事席位，平均每個主要公司裡有三．六個董事席位屬於銀行家們。

其中，花旗銀行控制了九十七個董事席位；J．P．摩根公司控制了九十九個；漢華銀行控制了九十六個；大通曼哈頓控制了八十九個；漢諾威製造控制了八十九個。

一九一四年九月三日，《紐約時報》在美聯儲出售股份的時候，公佈了主要銀行的股份構成：

・紐約國家城市銀行發行了二十五萬股股票，詹姆斯．斯蒂爾曼擁有四萬七千四百九十八股；J．P．摩根公司一萬四千五百股；威廉．洛克斐勒一萬股；約翰．洛克斐勒一千七百五十股。

- 紐約國家商業銀行發行了二十五萬股股票，喬治・貝克擁有一萬股；J・P・摩根公司七千八百股；瑪麗・哈里曼五千六百五十股；保羅・沃伯格三千股；雅各・希夫一千股，小J・P・摩根一千股。
- 大通銀行，喬治・貝克擁有一萬三千四百零八股。
- 漢諾威銀行，詹姆斯・斯蒂爾曼擁有四千股；威廉・洛克斐勒一千五百四十股。

從一九一四年美聯儲建立以來，無可辯駁的事實顯示了銀行家們操縱著美國金融命脈、工商業命脈和政治命脈，過去如此，現在仍然如此。而這些華爾街的銀行家都與倫敦城的羅斯柴爾德家族保持著密切聯繫。

銀行家信託公司（Bankers Trust）的總裁班哲明・斯特朗被選爲第一任美聯儲紐約銀行董事會主席。「在斯特朗的控制下，聯儲系統與英格蘭銀行和法蘭西銀行形成了互鎖（Interlocking）關係。身爲紐約美聯儲銀行董事的班哲明・斯特朗於一九二八年突然死亡，當時國會正在調查美聯儲董事和歐洲中央銀行巨頭們的祕密會議，而這些祕密會議導致了一九二九年經濟大衰退。」[13]

## 美聯儲第一屆董事會

威爾遜後來自己承認，他只被允許指定一名美聯儲董事，其餘都是由紐約的銀行家挑選。在保羅·沃伯格被提名和任命爲董事的過程中，參議院要求他於一九一四年六月到國會回答質詢，主要是了解他在《美聯儲法案》擬定過程中的角色，結果被他斷然拒絕。保羅在寫給國會的信中宣稱，如果他被要求回答任何問題，都會影響他在美聯儲董事會的作用，因此他寧願拒絕接受美聯儲董事的提名。《紐約時報》立即跳出來爲保羅鳴冤，在其一九一四年七月十日的報導中譴責參議院不該無中生有地質詢保羅。

保羅自然是美聯儲系統的核心人物，除了他，只怕當時沒有第二個人知道美聯儲到底該如何運轉。在他強硬的態度面前，國會只有低頭，提出可以事前提供所有問題的清單，如果保羅覺得某些問題「會影響他的作用」，他可以不予回答。保羅最後勉強答應了，但要求非正式見面。

委員會問：我知道你是一個共和黨人，但是當羅斯福先生參選時，你卻成了威爾遜先生的同情者並且支持他（民主黨）？

保羅答：是的。

委員會問：但是你的哥哥（費里克斯·沃伯格）卻支持塔虎脫（共和黨）？

保羅答：是的。[14]

有意思的是，庫恩雷波公司的三個合夥人卻支持了三個不同的總統候選人，其中奧圖（Otto Kahn）

支持老羅斯福，保羅的解釋是他們三人彼此不干涉對方的政治理念，因爲「金融與政治無關」。保羅順利通過國會聽證，成爲美聯儲第一屆董事，後成爲董事會副主席。

除了保羅以外，另外任命的四名董事會成員是：

- 阿道夫・米勒（Adolph Miller），經濟學家，出身於洛克斐勒資助的芝加哥大學和摩根資助的哈佛大學。
- 查理斯・哈姆林（Charles Hamlin），曾任助理財政部長。
- 弗雷德里克・戴拉諾（Frederick Delano），羅斯福的親戚，鐵路銀行家。
- 哈丁（W. P. G Harding），亞特蘭大第一國家銀行總裁。

威爾遜總統自己提名的湯瑪斯・鍾斯被記者發現正被美國司法部調查和起訴，後來鍾斯自己提出退出董事會提名。

美聯儲另外兩名成員是財政部長和貨幣審計員。

## 不爲人知的聯邦諮詢委員會

聯邦諮詢委員會是保羅・沃伯格精心設計的一個祕密的遙控裝置，以此操控美聯儲董事會。在美聯儲九十多年的運作中，聯邦諮詢委員會非常出色地實現了保羅當年的構想，幾乎沒有人注意過這個機構和它的運作，也沒有大量文獻可供研究。

一九一三年，格拉斯議員在眾議院大力推銷聯邦諮詢委員會的概念，他說：「這裡面不可能有什麼邪惡的東西。每年（聯儲董事會）與銀行家的諮詢委員會談四次，每個成員代表自己所在的聯儲地區。還有什麼比這種安排更能保護公眾的利益嗎？」格拉斯議員自己就是銀行家，他沒有解釋或提供任何證據來表明銀行家在美國的歷史上何曾保護過公眾的利益。

聯邦諮詢委員會由十二家聯儲地區銀行各推選一名代表組成，每年在華盛頓與美聯儲董事會的成員會談四次，銀行家們向美聯儲的董事們提出各種貨幣政策的「建議」，每名銀行家都代表本地區的經濟利益，每人都有相同的投票權，在理論上簡直無懈可擊，但在銀行業激烈殘酷的現實中卻全然是另一套規則。

難以設想一個辛辛那提的小銀行家和保羅．沃伯格、摩根這樣的國際金融巨頭坐在一個會議桌前，向這些巨頭提出「貨幣政策的建議」，這兩個巨頭中的任何一個隨便從口袋裡摸出一張支票畫上兩筆，就足以使這個小銀行家傾家蕩產。事實上，十二個聯儲地區中的每一個中小銀行的生存，都完全取決於華爾街五大銀行巨頭的恩賜，五巨頭有意地把和歐洲銀行的大筆交易化整爲零，交給自己在各地的「衛星銀行」去辦理，「衛星銀行」爲得到這些高回報的生意自然更加俯首貼耳，而五巨頭也擁有這些小銀行的股份。當這些「代表各自地區利益」的小銀行們和五巨頭坐在一處探討美國貨幣政策的時候，探討的結果也就可想而知。

儘管聯邦諮詢委員會的「建議」對美聯儲的董事決策沒有強制約束力，但是華爾街五巨頭（每年四次不辭勞苦地跑到華盛頓，不會是只爲了和聯儲的幾位董事喝喝咖啡。要知道，像摩根這樣身兼六十三個公司的董事職務的超級大忙人，如果他們的「建議」得不到任何考慮，而他們仍然樂此不疲地來回奔波，那實在是奇怪之極了。

## 眞相何在

絕大多數美國人並不眞正理解國際放貸者的運作方式。美聯儲的帳目從來就沒有被審計過。它完全在國會控制的範圍之外運作，它操縱著美國的信用（供應）。

參議員巴里・高德華

爲了製造高價格，美聯儲只需要降低利率，來擴張信用和造就一個繁榮的股市。當工商業已經習慣了這樣的利率環境之後，美聯儲又將透過任意提高利息來中止這種繁榮。它（美聯儲和擁有美聯儲的銀行家們）可以透過輕微調息使市場的價格鐘擺般溫柔地起伏，也可以猛烈調息來使市場價格劇烈波動，無論哪種情況，它將擁有金融狀況的內部資訊，事先得知即將到來的變化。

這是一種任何政府從未給予的、少數特權階層所擁有的最怪異和最危險的（市場訊息）

先知權。

這個系統是私有的，它運作的全部目的就是利用別人的金錢來獲得最大限度的利潤。他們事先知道什麼時候製造恐慌來創造對他們最有利的情況，他們同樣知道什麼時候停止恐慌。當他們控制了金融的時候，通貨膨脹和通貨緊縮在實現他們的目的方面同樣有效率。

眾議員查理斯．林德伯格

每一元流通中的美聯儲券（Federal Reserve Note，美元）都代表欠著美聯儲一美元的債務。

〈貨幣報告〉，眾院銀行與貨幣委員會

美聯儲地區銀行不是政府機構，而是獨立的，私人擁有的和地方控制的公司。

案例：勒維斯V．S．美國政府，第九巡迴法庭，一九八二年

美聯儲是世界上最爲腐敗的機構之一。所有能聽見我講話（國會演講）的人，沒有一個人不知道我們的國家實際上是被國際銀行家統治著。

有些人以爲美聯儲銀行是美國政府的機構。它們（美聯儲銀行）不是政府機構。它們是私有的信貸壟斷者，美聯儲爲了自己和外國騙子的利益盤剝著美國人民。

眾議員麥克法登

當你和我寫支票的時候，我們的帳户上必須要有足夠的錢來支撐支票的金額。但是當美聯儲寫支票時，帳户上是沒有任何錢做支撐的。當美聯儲寫支票時，它是在創造貨幣。

波士頓美聯儲銀行

從一九一三年到一九四九年，美聯儲的資產由一．四三億美元暴漲到四五〇億美元，這些錢直接進了美聯儲銀行股東們的腰包。

埃斯塔克．穆林斯

如此眾多的總統對金錢權力的威脅反覆發出過警告，如此大量的國會記錄和法律案例明白無誤地說明了美聯儲的私有性質，可是有多少美國人、中國人和其他國家的人知道這一點呢？這才是問題的可怕之處！我們以爲「自由公正」的西方權威新聞媒體會報導一切眞相，原來眞相是大量的事實被它們有意地「過濾」掉了。那麼美國的教科書呢？事實是，各種以國際銀行家們的名字命名的基金會，在爲美國的下一代挑選著「內容健康」的教科書。

在威爾遜總統去世之前，他承認自己在美聯儲的問題上是被「欺騙」了，他內疚地表示：「我在無意之中摧毀了我的國家。」

當一九一四年十月二十五日美聯儲正式開始運作時，第一次世界大戰爆發了，又一個完美的時間「巧合」，美聯儲的股東們註定要大發一筆橫財了！

## 注釋

1 Quoted in "National Economy and the Banking System," Senate Documents Co. 3, No. 23, Seventy-sixth Congress, First session, 1939.
2 John Moody, *The Seven Men*, McClure's Magazine, August, 1911, p. 418.
3 William Guy Carr, *Pawns In The Game* (Legion for the Survival of Freedom, 1978).
4 Eustace Mullins, *The Secrets of the Federal Reserve* (John McLaughlin 1993) Chapter 3.
5 Paul M Warburg, *Defects and needs of our banking system*, 1907.
6 Ron Chernow, *The House of Morgan* (Groove Press, 1990), p128.
7 Antony C. Sutton, *The Federal Reserve Conspiracy* (Tab Books, 1995) p78.
8 Ibid., p83.
9 Eustace Mullins, *Secrets of Federal Reserve* (John McLaughlin, 1993) Chapter 3.
10 Congressman Charles Lindberg Sr. Speech on floor of the Congress, December 23, 1913.
11 Eustace Mullins, *The Secrets of the Federal Reserve* (John McLaughlin 1993) p178.
12 Ferdinand Lundberg, *America's 60 families* (Halcyon House, 1939).
13 Eustace Mullins, *The Secrets of the Federal Reserve* (John McLaughlin 1993) Chapter 3.

第四章

# 一戰與大衰退：國際銀行家的「豐收時節」

我們共和國的眞正威脅是這個看不見的政府，它就像一隻巨大的章魚，用它無數黏稠的觸角緊緊裹挾著我們的城市、州和國家。這隻章魚的頭是洛克斐勒的標準石油集團和一小撮被稱爲國際銀行家的、具有極大能量的金融寡頭，他們實際上操縱著美國政府來滿足他們自己的私慾。

透過控制貨幣供應來控制政府，這樣使剝削一個國家的公民和資源變得更加容易。這就是爲什麼這些大家族從這個國家誕生之初就竭盡全力來使權力（他們將我們的「領導者」玩弄於股掌之間）和財富（他們透過美聯儲的貨幣發行來汲取社會財富）高度集中。

這些國際銀行家和洛克斐勒標準石油集團控制了這個國家大多數的報紙和雜誌。他們用這些報紙的專欄評論來箝制政府官員，對於那些不肯就範的人，他們則透過輿論將這些官員趕出政府機構。

他們（銀行家）實際上控制著兩黨（共和黨與民主黨），草擬（兩黨的）政治綱領，操控政治領袖，任用私有公司的頭頭，利用一切手段在政府高層安插順從於他們腐敗的大生意的候選人。[1]

約翰・海蘭，紐約市市長，一九二七年

## ◎本章導讀

打仗就要花錢，愈大的戰爭花錢愈多，這是人盡皆知的道理。問題是，誰花誰的錢？由於歐美政府沒有貨幣發行權，政府必須、也只能向銀行家借錢。戰爭使物資消耗達到燃燒般的速度，戰爭使交戰國砸鍋賣鐵也要堅持，戰爭使不惜一切代價的政府不計條件地向銀行家融資，難怪戰爭始終是銀行家的最愛。他們策劃戰爭，他們挑動戰爭，他們資助戰爭，國際銀行家們華麗的大廈，從來就是建立在死亡枕籍的廢墟之上。

國際銀行家另一個賺大錢的手段就是製造經濟衰退。首先是擴大信貸，將泡沫吹起來，等人民的財富大量投入投機狂潮後再猛抽銀根，製造經濟衰退與資產暴跌。當優質資產價格暴跌至正常價格的十分之一甚至百分之一時，他們再出手以超級低廉的價格收購，這在國際銀行家們的術語中叫做「剪羊毛」。當私有中央銀行成立後，「剪羊毛」行動的力度和範圍都達到了史無前例的程度。

最近一次的「剪羊毛」行動，發生在一九九七年的亞洲「小龍」和「小虎」們身上。中國這隻大肥羊最終能否避免被「剪羊毛」的厄運，就要看中國是否認眞去研究發生在歷史上的一幕幕怵目驚心的「剪羊毛」慘劇了。

外資銀行全面進入中國之後，與以前最根本的不同就在於，從前的國有銀行雖然有推動資產通貨膨脹來賺取利潤的衝動，但絕沒有惡意製造通貨緊縮來血洗人民財富的意圖與能力。中國自建國以來之所以從未出現重大的經濟危機，其原因就是沒有人有惡意製造經濟危機的主觀意圖和客觀能力。當國際銀行家全面進入中國之後，情況發生了根本性的變化。

## 沒有美聯儲，就沒有第一次世界大戰

季辛吉在其名著《大外交》(*Diplomacy*)一書中對第一次世界大戰的爆發有一句令人印象深刻的評論，他說：「第一次世界大戰爆發的令人驚訝之處，並非爆發的原因只是一件與以前其他危機相比顯得無足輕重的事件，而是因為它（戰爭）拖了這麼久才爆發。」[2]

一九一四年六月二十八日，歐洲正統王室哈布斯堡王朝的王儲斐迪南大公，來到一九〇八年被奧地利吞併的波士尼亞視察，被一位年輕的塞爾維亞刺客刺殺。這原本只是一個性質單純的恐怖組織策劃的復仇行為，當時只怕沒有任何人會想到，這件事竟然成為引爆了一場涉及三十多個國家、捲入十五億人口、傷亡高達三千多萬人的世界級戰爭的導火線。

自普法戰爭以來，法國與德國成了世仇，當英國不得不從「光榮孤立」的歐洲大陸政策中走出來時，面臨的是德強法弱的局面。德國已是歐洲第一強國，若不加以遏制，勢必成為英國的心腹大患。於是，英國拉上對德國也頗為忌憚的俄國，與法國一起締結了三國協約（Triple Entente），德國則與奧地利結盟，歐洲兩大對立集團就此成型。

兩大陣營不斷擴軍備戰，保持著大規模的常備軍，各國政府都因此陷入深深的債務泥潭。「一項詳細的歐洲公共債務收入報告顯示，各種債券的利息支出和本金償付每年高達五三．四三億美元。歐洲各國的金融已深陷其中，政府不禁要問，儘管戰爭有各種可怕的可能，但是比起如此昂貴和不穩定的和平來說，戰爭或許是一種更值得考慮的選擇。如果歐洲的軍事準備最終不是以戰爭來結束，那就必然是以各國政府破產而告終。」[3]

從一八八七年到一九一四年，這種不穩定和昂貴的和平僵持著，高度武裝但已接近破產邊緣的歐洲各國政府仍在怒目相視。俗話說：「大砲一響，黃金萬兩。」由羅斯柴爾德家族發展並建立起來的歐洲銀行體系向對立的各方提供信貸，全力促成了這種軍事對峙。

戰爭實際上打的是錢糧，到一九一四年時，很明顯歐洲的主要國家都已經不能負擔一場大規模的戰爭了。他們雖然擁有龐大的常備軍、普及的軍事動員體制，以及現代化的武器系統，但他們的經濟卻無力支撐巨額的戰爭費用。情況恰如俄國樞密院大臣在一九一四年二月向沙皇的進言中所指出的那樣：「作戰的花費無疑將超出俄羅斯有限的財力所能負擔。我國勢必需要向盟邦及中立國借貸，不過代價不菲。如果戰爭結果對我國不利，則戰敗的經濟後果將難以估量，全國的經濟將陷於全面癱瘓。即使是戰爭取得了勝利，對我國的財政也極為不利，德國一敗塗地後將無力賠償我國的軍費。和約將受制於英國的利益，不會給德國經濟充分復甦的機會來償還我們的債務，甚至在戰爭結束很久以後也不可能。」[4]

在這種情況下，一場大規模的戰爭是無法想像的。如果眞的開戰，也只能是局部的、短暫的和低程度的，可能更像是持續十個月左右的一八七〇年普法戰爭。但這樣的戰爭結果，只能緩解而無法平復歐洲的對立局面。於是，開戰的時間就只有在不穩定和昂貴的和平中拖延著，直至美聯儲的成立。

大洋彼岸的美國雖然當時已是世界第一的工業強國，擁有龐大的工業生產能力和豐富的資源，但是直到一九一三年以前，卻仍是一個依賴外債的國家，很少能向國外提供信貸。原因就在於缺少中央銀行，紐約的銀行家們難以集中調動全國的金融資源（Mobilization of Credit）。但銀行家的天性使得他們對大規模戰爭興趣濃厚，戰爭能夠毫無疑問地爲銀行家帶來豐厚的利潤。當《美聯儲法案》通過後，國際銀行家們立即行動起來，一九一四年八月三日，羅斯柴爾德在法國的銀行就給摩根發報，建議立即組織一億美元的信貸，用於法國向美國購買物資。威爾遜聞訊立即表示反對，國務卿威廉·布萊恩（William Jennings Bryan）譴責這項貸款爲「最惡劣的非法交易」。

德國與美國在政治和經濟方面素無過節，當時的美國有大約八百萬德國後裔，約佔全國人口的十%，在美國建國之初，德語差一點成爲美國的官方語言，德裔美國人擁有著不小的政治影響力。加之美國的愛爾蘭移民對英國素無好感，美國政府又曾和英國幾度交戰，所以在戰爭之初，美國政府對英法與德國之間的戰爭抱著事不關己的觀望態度。與急得像熱鍋上螞蟻的銀行家相比，美國政府顯得冷靜和正常得多。情況居然是，銀行家積極主張對德宣戰，政府則堅決反戰，嚴守中立。

這時銀行家們想出一個權宜之計，那就是區別對待爲協約國提供發售債券而進行的貸款行爲，與爲協約國提供信用來購買美國物資。在銀行家的威迫之下，威爾遜只有答應了後者。隨著大選連任時間的逐步到來，威爾遜在參戰問題上逐漸向銀行家的立場傾斜。

一九一三年十二月二十三日，《美聯儲法案》通過，爆發世界級戰爭的條件終於成熟了。季辛吉博士所說的「拖了許久的戰爭機器」終於可以啓動了。

一九一四年十一月十六日，美聯儲正式開始運作。十二月十六日，摩根的左右手大衛森來到英國，與當時的英國首相赫伯特·阿斯奎斯（Herbert H. Asquith）商談美國提供信貸一事。一九一五年一月十五日，摩根銀行與英國達成信貸協定，數額為一千萬英鎊，這在當時對美國而言已是一筆相當可觀的大生意，當時沒有任何人能料到最終的貸款總額會達到令人震驚的三十億美元！摩根銀行收取了一%的手續費，三千萬美元落入腰包，摩根在戰爭中吃得盆滿缽滿。同年春天，摩根又與法國政府簽訂了信貸協定。

一九一五年九月，考驗華爾街是否能夠成為世界金融中心的時刻到來了。五億美元的盎格魯－法蘭西（Anglo-French Loan）貸款行動正式拉開了序幕。原本堅決反對的威爾遜總統，招架不住銀行家和內閣成員兩面夾擊，他的新國務卿羅伯特·蘭辛警告說：「如果沒有貸款，結果將是生產受限，工業衰退，資本和勞動力閒置，大規模破產，財政危機，民怨沸騰和不滿滋生。」[5]

威爾遜聽得出了一身冷汗，只得再次讓步。對於這次規模空前的債券出售，華爾街的銀行家們也使出了渾身解數，六十一家債券承銷商（Underwriter）和一五七〇家金融機構加入了發售業務[6]。這是一項極為艱難的任務，特別是向美國中西部推銷這些債券更為困難。美國人民普遍不認為歐洲的戰爭與他們有什麼直接關係，而不願意把錢投到歐洲的戰火中去。為了打消這種疑慮，銀行家們大力宣稱這些錢會留在美國。儘管採用了種種方法，中西部地區只有一家芝加哥的銀行願意加入華爾街陣營，這個行為立即激怒了當地的德裔儲戶，他們發動了抵制銀行運動。到一九一五年年底，仍有一·八七億美元的債券沒有賣出。

當戰爭打到關鍵時刻，為了得到更多的金錢，英國政府宣佈將對英國國民所持有的美國債券的利息收入徵稅，英國人立刻賤價出售這些債券。英格蘭銀行很快堆滿了美國債券，英國政府立刻讓他們的美國代理摩根公司將這些美國債券在華爾街足額出售。美國投資者對本國的債券接受度自然很高，很快三十億美元的債券變了現，英國又得到一筆鉅款來支撐戰事。但是，英國對美國積累一百多年的債權人地位，也隨之煙消雲散了。從此，英美之間的債權關係發生了根本變化。

美國的信貸猶如烈火烹油，戰火開始迅速蔓延，戰爭的慘烈程度也急遽上升。僅僅是在馬恩河戰役中，協約國一天就消耗了二十萬發炮彈，人類終於見識了在現代化的工業生產和後勤系統之下，如果再加上現代化的金融手段，戰爭將會是何等慘烈，何等曠日持久。

戰爭使物資消耗達到燃燒般的速度，戰爭使交戰國砸鍋賣鐵也要堅持，戰爭使不惜一切代價的政府不計條件地向銀行貸款，難怪戰爭始終是銀行家的最愛。

## 斯特朗操縱下的戰時美聯儲

班哲明．斯特朗開始引起公眾矚目，是在一九〇四年成為銀行家信託（Bankers Trust）董事長的時候。當時，摩根的親信大衛森對日益崛起的信託公司愈來愈擔心，這些信託公司的業務範圍比商業銀行更加廣泛，所受的政府監管卻更少，因此能夠以更高的利息吸引資金。為了應付這種新的競爭，大衛森在得到摩根的授意後，於一九〇三年也幹起了信託的買賣，斯特朗成為大衛森的具體執行人。在隨後的一九〇七年風暴中，銀行家信託還加入拯救其他金融機構的行動，斯特朗因此而名聲大噪。一九一三年美聯儲成立之後，大衛森和保羅．沃伯格找到斯特朗進行了一次深談，希望斯特朗出任美聯儲紐約銀行董事長這一關鍵職務，斯特朗爽快地答應了。從此，斯特朗成爲美聯儲系統實質上的首腦人物，摩根、保羅、希夫等華爾街巨擘的意圖，在美聯儲得到了不折不扣的貫徹執行。

斯特朗迅速適應了新的角色，他成立了非正式的「美聯儲董事論壇」組織，定期聚會商討戰爭時期的美聯儲行動準則。他以非常巧妙的手法操縱了美聯儲的貨幣政策，並將分散於十二個美聯儲地區銀行的權力集中到美聯儲紐約銀行手中。美聯儲系統表面上允許各地十二家聯儲銀行根據本地區實際需要，制訂各自的貼現率和商業票據抵押政策，換句話說，各地聯儲董事會有權決定何種商業票據可以作爲抵押而獲得何種貼現率。到了一九一七年，至少十三種不同類別的商業票據抵押準則被建立起來。[7]

但是由於戰爭，美聯儲紐約銀行事實上只將迅速增加的國債作爲抵押票據。由於國債數額遠遠大於其他商業票據的總和，並且增長迅猛，很快就將美聯儲其他地區銀行的票據抵押政策邊緣化。在斯特朗控制下的「公開市場操作」，不久就將國債確定爲主要和唯一的抵押票據，從而全面控制了整個美聯儲系統。

由於資助歐洲戰爭的大規模債券發售，使得美國貨幣流通量大減，中央銀行的威力開始顯現出來。美國政府開始海量增加國債，美聯儲也以驚人的胃口吃進，巨額的美聯儲券（Federal Reserve Note）如江河決堤一般撲向了流通領域，彌補了歐洲戰爭債券所導致的貨幣緊縮。代價是美國國債的直線上升，結果僅在美聯儲開始全速運作的短短四年（一九一六～一九二〇）中，美國的國債就由十億美元暴漲二十五倍達到二五〇億美元[8]，所有的國債都是以美國人民的未來納稅作爲抵押，結果是在戰爭中，銀行家們大賺其錢，而人民卻出錢、出力和流血。

## 「爲了民主和道德原則」，威爾遜走入戰爭

當德國駐土耳其大使滿腹狐疑地問他的美國同僚，爲什麼美國要和德國打仗，美國大使答曰：「我們美國人是爲了道德原則而投入戰爭。」這樣的回答讓世界丈二金剛摸不著頭腦。季辛吉博士是這樣向人們解釋的：「美國自開國以來始終自詡與眾不同，在外交上形成了兩種相互矛盾的態度：一是美國在國內使民主更趨於完美；二是美國的價值觀使美國人自認爲有義務向全世界推廣這些價值觀。」[9]

美國的經歷的確與眾不同，美國的民主價值理念也的確爲世人稱道，但是硬要說美國參加第一次世界大戰僅僅是爲了道德和理想，季辛吉博士可能是揣著明白裝糊塗了。

一九一七年三月五日，美國駐英國大使佩奇（Walter Hines Page）在給威爾遜總統的密信中說：「我認爲正在到來的危機壓力已經超越了摩根公司提供給英國和法國貸款的承受能力。我們能夠提供給盟國最大的幫助是信用。除非我們與德國開戰，我國政府將無法（向盟國）提供直接信用。」[10]

此時，美國的重工業系統已經爲參戰準備了一年的時間，美國陸軍和海軍部門已經從一九一六年

起開始大量採購軍事裝備。爲了進一步增加財源，銀行家們和他們掌中的政治家開始考慮更多的措施，「當前的衝突（第一次世界大戰）迫使我們考慮進一步發展收入所得稅的概念，這是一個尚未被開發的重要資源。收入所得稅的法案已經爲滿足戰爭的需要建立起來了。」[11]

注意，這裡的收入所得稅是針對公司收入而言，而不是個人收入所得稅。銀行家們在一九一六年兩次試圖通過個人收入需要交稅的法案，但兩次均被最高法院駁回。在美國，個人收入需要交稅的規定從來就沒有法律依據。二〇〇六年七月二十八日在美國各地公映的電影「美國，從自由到法西斯」（America: Freedom To Fascism）中，曾六次獲得奧斯卡提名的美國著名導演阿羅．拉索（Aaron Russo）以令人震撼的鏡頭展示了這一鐵的事實。該電影在二〇〇六年坎城影展放映時引起了觀眾的強烈震撼，當人們面對一個真實的、與美國媒體宣傳完全不同的美國政府和其背後的金融勢力之後，所有人的第一感覺就是難以置信。美國三千多家電影院中，只有區區五家敢於公開放映這部電影。但是，當這部大片被放到網路上之後，在美國還是產生了巨大影響，九十四萬人下載了該片，參與評分的八千一百人幾乎一致給出了最高評價。[12]

一九一七年十月十三日，威爾遜總統發表了重要講話，他說：「迫在眉睫的任務是必須將美國的銀行資源徹底動員起來。（對盟國貸款）的壓力和權力必須由這個國家的每一個銀行機構來承擔。我相信這樣的銀行合作在此刻是一種愛國責任，美聯儲的成員銀行就是這樣獨特和重要的愛國主義的證明。」[13]

大學教授出身的威爾遜身上帶著濃厚的理想主義色彩本不足爲奇，他略帶迂腐但並不愚蠢，他深知是誰把他送進了白宮，也懂得投桃報李。威爾遜總統自己也不相信所謂的「民主拯救世界」的聖戰，他後來承認「世界大戰爲的是經濟競爭」。

事實是，美國對協約國提供了三十億美元的貸款和六十億美元的出口物資，這筆鉅款尙未償還。如果德國取勝，銀行家手中的協約國債券就會一文不値，摩根、洛克斐勒、保羅·沃伯格和希夫爲了保護他們的貸款，而竭盡全力將美國推向戰爭。

## 大發戰爭財的銀行家們

當美國在一九一七年四月六日捲入戰爭以後，威爾遜將國家的主要權力交給了他競選時出力最大的三組人馬：保羅·沃伯格一手掌握了美國的銀行系統；伯納德·巴魯則出任戰時工業委員會（War Industries Board）主席；尤金·梅耶控制了戰時金融公司（War Finance Corporation）。

### 沃伯格兄弟

保羅的大哥麥克斯（Max Warburg）時任德國情報部門的首腦，而保羅則是美國最高的金融決策者，美聯儲副主席；三弟費里克斯是雷波庫恩公司的高級合夥人，四弟弗里茲是漢堡金屬交易所主席，曾代表德國與俄國祕密媾和。兄弟四人全都是猶太銀行家族中的頂尖人物。關於保羅兄弟的資訊，一九一八年十二月十二日美國海軍的祕密報告稱：「保羅·沃伯格：紐約，德國裔，一九一一年歸化為美國公民。一九一二年，受德國皇帝嘉獎。曾任美聯儲副主席。有一個兄弟擔任德國情報部門首腦。」[14]另一份報告中提到：「德國皇帝（威廉二世）曾經拍著桌子對著麥克斯咆哮，『難道你總是正確嗎？』但隨後還是會仔細聆聽麥克斯對金融的意見。」[15]

令人奇怪的是，保羅在一九一八年五月已辭去在美聯儲的職位，這份報告中並未提及。在美國參戰之後，因為保羅的哥哥擔任德國情報部門的首腦，保羅理論上可能被指控犯通敵罪，但是實際上美國沒人能動得了掌握著金融命脈的保羅。一九一八年六月，保羅在辭去美聯儲的職務之後，給威爾遜寫了個便條：「我有兩個兄弟在德國是銀行家。他們現在自然在盡其所能地幫助他們的國家，就像我在幫助我的國家一樣。」[16]

## 伯納德．巴魯：戰時美國工業的沙皇

以投機起家的巴魯在一八九六年合併了六家美國主要的煙草公司，成立了聯合煙草公司（Consolidated Tobacco Company），隨後，他又幫助古根漢（Guggenheim）家族合併了美國銅礦工業。他還與希夫旗下的哈里曼合作控制了紐約的運輸系統。

一九〇一年，他和他的兄弟一起成立了巴魯兄弟公司。

當一九一七年威爾遜總統任命巴魯為美國戰時工業委員會主席時，他立刻擁有了美國所有工業公司的生殺大權。他每年的採購額高達一百億美元，幾乎一人決定著美國政府戰爭物資採購的價格。後來在一九三五年的國會聽證會上，巴魯說道：「威爾遜總統交給我一封信，授權我接管任何一家工廠和工業企業。我和美國鋼鐵公司的總裁賈奇·加里（Judge Gary）有過一些不愉快，當我給他看了這封信後，他說『看來我們需要解決我們之間的過節』，他確實這樣做了。」[17]

有些國會議員對巴魯行使美國工業生殺大權的資格表示質疑，認爲他既不是工業家，又沒有在工廠待過一天，他自己在國會聽證會上也表示他的職業是「投機商」。《紐約客》報導過巴魯在得知華盛頓流傳的虛假的和平消息後，曾在一天中掙了七十五萬美元。

## 尤金·梅耶的戰時金融公司

尤金·梅耶的父親是著名的國際銀行瑞德（Lazard Freres）銀行的合夥人，尤金對出任公職有著異乎尋常的熱情。他曾與巴魯合辦過一家阿拉斯加的金礦公司，還在一起共謀過一些其他的金融事件，也算是老熟人了。

戰時金融公司的重要使命之一就是發售美國國債，爲戰爭提供金融支持。

尤金的戰時金融公司最令人瞠目的行爲莫過於做假帳了。後來國會對該公司進行調查時，該公司居然幾乎每天晚上都臨時修改帳目，第二天再給國會調查人員過目。在麥克法登議員主導的一九二五年和一九三〇年兩次針對該公司的調查中發現了大量問題帳目：「重複債券數量達二三一四組，重複折扣券數量達四六九八組，面值從五十美元到一萬美元不等，兌換日期截止至一九二四年七月。其中有些重複是錯誤造成，另一些則是作假使然。」[18]

難怪一次大戰結束以後，尤金居然能夠收購聯合化學和染料公司（Allied Chemical and Dye

Corporation），後來又收購了《華盛頓郵報》。

據估計，尤金的假帳至少造成了數億美元國債的差額[19]。

## 愛德華．斯特蒂紐斯：美國軍工複合體的開山鼻祖

斯特蒂紐斯（Edward Stettinius）是一個一絲不苟的人，執著於細節，早年在芝加哥做穀物投機生意發了大財。他在戰爭期間被摩根看中並主管出口部（Export Department），主要負責軍火採購。

斯特蒂紐斯在戰爭期間成了世界上最大的消費者，每天採購高達一千萬美元的軍事物資，然後把這些物資裝船、上保險，啓運到歐洲。他不遺餘力地提高生產效率和運輸效率，他在華爾街二十三號的總部一聲令下，無數軍事零件的代理商和生產商就湧入他的辦公樓，他在幾乎每一道門前都設立了警衛。他每月的採購量相當於二十年前的世界國民生產總值。德國人從未想到美國能在這樣短的時間裡就轉入軍事工業生產軌道。

## 大衛森：摩根的親信

爲摩根帝國立下汗馬功勞，身爲J．P．摩根公司高級合夥人的大衛森得到了美國紅十字會這塊肥肉，從而控制了美國人民捐贈的高達三．七億美元的鉅款。

## 「凡爾賽和約」：一份爲期二十年的休戰書

一九一八年十一月十一日，血腥殘酷的第一次世界大戰終於落下了帷幕。德國身爲戰敗國，將喪失十三%的領土，賠償三三〇億美元的戰爭賠款，外加每年五億美元的利息；出口產品被徵收二六%的額外費用，喪失所有海外殖民地；陸軍只能保留十萬人，海軍主力戰艦不得超過六艘，不得擁有潛艇、飛機、坦克或重砲等攻擊性武器。

英國首相勞合・喬治（David Lloyd George）曾宣稱「搜遍德國人的口袋也要把錢找出來」，但私下裡，他承認：「我們所起草的文件（和約）將爲二十年後的戰爭埋下伏筆。當你們把這樣的條件強加在德國人民身上，這只能導致德國人要嘛不遵守條約，要嘛發動戰爭。」英國外相寇松（Lord Curzon）持相同的看法，他說：「這不會帶來和平，這只是一份爲期二十年的休戰書。」

美國總統威爾遜看到這份協議後，也皺著眉說：「如果我是德國人，我想我絕不會簽署這份協定。」

問題不在於政治家們是否都意識到了問題的本質，問題在於他們背後的「師爺們」才是眞正的決策者。陪同威爾遜來到巴黎的銀行家有：首席金融顧問保羅・沃伯格、摩根和他的律師弗蘭克、摩根公司的高級合夥人湯瑪斯・萊蒙、戰時工業委員會主席巴魯、杜勒斯兄弟（一個是後來的CIA頭頭，一個是艾森豪的國務卿）。英國首相的身後是菲力浦・沙遜爵士（Sir Philip Sassoon），他是羅斯柴爾德家族的嫡系子孫。法國總理克萊蒙梭的高級參謀是喬治斯・曼德爾（Georges Mandel），他的眞名是傑洛波·羅斯柴爾德（Jeroboam Rothschild）。德國代表團首席代表就是保羅的大哥麥克斯·沃伯格。當國際銀行家們齊集巴黎的時候，後來的「以色列之父」艾德蒙·羅斯柴爾德男爵身爲東道主，提供了熱情的接待，他將美國代表團的頭面人物安排在自己在巴黎的豪華莊園裡。

巴黎和會其實是一場國際銀行家們的狂歡節，在大發戰爭橫財之後，他們隨手播下了下一場戰爭——第二次世界大戰的種子。

## 「剪羊毛」與美國一九二一年農業衰退

一八九四年九月一日，我們將停止一切貸款的延期。那一天，我們將索回我們的錢。我們將擁有並拍賣尚未清償的財產。我們會以我們自己定的價格得到密西西比河以西三分之二的農田和以東的成千上萬的土地。農民將（失去土地）變成受雇用者，就像英國那樣。

一八九一年美國銀行家協會（收錄於一九一三年四月二九日的國會記錄）

「剪羊毛」是銀行家圈子裡的一個專用術語，意思是利用經濟繁榮和衰退的過程所創造出的機會，以正常價格的幾分之一擁有他人的財產。當銀行家控制了美國的貨幣發行大權，經濟的繁榮和衰退變成了可以精確控制的過程，此時的「剪羊毛」行爲對於銀行家來說，就像從靠打獵爲生的遊牧階段進化到了科學飼養的穩產高產階段。

第一次世界大戰給美國帶來了普遍繁榮，大規模的戰爭物資採購極大地促進了美國各行業的生產與服務。美聯儲從一九一四年到一九二〇年向經濟領域投放了大量貨幣，紐約聯儲利率由一九一四年的六%降到了一九一六年的三%，並一直保持到一九二〇年。

爲了向歐洲協約國提供貸款，銀行家們在一九一七和一九一八兩年中進行了四次大規模債券募集，稱爲「自由債券」（Liberty Bond），債券利息從三．五%到四．五%不等。這些債券發行的一個重要目的，就是吸收美聯儲已經嚴重超量發行的貨幣和信用。

在戰爭中，工人得到了高工資，農民的糧食在戰爭中賣到了很高的價錢，勞工階層的經濟狀況有了很大提升。當戰爭結束時，由於生活和消費節儉，農民手中握有大量現金，而這筆巨額財富卻不在華爾街銀行家的控制之下。原來，中西部的農民普遍把錢存在保守的當地銀行，這些中小銀行家對紐約的國際銀行家普遍持抵觸和對抗態度，既不參加美聯儲銀行系統，也不支援對歐洲戰爭貸款。華爾街的大佬們早就想找機會好好修理一下這些鄉巴佬，再加上農民這群「肥羊」又膘肥體壯，早已看著眼熱的華爾街銀行家們準備動手「剪羊毛」了。

華爾街銀行家們首先採用了「欲擒故縱」的計策，建立了一個被稱爲「聯邦農業貸款委員會」（Federal Farm Loan Board）的機構，專門「鼓勵」農民把他們的血汗錢投資於購買新的土地，該組織負責提供長期貸款，農民當然是求之不得。於是大量農民在該組織的協調下，向國際銀行家們申請了長期貸款，並繳納了高比例的首付款。

農民們可能永遠也不會知道他們掉進了一個精心設計的陷阱。

在一九二〇年的四、五、六、七四個月內，工業和商業貿易領域獲得了大額度的信用增加，以幫助他們渡過即將到來的信貸緊縮，只有農民的信用申請被全部拒絕。這是一次華爾街精心設計的金融定向爆破！旨在掠奪農民的財富和摧毀農業地區拒絕服從美聯儲的中小銀行。

參議院銀行與貨幣委員會主席歐文（連署一九一三年《美聯儲法案》）在一九三九年的參議院白銀聽證會上說：「在一九二〇年年初，農民們是非常富裕的。他們加速償還著房貸，大量貸款購置新土地。一九二〇年下半年，突如其來的信用和貨幣緊縮使他們大批破產。一九二〇年所發生的一切（農民破產）與應該發生的完全相反。」[20]

對於因爲戰爭而過多發放的信貸，本應在若干年裡逐步解決，但是美聯儲董事會在一九二〇年五月八日聚在一起，召開了一個公眾完全不知情的祕密會議。他們在一起密謀了一整天，會議記錄多達六十頁，這些記錄最終於一九二三年二月十九日出現在參議院的文檔中。（美聯儲）A類董事，美聯儲諮詢委員會的成員參加了會議，但是B類董事，代表商業、貿易和農業的董事沒有被邀請。C類代表美國人民的董事同樣沒有被邀請。

只有大銀行家參加了這個祕密會議，而他們當天的會議直接導致了信貸緊縮，並最終導致了第二年國民收入減少了一五〇億美元，幾百萬人失業，土地和農場價值暴跌了兩百億美元。

威爾遜的國務卿布萊恩一語點破了問題的根源：「美聯儲銀行本應是農民最重要的保護者，卻成爲了農民最大的敵人。對農業的信貸緊縮是一次蓄謀的犯罪。」[21]

在對農業的「剪羊毛」行動喜獲豐收之後，中西部地區負隅頑抗的中小銀行也被清剿得滿目瘡痍，美聯儲這才開始放鬆銀根。

## 國際銀行家的一九二七年密謀

班哲明·斯特朗是在摩根公司和雷波庫恩公司的聯合扶持下，坐上了美聯儲紐約銀行董事長的寶座，他與英格蘭銀行的董事長諾曼一起密謀了盎格魯—薩克遜金融業的許多重要事件，其中包括一九二九年世界範圍的經濟大衰退。

諾曼的爺爺和外祖父都曾擔任過英格蘭銀行的董事長，這樣顯赫的身世在英國歷史上可謂絕無僅有。

在《金錢的政治》一書中，作者詹森寫道：「身爲親密朋友的斯特朗和諾曼經常在法國南部一起度假。一九二五年到一九二八年，斯特朗在紐約的貨幣寬鬆政策是他和諾曼之間的一個私下協定，目的是使紐約的利率低於倫敦。爲了這個國際合作，斯特朗有意壓低紐約的利率一直到無法挽回的後果發生。紐約的貨幣寬鬆政策鼓勵了美國二〇年代的繁榮，引發了投機狂潮。」[22]

關於這個祕密協定，眾議院穩定聽證會（House Stabilization Hearing）在一九二八年由麥克法登議員領導進行了深入調查，得出的結論是：國際銀行家透過操縱黃金的流動來製造美國股票的崩盤。

麥克法登議員：請你簡單陳述一下是什麼影響了美聯儲董事會的最後決定（指一九二七

年夏的降息政策）？

美聯儲董事米勒：你問了一個我無法回答的問題。

麥克法登：或許我可以說得更清楚一些，導致去年夏天改變利息的決定的建議是從何而來的？

米勒：三個最大的歐洲中央銀行派他們的代表來到這個國家。他們是英格蘭銀行的董事（諾曼）、雅爾瑪・沙赫特博士（德國中央銀行總裁）和法蘭西銀行的李斯特教授。這些先生們和美聯儲紐約銀行的人在一起開會。大約一兩個星期以後，他們出現在華盛頓並待了大半天。一天晚上他們來到華府，第二天美聯儲的董事們接待了他們，他們當天下午就回紐約了。

麥克法登：美聯儲的董事們午宴時都在場嗎？

米勒：噢，是的。美聯儲董事會有意安排大家聚在一起的。

麥克法登：那是一種社交性質的活動呢，還是嚴肅的討論？

米勒：我覺得主要是一種社交活動。從我個人來講，在午宴之前，我和雅爾瑪・沙赫特博士談了很久，也和李斯特教授聊了半天，飯後，我和諾曼先生與紐約的斯特朗（紐約美聯儲銀行董事長）也談了一陣。

麥克法登：那是一種正式的（聯儲）董事會會議嗎？

米勒：不是。

麥克法登：那只是對紐約會談結果的非正式討論嗎？

米勒：我覺得是這樣。那只是一個社交活動。我所講的只是泛泛而談，他們（歐洲中央銀行的董事們）也是這樣。

麥克法登：他們想要什麼呢？

米勒：他們對各種問題很誠懇。我想和諾曼先生談一下，我們飯後都留了下來，其他人也加入進來。這些先生們都非常擔心金本位的運作方式，所以他們渴望看到紐約的貨幣寬鬆政策和低利率，這將阻止黃金從歐洲流向美國。

比迪先生：這些外國銀行家和紐約美聯儲銀行的董事會達成了決議嗎？

米勒：是的。

比迪先生：這些決議居然沒有正式記錄？

米勒：沒有。後來公開市場政策委員會（Open Market Policy Committee）開了一個會，一些措施就這樣定了下來。我記得按照這個計畫，僅八月份就有大約八千萬美元的票據被（紐約美聯儲銀行）買進（發行基礎貨幣）。

麥克法登：這樣一個政策改變直接導致了這個國家前所未有的、最爲嚴重的金融系統不正常狀態（一九二七～一九二九年股票市場投機風潮）。在我看來，這樣一個重大的決策應該在華盛頓有個正式的記錄。

米勒：我同意你的看法。

斯特朗眾議員：事實是他們來到這裡，他們開了祕密會議，他們大吃大喝，他們高談闊論，他們讓美聯儲降低了貼現率，然後他們拿走了（我們的）黃金。

斯特格先生：這個政策穩定了歐洲的貨幣但顚覆了我們的美元，是這樣嗎？

米勒：是的，這個政策就是爲了達到這個目的。[23]

紐約美聯儲銀行事實上完全掌握著整個美聯儲的運作，美聯儲在華府的七人董事會僅僅是擺設。歐洲的銀行家與紐約美聯儲銀行舉行長達一週的實質性祕密會議，只在華盛頓待了不到一天，還只是社交活動。紐約祕密會議的決策，導致了價値五億美元的黃金流向歐洲。如此重要的決策竟然在華盛頓完全沒有書面記錄，由此可見七人董事會的實際地位。

## 一九二九年泡沫破裂：又一次「剪羊毛」行動

> 美聯儲從一九二九年到一九三三年緊縮貨幣流通量達三分之一，註定會造成大衰退。
>
> 密爾頓・傅立曼

祕密會議之後，紐約美聯儲銀行立刻行動起來，利息從四%降到三・五%，僅在一九二八年就向它青睞的成員銀行發放了六百億美元的貨幣，這些成員銀行用它們十五天的銀行本票做抵押。如果這些錢全部兌換成黃金，將相當於當時世界全部黃金流通量的六倍！透過這種方式發放的美元，比紐約美聯儲銀行在公開市場上買入票據所發放的貨幣量高出三十三倍！令人更加驚愕的是，一九二九年紐約美聯儲銀行又向其成員銀行發放了五八〇億美元的貨幣！[24]

當時的紐約股票市場允許交易商以一%的資金購買股票，其餘的錢由交易商的銀行提供貸款。當手持巨額信用、燥熱難耐的銀行碰上了貪婪饑渴的證券商，兩者眞是一拍即合。銀行從紐約美聯儲銀行可借到利息五%左右的款子，再轉手以十二%的利息貸給證券商，吃足七%的利差，天下竟有如此美事！

這時候，紐約的股市想不暴漲都不可能了。

此時的美國，從南到北，從東到西，人民被鼓勵拿出所有的積蓄來進行股票「投資」。甚至連華盛頓的政治家都被華爾街的大佬們發動起來了，財政部長梅龍在一篇正式的講話中，向人民保證紐約的股市不算高，柯立芝總統拿著銀行家們爲他起草的講稿向全國發表講話，也說買股票還很安全。

一九二八年三月，美聯儲的董事在回答參議院的質詢時，對於證券商貸款是否過高回答道：「我不好說證券商的貸款是否過高，但是我肯定他們（證券商）是傾向於安全和保守的。」

一九二九年二月六日，英格蘭銀行的諾曼再次神祕地來到美國，緊接著美聯儲開始放棄一九二七年以來的寬鬆貨幣政策。英國的銀行家們似乎是做好了一件大事的準備工作，美國方面出手的時機來到了。

一九二九年三月，美國金融教父保羅·沃伯格在國際承兌銀行的股東年會上發出了警告：「如果這種毫無節制的貪婪繼續擴大的話，最終的崩潰將不僅會打擊投機者自己，還會使整個國家陷入衰退。」[25]

保羅在整整三年「毫無節制的貪婪」的歲月裡保持著沉默，現在突然跳了出來厲聲警告，由於他的影響力和地位，他的講話一經《紐約時報》報導，頃刻引起了市場驚恐。

對股市的最後死刑判決是在一九二九年四月二十日，當天的《紐約時報》發佈了一個重要消息：

聯邦諮詢委員會在華盛頓的祕密會議

聯邦諮詢委員會已經形成了決議並提交給美聯儲董事會，但是他們的意圖仍被嚴加保密。聯邦諮詢委員和美聯儲董事會的下一步動向，仍然被一種濃厚的神祕氣氛所籠罩。這次非同尋常的會議的保密措施非常嚴格。記者只能得到一些模棱兩可的回答。[26]

一九二九年八月九日，美聯儲將利息提高到六%，緊接著美聯儲紐約銀行將證券交易商的利率由五%提高到二〇%，投機商們頃刻陷入資金陷阱，除了不顧一切地逃出股市別無出路。股票市場局面急轉直下，猶如江河決堤一般，賣單在十月和十一月橫掃整個股票市場，一千六百億美元的財富立時灰飛煙滅。一千六百億美元是個什麼概念呢？接近美國在第二次世界大戰中生產的數量龐大的全部物資的總和。

當年一位華爾街的證券商是這樣描述的：「經過精確計畫，紐約貨幣市場上投資股票的貸款供應量突然急劇減少所造成的一九二九年危機，實際上是國際金錢大亨們算計好的、針對公眾的『剪羊毛』

行動。」27

面對滿目瘡痍的美國經濟，《紐約時報》在一九三〇年七月四日不禁發出這樣的哀嘆：「原物料商品的價格跌落到一九一三年的水平。由於勞工過剩，工資減少，總共有四百萬人失業。摩根透過控制紐約美聯儲銀行和華盛頓平庸羸弱的聯儲董事會，控制了整個美聯儲系統。」華爾街不斷透過金融危機來翦除異己，從一九三〇年到一九三三年，共有八八一二家銀行倒閉，絕大部分敢於和紐約五大銀行家族分庭抗禮、對美聯儲系統不買帳的銀行紛紛破產。

## 策劃大衰退的眞正圖謀

毫無疑問，一九二九年的股票暴跌，是在一九二七年的祕密會議上就敲定的事，由於紐約的利率被人爲地壓低，倫敦的利率被有意地拔高，兩地之間的利差導致美國的黃金流向英國，以幫助英國和其他歐洲國家恢復金本位。

其實，歐洲的金融家早就知道以通貨膨脹手段掠奪財富的效率，要遠勝於放貸所得到的利息收入。以黃金作爲貨幣發放的基石，並且紙幣可自由兌換爲黃金，這一切無疑會大大制約銀行家放手使用通貨膨脹這種高效能武器的效力。令人困惑的是，爲什麼當時以英國銀行家爲代表的歐洲金融界要恢復金本位呢？原來，國際銀行家們在下一盤大棋。

第一次世界大戰以德國戰敗而告終，龐大的戰爭賠款當然不能由德國羅斯柴爾德家族和沃伯格家族銀行來承擔，不僅如此，他們還要大發一筆國難財。所以第一步棋，就是由德國銀行家啓動通貨膨脹這部「財富絞肉機」來迅速掠奪德國人民的積蓄，人類第一次見識了超級通貨膨脹的威力。

從一九一三年到一九一八年，在戰爭期間，德國貨幣發行量增加了八．五倍，德國馬克相對於美元僅貶値了五〇%。從一九二一年開始，德國中央銀行的貨幣發放量呈火山噴發的態勢，一九二一年比一九一八年增加五倍，一九二二年比一九二一年增加十倍，一九二三年比一九二二年增加七千二百五十三萬倍。從一九二三年八月起，物價達到天文數字，一片麵包或一張郵票的價格高達一千億馬克。德國工人每天的工資必須支付兩次，拿到錢之後要在一個小時之內花出去。[28]

德國銀行家血洗中產階級的儲蓄，使大量社會主流人士一夜之間淪爲赤貧，從而奠定了日後納粹上台的群眾基礎，並深深種下了德國人對猶太銀行家仇恨的種子。比起一八七〇年普法戰爭失敗後法國的境遇，德國人民所遭受的苦難要深重得多，下一場更爲慘烈的世界大戰的所有誘因，已在一九二三年全部到位了。

當德國人的財富被搜刮得差不多了，德國馬克也該穩定下來了。在國際銀行家們的調度之下，美國人民的黃金成了穩定德國貨幣的救生圈。

第二步棋輪到英國銀行家大展拳腳了。由於一九一四年第一次世界大戰爆發後，德國潛艇在大西洋的頻繁襲擊，英國運送黃金的船隻無法出港，導致了英格蘭銀行不得不宣佈暫時停止黃金兌換，英鎊的金本位已名存實亡。

一九二四年，後來名震英倫的邱吉爾就任英國財政大臣。對金融事務完全沒有感覺的邱吉爾，在倫敦銀行家的鼓噪之下準備恢復金本位，理由是必須捍衛英鎊在世界金融領域絕對的權威地位。一九二五年五月十三日，英國通過了《金本位法案》（*Gold Standard Act*）。當時英國的國力經過戰爭的劇烈消耗早已嚴重受損，其經濟實力已遠遜於新興的美國，甚至在歐洲也已不是一家獨大的局面，強行恢復金本位勢必導致英鎊堅挺，嚴重打擊本已日益喪失競爭力的英國出口貿易，同時還會造成國內物價下降、工資縮水、失業率大幅上升等經濟後果。

這時，一代宗師凱恩斯橫空出世了。凱恩斯在一九一九年巴黎和會上曾擔任英國財政部的代表，他堅決反對對德國的嚴厲條款，並不惜以辭職來抗議。他力主廢除金本位，與倫敦的銀行家勢力形成水火不容的態勢。在英國政府調查金本位的可行性的麥克米蘭委員會上，凱恩斯慷慨激昂，痛陳金本位的弊端，在他看來，黃金只是「野蠻的遺跡」，是對經濟發展的制約。英格蘭銀行的諾曼也不示弱，堅稱金本位對於誠實的銀行家是不可或缺的，無論英國的負擔有多重，無論多少行業嚴重受損，不然何以體現倫敦金融城銀行家的超級信譽。英國人民被弄糊塗了。和美國的情況一樣，倫敦銀行家在人民當中也是名譽不佳，既然是銀行家支持的，想必是不好的，而猛烈抨擊銀行家的觀點，應該是向著人民的。

這才是戲的精采部分。

來歷很不簡單的凱恩斯扮演了爲民請命的角色，而銀行家們則以黃金衛道之士的形象出現，這齣雙簧演得出神入化，輿論和民心就這樣被輕鬆地操縱著。

果然不出凱恩斯的「預言」和銀行家的計畫，英國經濟在恢復金本位之後一落千丈，失業率由一九二〇年的三%猛漲到一九二六年的十八%，各種罷工此起彼伏，政局陷入混亂，英國政府面臨嚴重的危機。

而銀行家們要的就是危機！只有製造危機才能推動「金融改革」，在一片強烈呼籲修改法律的呼聲中，通過了一九二八年《貨幣和銀行券法案》（*Currency and Bank Notes Act 1928*），該法案砸碎了套在英格蘭銀行頭上長達八十四年的、以國債爲抵押的貨幣發行上限的緊箍，一八四四年法案規定英格蘭銀行以國債爲抵押的英鎊發行上限爲一九七五萬英鎊，其餘的英鎊紙幣發行必須用黃金做抵押。以國債爲抵押發行「債務」貨幣而繞開討厭的黃金制約，就像後起之秀美聯儲一樣，這實在是一個讓倫敦銀行家魂牽夢縈的境界。在新法案通過後僅幾個星期，英格蘭銀行就發行了二．六億「債務」英鎊。新法案還授權英格蘭銀行在緊急情況下可以無限制發行「債務」英鎊，只要財政部和議會事後認可就行了。[29]美聯儲近乎無限制的發行貨幣大權終於被英格蘭銀行也搞到手了。

第三步棋就是美國這隻肥羊又到了該爆剪羊毛的季節了。一九二七年的祕密會議之後，由於美聯儲的低利率政策，使得美國價值五億美元的巨額黃金外流，在一九二九年美聯儲猛然提高利率之後，造成銀行缺乏黃金儲備而無法有效發放信貸，美國這隻健壯的肥羊由於極度失血而休克。國際銀行家們隨後一擁而上，以正常價格的幾分之一甚至幾十分之一的超低價格，大舉吃進藍籌股和其他優質資產。麥克法登議員這樣描述道：「最近僅一個州就有六萬處房產和農場在一天中被拍賣。在密西根州的奧克蘭郡，有七．一萬戶房主和農場主被掃地出門。類似的情況正發生在美國的每一個郡縣。」

在這場美國空前的經濟浩劫中，只有最核心圈子裡的少數人，事先知道美國歷史上最大的投機大戲即將落幕，這些人得以及時拋出所有股票轉而大量持有政府債券，他們都與倫敦羅斯柴爾德家族保持著密切聯繫。這個圈子以外的人，有些即使是超級富豪，也未能倖免於難。這個圈子裡包括J·P·摩根和庫恩雷波公司，以及他們選定的「優先客戶」，如夥伴銀行及與他們保持親善的著名實業家、重要政客和友好國家的統治者。

當銀行家默里森從美聯儲辭職時，一九三六年五月三十日的《新聞週刊》是這樣評價他的：「大家一致認爲美聯儲失去了一位能幹的人。在一九二九年（股票崩盤之前），他召集了一個會議，命令他屬下的幾家銀行在九月一日之前，全部結束對證券交易商的貸款業務。所以它們得以在隨後的衰退中乘風而起。」[30]

約瑟夫·甘迺迪（Joseph Patrick Kennedy）的身家從一九二九年的四百萬美元，增加到一九三五年的一億美元，翻了二十五倍。伯納德·巴魯在大崩潰前賣掉了所有股票轉而持有國債。亨利·摩根索在「黑色星期二」（一九二九年十月二十九日）前幾天匆匆趕到銀行家信託公司，命令他的公司在三天之內賣掉總價值達六千萬美元的所有股票。他的手下困惑不已，建議他在幾個星期的時間裡逐步清倉，這樣至少能多賺五百萬美元。亨利·摩根索勃然大怒，衝著手下怒吼：「我到這裡來不是和你討論的！照我說的去做！」

經過近八十年後回過頭來看這段歷史，我們仍然要驚嘆這些國際銀行家們的智商，他們毫無疑問是人類中最爲聰明的一群人。這樣的手法，這樣的權謀，這樣絲絲入扣的設計，這樣玩弄天下於股掌之中的膽略，實在是令人嘆爲觀止。甚至直到今天，大多數人完全不相信他們的命運實際上被操縱在極少數人的手中。

在國際銀行家們「剪羊毛」喜獲豐收之後，凱恩斯的「廉價貨幣思想」成爲了銀行家們的最新財富收割機，在他們主導下的「羅斯福新政」開啓了一個銀行家們新的收穫季節。

## 注釋

1 Former New York City Mayor John Haylan speaking in Chicago and quoted in the March 27, 1927, New York Times.
2 Henry Kissinger , *Diplomacy* (Simon & Schuster; Reprint edition April 4, 1995) Chapter 8.
3 Quarterly Journal of Economics, April 1887.
4 Henry Kissinger , *Diplomacy* (Simon & Schuster; Reprint edition April 4, 1995) Chapter 8.
5 Ron Chernow, The House of Morgan (New York: Grove Press 1990) p198.
6 Ibid., p200.
7 Glyn Davies, *History of Money From Ancient Times to The Present Day* (University of Wales Press 2002), Chapter 9.
8 Ibid., p506.
9 Henry Kissinger, *Diplomacy* (Simon & Schuster; Reprint edition April 4, 1995) Chapter 9.
10 Eustace Mullins, *The Secrets of the Federal Reserve - The London Connection* (Bankers Research Institute, 1985) Chapter 8.
11 Cordell Hull, *Memoirs* (Macmillan, New York, 1948) v1 p76.
12 http://www.freedomtofascism.com.
13 Ron Chernow, The House of Morgan (New York: Grove Press 1990) Chapter 10.
14 Eustace Mullins, *The Secrets of the Federal Reserve - The London Connection* (Bankers Research Institute, 1985) Chapter 8.
15 Max Warburg, *Memoirs of Max Warburg*, Berlin, 1936.

16 David Farrar, *The Warburgs* (Michael Joseph, Ltd., London, 1974.
17 Baruch Testimony before the Nye Committee, Sep 13, 1937.
18 Eustace Mullins, *The Secrets of the Federal Reserve-The London Connection* (Bankers Research Institute, 1985) Chapter 8.
19 Ibid.
20 Ibid., Chapter 9.
21 Hearst Magazine, Nov 1923.
22 Brian Johnson, *The Politics of Money* (New York: McGraw Hill 1970) p63.
23 The House Stabilization Hearings of 1928.
24 Congressional Record, 1932.
25 Eustace Mullins, *The Secrets of the Federal Reserve-The London Connection* (Bankers Research Institute, 1985) Chapter 12.
26 New York Times, April 20, 1929.
27 Col. Curtis Dall, F.D.R., *My Exploited Father-in-Law*, Liberty Lobby, 1970.
28 Glyn Davies, *History of Money From Ancient Times to The Present Day* (University of Wales Press 2002) p575.
29 Ibid., p377.
30 Newsweek, May 30, 1936.

# 第五章
# 廉價貨幣的「新政」

列寧曾說過，顛覆資本主義制度最好的辦法就是使其貨幣貶值。透過連續的通貨膨脹過程，政府可以祕密地、不爲人知地沒收公民財富的一部分。用這種辦法可以任意剝奪人民的財富，在使多數人貧窮的過程中，卻使少數人暴富。沒有任何手段能像它（通貨膨脹）如此隱蔽和可靠地來顛覆現政權了。這個過程潛在地積聚了各種經濟規律中的破壞因素，一百萬人中也不見得能有一個人看得出問題的根源。[1]

凱恩斯，英國經濟學家，一九一九年

## ◎本章導讀

凱恩斯稱黃金爲「野蠻的遺跡」，這一「膾炙人口」的評價在中國早已是大家耳熟能詳的了。凱恩斯妖魔化黃金的動機是什麼？曾經堅決反對通貨膨脹的凱恩斯，怎麼會變成了黃金的死敵？葛林斯潘四十歲時，仍然是金本位堅定不移的捍衛者，等當上了美聯儲主席之後，對黃金問題就開始顧左右而言他。雖然到二○○二年時，他仍然承認「黃金是所有貨幣的最終支付手段」，但是他卻「旁觀」了二十世紀九○年代西方中央銀行家們聯合打壓黃金價格的陰謀。

在人類長達五千年的社會實踐中，黃金被世人公認是財富的最終形式，黃金與財富的必然聯繫早已成爲人們生活中的自然邏輯。當人民對政府的政策和經濟形勢不看好時，他們可以選擇將手中的紙幣兌換成金幣，以等待惡劣的形勢出現好轉。紙幣自由兌換黃金實際上成爲了人民最基本的經濟自由的基石，只有在此基礎之上，任何民主和其他形式的自由才具有實際意義。當政府強行剝奪人民將紙幣兌換黃金這一與生俱來的權力之時，也就從根本上剝奪了人民最基本的自由。

國際銀行家們非常清楚，黃金絕不是普通的貴金屬，從本質上看，黃金是唯一的、高度敏感的、深負歷史傳承的「政治金屬」。在正常的社會狀況下，廢除金本位勢必引發嚴重的社會動盪，甚至是暴力革命，這就是爲什麼銀行家需要嚴重的經濟危機和衰退。在經濟危機和衰退的威脅之下，人民最容易妥協，團結最容易被打破，輿論最容易被誤導，社會注意力最容易被分散，銀行家的計謀最容易實現，所以經濟危機和衰退被銀行家們當做對付政府和人民最有效的武器，在歷史上被反覆使用。

一九二九年以來的嚴重經濟危機被國際銀行家們「因勢利導」地完成了正常狀態下極難實現的「廢除金本位」的大業，從而鋪平了通往第二次世界大戰的金融大道。

## 凱恩斯的「廉價貨幣」

很明顯，凱恩斯在一九一九年參加巴黎和會時就已經認識到了通貨膨脹對人民和社會所造成的巨大潛在傷害，他在那本使他一夜成名的小冊子《和平的經濟後果》中，深刻而尖銳地指出了通貨膨脹的實質，而德國一九二三年的超級通貨膨脹，已經完全驗證了通貨膨脹的巨大殺傷力。

這一點恰如四十歲發表〈黃金和經濟自由〉的葛林斯潘，在文章中，葛林斯潘對通貨膨脹的見地與凱恩斯如出一轍，他指出：

> 在沒有金本位的情況下，將沒有任何辦法來保護（人民的）儲蓄不被通貨膨脹所吞噬，將沒有安全的財富棲身地。這就是那些福利統計學家激烈反對黃金的祕密。簡單地說，赤字財政就是沒收財富的陰謀，而黃金擋住了這個陰險的過程，它充當著財產權的保護者。如果人們抓住了這一核心要點，就不難理解有人對金本位的惡意誹謗了。[2]

正如葛林斯潘所指出的那樣，金本位牢牢地遏制了通貨膨脹的氾濫勢頭。從這個意義上講，凱恩斯和葛林斯潘都應該是金本位的堅定擁護者，他們又何以一個後來將黃金貶低爲「野蠻的遺跡」，另一個在平步青雲之後乾脆絕口不提黃金的貨幣地位了呢？

對葛林斯潘而言，是人在江湖，身不由己。當葛林斯潘投入了J．P．摩根的懷抱，榮任J．P．摩根公司和其他華爾街銀行的董事之時，他開始明白金融江湖有金融江湖的規矩。

當全世界的聚光燈都聚焦在葛林斯潘那深不可測的臉上之時，恐怕只有他自己心裡明白他這個漢獻帝背後的曹操——紐約美聯儲銀行才是眞正的決策者。二○○二年在國會聽證會上被德州議員保羅追問急了，葛林斯潘才表示自己從未背叛一九六六年的觀點，他至今仍然認爲黃金是所有貨幣中的「最終支付手段」，美聯儲只是「模擬」著金本位制度。

凱恩斯的情況與葛林斯潘有所不同。

美國著名學者莫瑞．羅斯帕德（Murray Rothbard）對凱恩斯的人格特徵有一個深刻的描述，他認爲凱恩斯的極端自我中心主義、以英國統治精英自居和對社會道德的蔑視，對他的思想體系有著直接的影響。

尤其是英國劍橋大學的祕密組織「使徒會」（Apostle），對凱恩斯的影響尤爲巨大。歐美大學中的這種祕密組織，絕不像平常人理解的大學同鄉會或文學社之類的鬆散社團，它們更像是深負宗教使命的精英核心，有的歷史長達百年，並且會員終生保持緊密聯繫，構成了西方社會統治階層最堅不可摧的利益集團。

劍橋的「使徒會」由三一學院和國王學院最優秀的十二名成員所組成，這些人不僅要絕頂聰明，而且要出身顯赫，每一個人都註定成爲英國統治階層中的一員。他們每週六在一處祕密會所聚會，討論範圍從哲學、美學到政治、商業。他們有自己嚴格的清規戒律，同時也蔑視社會的普通道德，他們自認爲擁有人類最具智慧的頭腦，認爲自己天生就是世界的統治者，並相互之間反覆灌輸這一信念。凱恩斯在寫給一位朋友的信中這樣說道：「我們這種道德上的優越感是不是有些自大？我有一種感覺，這個世界上的絕大多數人從來就看不見任何事物（的本質），（因爲）他們太愚蠢，或者是太邪惡。」[3]

在這個圈子裡，除了凱恩斯和著名哲學家羅素這樣的學者型精英，還包括羅斯柴爾德男爵這樣的金融巨頭。離開劍橋之後，每週六仍然參加「使徒會」祕密會議的成年使徒被稱爲「天使」，他們積極參與選拔新使徒和其他活動。

比凱恩斯小幾歲的維克多·羅斯柴爾德（Victor Rothschild），就是那位掌握著整個大英帝國貨幣發行權的南森·羅斯柴爾德的嫡孫，是有男爵封號的第三代繼承人。維克多與凱恩斯同是美國外交協會和英國皇家國際事務協會的積極倡導者，這兩個組織可謂歐美政界的「中央黨校」，近百年來爲歐美統治集團輸送了大批「幹部」。按歐美家族銀行的慣例，維克多在美國J·P·摩根銀行工作過一段時間，對華爾街非常熟悉，他還是荷蘭殼牌石油公司的董事。維克多曾任英國情報部門（MI5）的高官，後來擔任英國首相柴契爾夫人的安全顧問，他的叔叔愛德蒙·羅斯柴爾德男爵被稱爲「以色列之父」。在維克多的引見和提攜下，悟性極高的凱恩斯很快就嗅出了廉價的債務貨幣和通貨膨脹理論，才是當時國際銀行家孜孜以求的主攻方向。

凱恩斯對自己政治上的謊言很少感到不安，因爲他根本不需要受普通人的道德規範約束。他習慣性地假造資料來符合他的經濟理念。恰如羅斯帕德指出的那樣，「他認爲原則只會妨礙他在正確時刻取得權力的機會。因此，他願意隨時改變以前的信仰，在特定的情形下，即使爲了一枚硬幣，他也會這樣做。」[4]

凱恩斯明白一個經濟學家要想讓自己的學說成爲「顯學」，就必須有金融和政界的大亨們在幕後和台前叫好，按現在的說法這叫被「捧紅」。當凱恩斯辨明「歷史發展的正確方向」之後，他立刻施展出他眞正的天賦：雄辯的口才和驚人的推銷能力。

在亞當．斯密、李嘉圖和馬歇爾的光環之下，劍橋似乎理所當然地成爲世界經濟理論的發源地。身爲馬歇爾親手挑選的接班人，凱恩斯處在一個極爲有利的位置上。一九三六年，他的主要著作《就業、利息和貨幣通論》（*The General Theory of Employment, Interest and Money*）出版之後，國際銀行家對如此對他們心思體察入微的經濟學理論當然是愛不釋手，政治家們對這種「借錢、印錢、花錢」的廉價貨幣政策則表現出欲就還推的姿態，爭論與叫好立刻席捲了學術界。

凱恩斯早已確信他的廉價貨幣思想必將得到國際銀行家和政治家的大力支持，受到最大損害的普通人民本來就「太愚蠢，或者是太邪惡」，接下來就是搞定學術界了。

首先，凱恩斯宣佈了以他爲代表的現代經濟理論和老舊傳統經濟理論兩大陣營的對立，然後進一步宣稱，他那本艱澀的新經濟「聖經」只有「三十歲以下的年輕經濟學家才能看懂」。這一宣稱立刻受到青年經濟學家的歡呼，保羅．薩繆爾森在給朋友的信中喜不自勝地慶幸自己還不到三十歲，他說：「年輕眞好。」但就是這個薩繆爾森也承認《就業、利息和貨幣通論》是一本「寫得很糟，組織混亂，充滿混淆的書」。[5]

美國的學者認為，如果這本書是美國中西部一個偏遠學院的教授寫的，可能連發表都困難，更不要說名垂青史了。

## 一九三二年美國總統大選

一九三二年的美國總統大選在一片經濟蕭條的肅殺之中拉開了序幕，一千三百萬的失業人口、二五％的失業率，讓現任總統胡佛倍感壓力。面對民主黨總統候選人羅斯福對一九二八年以來經濟政策的猛烈抨擊，以及對胡佛總統與華爾街銀行家勢力的緊密關係的嚴厲指責，胡佛總統保持了耐人尋味的沉默，但是他在自己的備忘錄中這樣記錄了他的真實想法：

> 在回應羅斯福對我應該為（一九二九年的）投機風潮負責的聲明時，我思忖再三，不知道是否應該把美聯儲一九二五年到一九二八年在歐洲勢力的影響下，故意實施通貨膨脹政策的事情曝光，我當時是反對這種政策的。[6]

胡佛總統的確有些冤枉，他雖然貴為美國總統，但是對經濟政策和貨幣政策卻沒有太大的影響力。由於政府沒有貨幣發行權，如果私人擁有的紐約美聯儲銀行不配合，任何政策都是空談。

胡佛總統在華爾街失寵，始於在德國賠款的問題上偏離了銀行家的既定方針。原來，在一九二九年由摩根策劃的楊格計畫（Young Plan）中，以增加德國債務負擔爲代價，透過在華爾街發行德國債券的方式爲德國募集戰爭賠款，借此在承銷債券發行的過程中大賺一筆。

一九三一年五月，沒想到該計畫開始執行不久，就碰上德國和奧地利的金融危機，羅斯柴爾德家族銀行和英格蘭銀行的拯救行動未能遏制危機的蔓延，摩根等華爾街銀行家不願看到剛開了個好頭的楊格計畫中途夭折，立刻由摩根的合夥人拉蒙給胡佛總統打電話，要求美國政府同意給德國政府償還戰爭債務放個短假，等德國金融危機消停一些再恢復。拉蒙還提出警告，說歐洲金融系統一旦崩潰，美國的衰退也會加劇。

胡佛總統早已答應法國政府，任何涉及德國戰爭賠款的事，要先徵求法國政府的意見。身爲政治家的胡佛豈能出爾反爾？所以胡佛立刻不客氣地回答：「我會考慮這件事，但從政治的角度考慮，這件事不太現實。你待在紐約是不能了解身爲一個國家整體而言，對這些政府之間債務的情緒。」[7]

拉蒙也毫不客氣地撂下狠話：「這些天你肯定聽到了不少傳言，有人準備在一九三二年的（共和黨）大會上，讓你的班子靠邊站。如果你照著我們的計畫來做，這些傳言就會在一夜之間煙消雲散。」最後拉蒙還遞上一根「胡蘿蔔」，如果事成，功勞全歸總統。總統考慮了一個月，最後只得低頭。

到了一九三二年七月，拉蒙再次派人前往白宮，告訴總統應該重新考慮德國的戰爭賠款問題。這一次胡佛忍無可忍，他充滿怨憤和沮喪地吼道：「拉蒙把事情整個搞錯了。如果有一件事情是美國人民所痛恨和反對的，那就是這種合謀（豁免或推遲德英法對美國的債務）觸犯了他們的利益。拉蒙並不理解席捲全國的（對銀行家的）憤怒情緒。他們（銀行家）是想我們（政治家）也成爲『黑幫』的同謀。或許他們（銀行家）已經和德國人就賠款達成了協定，但卻是以最糟糕的方式完成的。」[8]結果胡佛拒絕了華爾街的要求。

更令華爾街銀行家怒不可遏的，是胡佛總統對股票市場做空行爲的窮追猛打所牽扯出的一連串金融醜聞，再加上空前的失業率、凋敝的經濟和慘遭股市洗劫的人民，各種力量集聚成一股對華爾街銀行家的強烈憤怒。胡佛總統自恃民意可用，於是與銀行家撕破臉，一心要把問題搞大。胡佛直斥紐約股市是一個由銀行家操盤的大賭場，市場做空的投機份子阻礙了市場信心的恢復。他警告紐約股票交易所總裁惠特尼，如果不限制股市做空行爲，他將啓動國會調查行動並對股票市場進行監管。

華爾街對總統的要求回答得簡單而乾脆：「荒謬！」

準備拼個魚死網破的胡佛總統於是下令參議院銀行與貨幣委員會開始調查股市做空行爲。氣急敗壞的華爾街立刻派拉蒙到白宮與總統和國務卿共進午餐，以求中斷調查行動，總統不爲所動。[9]

當調查擴大到二〇年代末的股票操盤黑幕後，大案、要案紛紛被抖落出來，高盛集團、摩根公司等諸多股市醜聞被大白於天下。當股市暴跌與經濟大蕭條的邏輯關係被清晰地展現在公眾面前時，人民的怒火終於聚焦在了銀行家身上。

而胡佛總統和他的仕途也同時斷送在銀行家和人民的雙重怒火之中。代之而起的就是被稱爲「美國二十世紀最偉大的總統」的富蘭克林・德拉諾・羅斯福。

## 誰是富蘭克林·德拉諾·羅斯福

正如你我都知道的那樣，眞實的情況是巨大的（權力）核心中的金融力量，從安德魯·傑克遜總統時代開始就控制了政府，這個國家將要重蹈傑克遜時代與銀行的鬥爭，而且是在更大和更廣的基礎上。[10]

羅斯福，一九三三年十一月二十一日

羅斯福的這一番「眞情告白」多少有些像當年的威爾遜，如果說威爾遜的確是學者出身而不諳銀行家們的手法，那麼以羅斯福的經歷說出這樣一番高論，則多少有些做作。以現任總統與華爾街的曖昧關係作爲攻擊的突破口，在歷年的總統大選中，對挑戰的一方永遠是百試不爽的法寶。一九三二年八月二十日，羅斯福在俄亥俄州的競選演講中聲情並茂地說道：

我們發現三分之二的美國工業集中在幾百家公司手中，實際上這些公司被不超過五個人控制著。我們發現三十來家銀行和商業銀行的證券交易商決定著美國資本的流動。換句話說，我們發現一個高度集中的經濟權力被操控在極少數人手中，這一切與總統先生（胡佛）所說的個人主義正好相反。[11]

羅斯福儘可能使自己感覺起來更像被美國人民衷心熱愛的、與銀行家勢不兩立的傑克遜總統，一個願意為小人物挑戰金融大鱷的勇敢總統，可惜羅斯福的經歷卻表明他與國際銀行家的瓜葛比胡佛總統只多不少。

羅斯福的曾祖父詹姆斯·羅斯福（James Roosevelt）於一七八四年創建了紐約銀行，可謂美國最古老的銀行家族之一，該銀行在二〇〇六年美國國債拍賣市場上，涉嫌操縱國債價格而遭到指控。該銀行的業務直到羅斯福競選總統時，一直由他的堂兄喬治打理。羅斯福的父親也叫詹姆斯，是美國工業界的大亨，畢業於哈佛法學院，擁有煤礦、鐵路等多項龐大的產業，更是美國南方鐵路證券公司（Southern Railway Security Company）的創始人，該公司是美國第一批以兼併鐵路產業為主的證券持有公司。羅斯福本人也是哈佛畢業，律師出身，主要客戶就包括摩根公司。在強大的銀行背景支持下，年僅三十四歲的羅斯福於一九一六年出任美國海軍部助理部長，這正是摩根的高級合夥人、經常「敲打」胡佛總統的拉蒙給羅斯福在華盛頓安排的新家。

羅斯福還有一個當過總統的堂兄——西奧多·羅斯福。他們的另一個堂兄喬治·愛姆倫·羅斯福也是華爾街赫赫有名的人物，在鐵路大合併的時代至少重組了十四家鐵路公司，同時身為摩根麾下的擔保信託投資公司（Guaranty Trust Company）、漢華銀行、紐約儲蓄銀行董事，他所擔任的其他公司的董事名單可以打出一本小冊子。

羅斯福的母親德拉諾的家族也聲名顯赫，一共有九位總統與他們家沾親。

在美國近代史上，沒有一位總統比羅斯福擁有更為強大的政治資源和銀行資源。

一九二一年羅斯福從政府衙門轉到了華爾街，成爲多家金融機構的董事或副總裁，他利用政界和銀行界廣泛的人脈關係，爲所在的公司謀得了巨額利益。在爲一家金融公司拉線政府債券生意的過程中，羅斯福在給老朋友眾議員梅赫的信中直言不諱：「我希望我能利用我們之間長久的友誼來請求你的幫助，我們希望從布魯克林的大佬們手中爭取到一些債券合約。大量的債券與市政工程有關，我希望我的朋友們能夠記得我。我不能此時去叨擾他們，但是因爲我的朋友也是你的朋友，如果你能表態一下，那將對我是一個極大的幫助。你的幫助我會銘記在心。」[12]

在給一位得到海軍部一筆大生意的朋友的信中，羅斯福提到：「我在海軍部的朋友和我偶然聊起一個給予你們公司的八英吋火砲的合約，這使我想起在我擔任海軍部助理部長時我們之間愉快的合作。我想你能否讓我的公司承銷一些你們的債券？我非常希望讓我的銷售代表給你打個電話。」[13]

在一些利益極大的生意上，羅斯福曾露骨地表示「純粹的私人友誼是不夠的」。當讀到這些公司內部的往來信件時，一個更加鮮活的羅斯福就躍然紙上了。

一九二二年，羅斯福參與成立了聯合歐洲投資公司（United European Investors，Ltd.）並出任總裁。該公司的董事和顧問中，包括一手製造了一九二三年德國超級通貨膨脹的德國前首相威赫穆・庫諾（Wilhelm Cuno）和麥克斯・沃伯格，麥克斯的弟弟保羅正是美聯儲的總設計師和副主席。在該公司發行的六萬優先股中，羅斯福是最大的個人股持有者。該公司主要從事在德國的各種投機生意，在德國人民被超級通貨膨脹洗劫得一貧如洗時，羅斯福的聯合歐洲投資公司卻在熱火朝天地發著國難財。[14]

超級通貨膨脹從來都是「超級財富收割機」，在該國貨幣劇烈貶值的過程中發生了大規模的財富轉移。「通貨膨脹最嚴重的道德崩潰發生在一九二三年的德國。任何一個手上有一些美元或英鎊的人，在德國都可以生活得像國王。幾個美元可以使人過得如同百萬富翁一般。外國人蜂擁而至，以便宜得令人難以置信的價格，四處搶購（德國人的）家庭財富、不動產、珠寶和藝術品。」[15]

如同二十世紀九〇年代初前蘇聯的超級通貨膨脹中所發生的一樣，巨大的社會財富遭到瘋狂洗劫，中產階級傾家蕩產，美元或英鎊的購買力被成千上萬倍地放大，財富在貨幣狂跌和暴漲的過程中悄然易手。恰如凱恩斯所言，「用這種辦法（超級通貨膨脹）可以任意剝奪人民的財富，在使多數人貧窮的過程中，卻使少數人暴富……這個過程潛在地積聚了各種經濟規律中的破壞因素，一百萬人中也不見得能有一個人看得出問題的根源。」

當羅斯福義正詞嚴地痛批胡佛的華爾街背景時，把自己標榜成廉潔清正的普通人民的拯救者，只怕他的經歷和背景離事實差之遠矣。

## 廢除金本位：銀行家賦予羅斯福的歷史使命

在金本位的制約之下，第一次世界大戰已經讓歐洲各國嚴重負債，如果不是美聯儲成立，從而集中調動起美國的金融資源，戰爭規模只能是局部戰爭。第一次世界大戰讓國際銀行家們大快朵頤，早已翹首以待下一頓美餐。但是即使美國有了美聯儲，在金本位的嚴格制約之下，金融資源也已捉襟見肘，難以支撐另一場世界級別的大戰，廢除金本位於是就成了歐美各國銀行家的當務之急。

黃金在人類社會五千年的演化過程中，逐漸成爲世界各國普遍認同的貨幣的最終形式，人民對黃金與財富的必然聯繫早已成爲生活中的自然邏輯。當人民對政府的政策和經濟形勢不看好時，他們可以選擇將手中的紙幣兌換成金幣，以等待惡劣的形勢出現好轉。紙幣自由兌換黃金實際上成爲了人民最基本的經濟自由的基石，只有在此基礎之上，任何民主和其他形式的自由才具有實際意義。當政府強行剝奪黃金與紙幣的自由兌換權力之時，也就從根本上剝奪了人民最基本的自由。

在正常的社會狀況下，廢除金本位勢必引發嚴重的社會動盪，甚至是暴力革命，只有在極端特殊的情形下，人民被逼無奈才會暫時放棄自己與生俱來的權力，這就是爲什麼銀行家需要嚴重的危機和衰退。在危機和衰退的威脅之下，人民最容易妥協，團結最容易被打破，輿論最容易被誤導，社會注意力最容易被分散，銀行家的計謀最容易實現，所以危機和衰退被銀行家們當做對付政府和人民最有效的武器，在歷史上被反覆使用。

一八一一年，美國第一銀行被廢除而招來羅斯柴爾德的報復，爆發了英美一八一二年戰爭，最後以美國政府屈服，成立了美國第二銀行而告終。

一八三七年，傑克遜總統廢除美國第二銀行，銀行家們立刻在倫敦狂拋美國債券，招回各種貸款，美國經濟陷入嚴重衰退直至一八四八年。

一八五七、一八七〇、一九〇七年，爲迫使美國政府重新建立私有的中央銀行，國際銀行家再度出手製造衰退。最後終於建立了私有的中央銀行——美聯儲，從而完全控制了美國的貨幣發行權。

一九二九年的大衰退的最終目的直指廢除金本位，實施廉價貨幣政策，從而爲第二次世界大戰鋪平了金融通道。

一九三三年三月四日，羅斯福就任美國第三十二屆總統。上任伊始，羅斯福就扯起與華爾街勢不兩立的大旗，他就任當天就宣佈全國銀行從三月六日起停業整頓，直至調查清帳工作完成才能重新開業，這是美國歷史上首次關閉全國金融大動脈的創舉，立時讓美國人民的精神爲之一振。這個世界上最大的經濟體，在幾乎完全沒有銀行營業的空前狀態下，持續了至少十天。[16]

緊接著，羅斯福又緊緊扭住胡佛時代就已經開始針對華爾街的調查不放，矛頭直指摩根家族。在一系列的聽證會上，傑克·摩根和他的合夥人在全美國人民面前被弄得灰頭土臉，垂頭喪氣。

羅斯福對華爾街銀行家的重拳一招猛過一招，他於一九三三年六月十六日又簽署了《格拉斯—斯蒂格爾法案》（*Glass-Steagall Act*），最後導致摩根公司被分拆爲摩根銀行和摩根史坦利公司，前者只能從事商業銀行的傳統業務，後者則只能從事投資銀行業務。

羅斯福對紐約股票交易所也毫不手軟，先後通過了《一九三三年證券法》和《一九三四年證券交易法》，建立了證券交易委員會（SEC），負責對股票市場進行監管。

羅斯福的新政一開始就以雷霆手段博得了社會輿論的普遍好評，出了人民心中積壓已久的、對華爾街銀行家的惡氣。連摩根家族也承認：「整個國家都充滿了對羅斯福總統的崇拜。他就任總統僅一個星期的成就簡直匪夷所思，我們從來沒有經歷過類似的過程。」[17]

一九三三年紐約股票市場開張大吉，取得了五四%的驚人回報。

英雄一般的羅斯福激昂地宣稱：「金錢販子們從文明聖殿的寶座上逃跑了，我們現在終於可以恢復這個神聖殿堂古老的眞貌了。」[18]

問題在於，歷史的眞相與媒體刻意塑造的公共感受之間，常常存在著巨大的落差，人們對精心編導的場景難免出現錯覺。

還是看看羅斯福雷厲風行的表面文章之下的實情吧。

銀行長假之後，許多堅決拒絕加入美聯儲的中西部地區銀行再也沒能開業，大片市場讓了出來，被華爾街銀行家重新洗牌。羅斯福的財政部長人選，就是前邊提到的在一九二九年股票大崩盤之前就已經得到可靠消息，不惜損失五百萬美元，也要在三天之內全部撤出股市的老亨利．摩根索之子小摩根索，他也是華爾街的圈內人。

羅斯福挑選的證券交易委員會主席人選更是讓人哭笑不得，證券交易委員會的首任主席，竟是那位當年在一九二九年股票暴跌之前拚命做空股市的著名投機家約瑟夫．甘迺迪。他的資產由一九二九年的四百萬美元，經過大股災之後到一九三三年短短四年中暴漲二十五倍，超過一億美元。約瑟夫．甘迺迪也是傑克．摩根的圈內人，其子就是大名鼎鼎的甘迺迪總統。

以分拆摩根公司而聲譽卓著的《格拉斯－斯蒂格爾法案》的提案人，就是當年策劃《美聯儲法案》的格拉斯參議員，該法案並沒有重創摩根公司，事實是摩根公司的業務量猛增，生意更加興隆。J．P．摩根公司的四百二十五名員工中，撥出二十五人組建了摩根史坦利公司，傑克．摩根和拉蒙保持了九〇％的控股權。實際上，分拆後的兩家公司，仍然完全在傑克．摩根的掌握之下。一九三五年，摩根史坦利開張的第一年就獲得了驚人的十億美元債券承銷生意，席捲了全部市場份額的二五％[19]。

事實上，各大公司發行債券仍然衝著摩根這塊金字招牌而來，摩根手中握著紐約美聯儲銀行這個超級大棒，美國任何大公司對摩根都要忌憚三分。

而最具戲劇色彩的國會對摩根的聽證會，也是最吸引公眾注意的焦點新聞。在一片熱鬧喧囂之中，羅斯福明修棧道，暗渡陳倉，悄悄地通過了廢除金本位的幾項重要法令。

羅斯福在就職之後僅一個星期的三月十一日就發佈了行政命令，以穩定經濟爲名，停止銀行的黃金兌換。緊接著在四月五日又下令美國公民必須上繳他們所有的黃金，政府以二〇．六七美元兌換一盎司的價格收購。除了稀有金幣和黃金首飾之外，任何私藏黃金的人，將被重判十年監禁和二十五萬美元的罰款。雖然羅斯福辯稱這只是緊急狀態下的臨時措施，但該法令直到一九七四年才被廢除。一九三四年一月又通過了《黃金儲備法案》，金價定位在三十五美元一盎司，但美國人民無權兌換黃金。人民剛剛上繳了黃金，多年的積蓄就狂貶了大半！而在一九二九年股市大崩潰之前得到內幕消息的國際銀行家的「優先客戶」們，得以將大筆資金撤離股市並兌換成黃金，這些黃金被運到倫敦。此時，當這些黃金在倫敦出售時，卻能賣到三十五美元一盎司，頃刻之間就爆賺了六九．二三％。

當羅斯福向美國議員中學識最淵博的盲人參議員湯瑪斯．高爾詢問對他廢除金本位的看法時，高爾冷冷地回答：「這是明顯的偷竊，不是嗎？總統先生？」對於高爾參議員的坦率，羅斯福一直耿耿於懷。這位參議員就是後來的美國副總統高爾的爺爺。

另一位終其一生都在追求恢復金本位的眾議員霍華德．巴菲特在一九四八年指出：「我警告你們，兩黨的政治家都將反對恢復金本位，在這裡和國外靠美國持續貨幣貶值而大發其財的那些人，也會反對恢復誠實貨幣的制度。你們必須準備智慧並機警地面對他們的反對。」[20]

對黃金作爲最終貨幣有著終生信念的老巴菲特，沒能看到金本位的恢復，但這種信念深深地烙印在他的兒子——當今鼎鼎大名的股神華倫·巴菲特的腦海中。當巴菲特瞧破法幣制度最終必將走向崩潰的歷史必然後，在一九九七年銀價跌到靠近歷史最低點時，果斷地吃進了世界上三分之一的實物白銀存量。

要徹底拔除黃金在貨幣中的地位，並不是一件簡單而輕鬆的事，這個過程被分爲三個階段來實施。第一步就是廢除金幣在美國國內的流通與兌換，第二步則是在世界範圍內廢除黃金的貨幣功能。一九四四年布雷頓體系所建立的美元兌換體系（Dollar Exchange Standard）取代黃金兌換體系（Gold Exchange Standard）實現了第二步，後來尼克森總統在一九七一年才最終完成了第三步。

凱恩斯搖旗吶喊，銀行家推波助瀾，羅斯福瞞天過海終於拔掉了金本位這個鎮魔瓶蓋，赤字財政與廉價債務貨幣這一對孿生怪獸，終於從牢牢的禁錮中掙扎了出來。

只看重眼前的權力，「哪怕死後洪水滔天」的凱恩斯有一句名言：「就長久而言，我們都會死。」但是人們的行爲及其後果將永遠載入歷史。

## 「風險投資」選中希特勒[21]

一九三三年十一月二十四日，《紐約時報》報導了一本名爲《西德尼·沃伯格》（*Sidney Warburg*）

的小冊子。這本書最早於一九三三年在荷蘭出版，在書架上只擺了幾天就被取締了。幾本倖存的書被翻譯成英文，該書的英文版曾在大英博物館展出過，後來被禁止向公眾和研究人員開放。該書的作者「西德尼・沃伯格」據說就是美國最大的銀行家族之一沃伯格家族的成員，後來該書的內容被沃伯格家族堅決予以否認。

這本神祕的小冊子揭露了美英兩國的銀行家族資助和扶持希特勒掌權的祕史。據該書記載，一九二九年前後，華爾街通過道威斯計畫（Dawes Plan）和楊格計畫來幫助德國償還戰爭賠償。從一九二四年到一九三一年，華爾街透過這兩個計畫，總共向德國提供了一三八〇億馬克的貸款，而德國在此期間總共僅支付了八六〇億馬克的戰爭賠款，德國實際上得到了美國的巨額金融資助以重新整軍備戰。對德國的貸款實際上是透過在華爾街銷售德國債券募集公眾資金而來，摩根和沃伯格家族在其中得到了豐厚的利潤。

在這個過程中出現了一個問題，那就是法國政府在德國賠償問題上的高壓政策。這種政策使得美國的貸款在德國和奧地利有相當一部分被凍結了，而且法國得到了德國賠償的主要部分，這些錢的最終來源都是華爾街。瞅著法國愈來愈不順眼的華爾街銀行家們在一九二九年六月召開了一次會議，摩根系、洛克斐勒系的銀行家和美聯儲的頭頭們聚在一起，商議該如何把德國從法國的高壓之下「解放」出來。會議達成一致意見，必須透過「革命」的手段來擺脫法國的箝制。一個可能的領袖人選就是希特勒。手持美國外交護照，懷裡揣著胡佛總統和洛克斐勒親筆信的西德尼・沃伯格，受命去和希特勒進行私人接觸。

西德尼與納粹的接觸並不順利，美國駐慕尼黑的領事館辦事不力，後來西德尼還是借助慕尼黑市長的幫助才見到希特勒。在初次會議上，華爾街銀行家開出的條件是「主張進攻性的外交政策，煽動報復法國的情緒」，希特勒的要價也不低，給一億馬克什麼都好說。西德尼把希特勒的報價傳回紐約，銀行家們覺得希特勒獅子大開口，二千四百萬美元實在高得離譜，他們提出一千萬美元的報價。當時還未成氣候的希特勒一口答應下來。

按照希特勒的要求，這筆錢被匯到荷蘭一家銀行（Mendelsohn & Co. Bank），然後分成數批支票寄到德國的十個城市。當西德尼回到紐約向銀行家們彙報時，洛克斐勒對希特勒的納粹主張深深地著了迷。緊接著，一向對希特勒不甚介意的《紐約時報》突然開始對納粹學說和希特勒的演講做定期介紹。一九二九年十二月，哈佛大學也開始研究德國的國家社會主義運動。

當一九三一年胡佛總統答應法國政府，任何債務解決方案都會首先徵求法國的意見時，他立刻在華爾街失寵了，很多歷史學家認爲胡佛總統後來大選失利與這件事有著直接關係。

一九三一年十月，希特勒給西德尼發了一封信。於是華爾街的銀行家召開了另一次會議，這次與會者還有英格蘭銀行的董事長諾曼。會上形成了兩派意見，以洛克斐勒爲首的人傾向希特勒，另一些人則態度不太明確。諾曼認爲花在希特勒身上的一千萬美元已經夠多了，他懷疑希特勒永遠也不會行動。會議最終決定進一步支持希特勒。

西德尼再一次來到德國，在希特勒的支持者的一次會議上，有人向他提出納粹衝鋒隊和黨衛隊非常缺乏機關槍、卡賓槍和手槍。這時，大量的武器裝備都已經屯放在德國邊境的比利時、荷蘭和奧地利的城市，只要納粹支付現金，立刻可以提貨。希特勒對西德尼說他有兩個計畫——暴力奪權和合法執政。希特勒問道：「暴力奪權需要五億馬克，合法執政需要二億馬克，你們銀行家會怎麼決定？」

五天以後，華爾街的回電指出：「這樣的金額完全無法接受。我們不想也不能接受。對此人解釋說這樣規模的資金調動到歐洲，會震動整個金融市場。」

西德尼做了進一步的報告，三天以後，華爾街的回電稱：「報告收到。準備支付一千萬，最多一千五百萬美元。告訴這個人採取進攻性對外政策的必要性。」

一千五百萬美元的合法執政道路被華爾街銀行家們最終敲定下來。付款方式必須隱匿資金來源，其中五百萬付給荷蘭阿姆斯特丹的蒙德松銀行（Mendelsohn & Co. Bank），五百萬付給鹿特丹銀行（Rotterdamsche Bankvereinigung），五百萬付給義大利銀行（Banca Italiana）。

一九三三年二月二十七日，德國國會縱火案的當天晚上，西德尼和希特勒進行了第三次會談，希特勒提出還需要至少一億馬克來完成最後的奪權行動，華爾街只答應最多支付七百萬美元。希特勒提出五百萬匯到羅馬的義大利銀行，另外兩百萬匯到杜塞道夫的瑞納尼亞公司（Renania Joint Stock Company）。

在最終完成使命之後，西德尼不禁感慨道：「我嚴格執行了我的使命直到最後一個細節。希特勒是歐洲最大的獨裁者。這個世界已經觀察他有幾個月的時間了。他的行爲最終會證明他的好壞，我認爲他是後者。對德國人民而言，我眞心希望我是錯的。這個世界仍然要屈從於希特勒，可憐的世界，可憐的人類。」

## 華爾街資助下的納粹德國

一九三三年一月三十日，希特勒被任命爲德國首相，德國不僅完全擺脫了一九二三年超級通貨膨脹的經濟災難，也從席捲全球的嚴重衰退中快速恢復過來。在承擔著巨額戰爭賠款的巨大經濟壓力下，以驚人的速度裝備起歐洲最強大的武裝力量，並在一九三九年九月一日發動第二次世界大戰，這一切僅僅用了德國六年時間！

而當時的世界第一強國美國仍然在一九二九年大衰退的泥沼中苦苦掙扎，直到一九四一年美國直接參戰，其經濟狀況才得到根本扭轉。

德國以區區六年的時間迅速完成經濟復甦和大規模戰爭準備，如果沒有外來強大的金融資助是完全不可想像的。如此龐大的外來資金資助如果不是爲了準備發動戰爭，就難以有合乎邏輯的解釋。

實際上，華爾街就是納粹德國最大的資金來源。

早在一九二四年德國超級通貨膨脹剛剛平息下來的時候，華爾街的銀行家就開始籌畫如何幫助德國整軍備戰。一九二四年開始的道威斯計畫和一九二九年的楊格計畫都是爲了這個目的。

一九二四年的道威斯計畫，完美地符合德國參謀本部軍事經濟學家的計畫。[22]

摩根系統的美國通用電氣總裁歐文．楊（Owen Young）是羅斯福創辦的聯合歐洲投資公司最主要的金融後盾，也是這個歐文·楊創辦了協調國際銀行家合作關係的國際清算銀行。恰如柯林頓在喬治城大學的恩師，著名歷史學家卡洛·奎格雷所指出的那樣：「它（國際清算銀行）是在製造一個金融系統來控制世界，一個被少數人控制的、能夠主宰政治體制和世界經濟的（機制）。」[23]

從一九二四年到一九三二年，華爾街透過這兩個計畫，總共向德國提供了一三八〇億馬克的貸款，而德國在此期間總共僅支付了八六〇億馬克的戰爭賠款，德國實際上得到了一筆美國資助的五二〇億馬克的巨額金融資助，整個德國軍事工業得以迅猛發展。早在一九一九年，英國首相勞合·喬治就預見到了「凡爾賽和約」中德國無法承擔的巨額賠款，最終必然導致德國人要嘛賴帳，要嘛發動戰爭，不幸的是兩者最後都發生了。

面對納粹德國一排排嶄新的現代化軍事工廠，再看看美國在大衰退中鏽跡斑斑的生產車間，難怪美國議員麥克法登痛斥華爾街銀行家和美聯儲拿著美國納稅人的金錢去資助德國的戰爭機器：

> 主席先生，如果德國的諾貝爾炸藥公司出售炸藥給日本軍隊用在滿洲（中國東北）或其他的地方，它可以把售貨票據用美元結算，然後送到紐約公開貼現市場，美聯儲銀行將對該票據進行貼現，並以此爲抵押發行新的美元紙幣，美聯儲實際上就是在幫助德國的炸藥公司把它的庫存塞進美國的銀行系統。既然是這樣，我們爲什麼還要派代表到日內瓦參加（德國）裁軍會議呢？美聯儲委員會和美聯儲銀行不正在讓我國政府爲日本軍隊償還德國軍火公司的債務嗎？[24]

除了在紐約商業票據貼現市場上對德國和日本軍事工業提供低息的短期融資，美聯儲還將美國的黃金儲備直接運往德國。

本屬於美國銀行儲户的數量巨大的金錢被送給了德國，而且沒有任何抵押。美聯儲委員會和美聯儲銀行僅僅是靠德國人的商業票據就發行美國貨幣。幾十億美元的資金被注入德國的經濟體，這個過程到今天仍在繼續。德國廉價的商業票據在這裡（紐約）被定價和延期，被抵押的是美國政府的信譽，而支付費用的是美國人民。一九三二年四月二十七日，美聯儲運出了價值七十五萬美元的、本屬於美國人民的黃金給德國。一個星期之後，另外三十萬美元的黃金以同樣的方式運往德國。僅在五月中旬就有高達一千二百萬美元的黃金被美聯儲委員會和美聯儲銀行運往德國。幾乎每個星期都有駛往德國的黃金運輸船。主席先生，我相信美國銀行的儲蓄者有權知道美聯儲用他們的錢在幹什麼。[25]

除了華爾街的巨額資助，希特勒的金融制度改革也發揮了相當大的作用，其中最關鍵的一點就是從德國私有中央銀行手中收回了貨幣發行權。在擺脫了以國債爲抵押才能發行貨幣的低效率、高消耗程式之後，德國的經濟如火箭般地竄升，德國的失業率在一九三三年時高達三〇%，到一九三八年卻出現了勞工短缺。

美國公司對德國在技術和金融方面的巨大扶持早已不是什麼祕密，這些扶持被後來的歷史學家解釋為「意外事件或短視行為」。正是這些「意外的短視」極大地提高了德國軍事工業的生產能力。一九三四年，德國的石油生產能力為三十萬噸天然石油和八十萬噸合成汽油（煤轉油），剩餘部分完全依靠進口。在美國標準石油公司的氫化石油專利轉讓給德國之後，到了一九四四年，德國竟能生產五百五十萬噸合成汽油和一百萬噸天然石油。

儘管德國軍事計畫部門要求工業企業安裝現代化的生產設備來進行大規模的生產，但是德國的軍事經濟專家和工業企業並沒有完全理解大規模生產的含義，直到美國兩家主要的汽車生產廠為打入歐洲市場在德國建立新式工廠之後，才讓他們大開眼界。德國專家被派到底特律去學習模組生產的專業技術和流水線作業。德國工程師不僅參觀了飛機製造廠，還被允許觀看其他重要軍事設施，他們從中學到了大量的技術，最終並用這些技術來對付美國。[26]

與德國軍事工業生產體系保持密切合作關係的美國公司還有通用汽車、福特汽車、通用電氣、杜邦公司等，它們都屬於摩根銀行、洛克斐勒的大通銀行或沃伯格的曼哈頓銀行。

## 昂貴的戰爭與廉價的貨幣

邱吉爾曾有一句名言：「發動戰爭遠比結束戰爭要困難得多。」乍聽之下，此話不合常理，仔細品味才發現確是至理名言。結束一場戰爭往往只需要交戰雙方政府的祕密代表坐在一起討價還價一番，無非是討論結束衝突的條件而已，或虧一些，或賺一點，沒有談不成的交易。

但是發動戰爭就困難多了，凝聚社會共識在民主社會是一件極端費神的事，這一點的確愁壞了國際銀行家們。

正如默頓所指出的那樣，「在他們（國際銀行家）的眼裡沒有戰爭與和平，沒有口號和宣言，也沒有犧牲或榮譽，他們忽略了這些迷惑世人眼睛的東西。」

看清了國際銀行家本質的拿破崙也曾一針見血地說道：「金錢沒有祖國，金融家不知道何為愛國和高尚，他們的唯一目的就是獲利。」

飽受華爾街銀行家洗劫的美國人民，在經歷了第一次世界大戰和一九二九年大蕭條之後，也不那麼容易上當了，沒有人願意充當銀行家的砲灰再把子女送到歐洲去打仗，於是舉國上下充滿了被銀行家痛恨的「孤立主義」氣氛。

一九三五年，參議員奈伊領導的特別委員會發佈了厚達一千四百多頁的報告，詳細披露了美國參加一次大戰的祕密，歷數銀行家和軍火公司在參戰過程中的陰謀和不法行為，再加上不久前摩根聽證會對華爾街在一九二九年股票暴跌中的種種醜聞披露，使得人民的反戰情緒極為強烈。此時，米里斯的暢銷書《邁向戰爭之路》更激起了民眾對參戰問題的激辯。在此民意之下，美國從一九三五年到一九三七年先後通過三項中立法案，嚴禁美國再次被誘騙而捲入戰爭。

在國內經濟方面，羅斯福新政已經開始了五年多，美國經濟始終不見起色，失業率仍高達十七

%，到一九三八年美國再次陷入嚴重的衰退。

銀行家們和羅斯福都認爲只有凱恩斯所提倡的超級赤字財政、狂發廉價貨幣才能挽救經濟，而只有大規模戰爭才能達到這樣的效果。

在一九三三年廢除金本位之後，所有通往戰爭之路上的障礙都已被搬開，萬事俱備只欠戰爭藉口。喬治城大學歷史教授查理斯·坦西爾（Charles C. Tansill）認爲，對日本的作戰早在一九三三年羅斯福上台之前就已經計畫好了。一九三二年，美國海軍就已經證實了從珍珠港海域六十英里發動襲擊可以重創太平洋艦隊。美國情報部門於一九四〇年八月破譯了日本軍方的密碼，並可以解碼所有早前截獲的日本電報記錄。美國製造的破譯密碼機被送到了世界各地，唯獨漏掉了珍珠港這個美國在太平洋最大的海軍基地。許多歷史學家都相信，羅斯福事先就已經知道日本海軍將偷襲珍珠港。

一九四三年一月十三日，羅斯福和邱吉爾在卡薩布蘭加發表了德國必須無條件投降的聲明，這個聲明令德國內部開始反對希特勒，主張與盟國媾和的勢力大吃一驚。德國本來早在一九四二年八月就提出了和盟國媾和的條件，願意退回一九三九年九月一日之前的邊境，以結束這一場德國必敗的戰爭。[27]

德國內部主張推翻希特勒和納粹政權的力量已經在著手策劃軍事政變，羅斯福的聲明嚴重打擊了德國內部反戰力量的影響力。季辛吉這樣解釋羅斯福「卡薩布蘭加宣言」的動機：

> 羅斯福基於若干理由而做出這項聲明（德國必須無條件投降）。他擔心討論對德和平條件

可能使盟國內部意見出現分歧，他希望盟國先集中力量打贏戰爭再說，他也急於向陷於史達林格勒戰役僵局的史達林擔保，絕不單獨對德議和。但是，最基本的原因是羅斯福力圖避免日後德國的修正主義人士起來聲稱，德國當年是被空口承諾誆騙才停戰的。[28]

季辛吉說的當然有道理，但事實是，殘酷和代價高昂的戰爭被延長了兩年多，無數生命和財富化爲灰燼。其中就包括六百萬死於納粹之手的猶太人，如果戰爭於一九四三年結束，他們其中的相當一部分人非常可能得以倖存，畢竟在德國有條件投降的協議上，盟國可以有很大的發言權。

但是，剛剛才熱了熱身的國際銀行家豈可輕易放過發大財的好機會。當戰火在一九四五年八月最終熄滅時，美國的國債從一九三〇年僅一六〇億美元狂漲到一九四六年的二六九〇億美元，凱恩斯的赤字財政和廉價貨幣的主張終於在第二次世界大戰的硝煙中得到「驗證」。國際銀行家們在第二次世界大戰中再次大發了一筆橫財。

## 注釋

1 John Maynard Keynes, *The Economic Consequences of the Peace*, 1919.
2 Alan Greenspan, *Gold and Economic Freedom*, 1966.
3 Murray N. Rothbard, Keynes, the Man.
4 Ibid.
5 Ibid.

6 Eustace Mullins, *The World Order, A Study in the Hegemony of Parasitism*, (Staunton, Virginia: Ezra Pound Institute, 1985) Chapter 3.
7 Ron Chernow, The House of Morgan (New York: Grove Press 1990) Chapter 17.
8 Ibid. p328.
9 Ibid. p352.
10 F.D.R: His Personal Letters (New York: Duell, Sloan and Pearce 1950)p373.
11 Antony C. Sutton, *Wall Street and FDR* (Arlington House Publishers 1975) Chapter 1.
12 Ibid., Chapter 2.
13 Ibid.
14 Ibid.
15 Marjori Palmer, 1918-1923 *German Hyperinflation* (New York: Traders Press, 1967).
16 Glyn Davies, *History of Money From Ancient Times to The Present Day* (University of Wales Press 2002) p512.
17 Ron Chernow, The House of Morgan (New York: Grove Press 1990) p357.
18 Ibid.
19 Ibid., p386-390.
20 The Commercial and Financial Chronicle, May 6, 1948.
21 The content of this section is from Antony C. Sutton, *Wall Street and the Rise of Hitler* (G S G & Associates Pub 1976) Chapter 10.
22 Testimony before Unites States Senate, Committee on Military Affair, 1946.
23 Carroll Quigley, *Tragedy & Hope*, (MacMillan, 1966), p.308.
24 Congressional Record, 1932 p1259-96.
25 Ibid.
26 Antony C. Sutton, *Wall Street and FDR* (Arlington House Publishers 1975) Chapter 1.
27 Walter Schellenberg, *The Schellenberg Memoirs* (Andre Deutsch, London, 1956).
28 Henry Kissinger, *Diplomacy* (Simon & Schuster; Reprint edition April 4, 1995) Chapter 16.

# 第六章 統治世界的精英俱樂部

金融資本勢力有一個極爲長遠的計畫，它旨在建立一個金融系統來控制世界，一個被少數人控制的、能夠主宰政治體制和世界經濟的（機制）。這個系統是以封建專制的模式被中央銀行家們所控制，它們透過頻繁的會議所達成的祕密協議來進行協調。

這個系統的核心就是瑞士巴塞爾的國際清算銀行，這是一家私有的銀行，而控制它的中央銀行們本身也同樣是私有公司。

每個中央銀行都致力於透過控制財政貸款、操縱外匯交易、影響國家經濟活動水平、在商業領域對保持合作的政治家提供回報等方式來控制各自的政府。[1]

卡洛・奎格雷，歷史學家，一九六六年

◎本章導讀

一九四四年七月，當整個歐亞大陸還被滿天的戰爭烽火所籠罩，就在英美在歐洲大陸開闢第二戰場後僅一個多月，來自世界各地的四十四個國家的代表來到美國新罕布夏州的著名度假勝地布雷頓森林，商討戰後世界經濟新秩序的藍圖。國際銀行家們開始實施他們策劃已久的計畫：控制全世界的貨幣發行！

此時的國際銀行家們已經建立起一系列核心的組織機構：英國皇家國際事務協會和美國外交協會。後來，由這兩個核心機構又衍生出兩個新的分支：經濟領域由彼爾德伯格俱樂部執掌大政方針，負責政治掛帥的是三邊委員會。

這些組織的最終目的，就是建立一個由極少數英美精英分子所統治的世界政府，建立最終統一的世界貨幣發行體系，然後對所有地球公民徵收「世界稅」，這就是所謂「新世界秩序」！

在這樣的體系之下，所有主權國家的貨幣政策和經濟內政決策權都必須被剝奪，所有主權國家及其人民的經濟自由和政治自由必須被操縱。被套在現代人民身上的枷鎖不再是鐵鏈而是債務。爲了使每一個現代「奴隸」產生最大的效益，粗放的經營管理必須向高效的科學「飼養」階段過渡，無現金社會、電子貨幣、國際統一的射頻卡身分證、人體內植入身分證等技術將成爲最終把現代人變成「奴隸」的標誌。

精英們認爲他們的計畫不是「陰謀」，而是「陽謀」。與傳統陰謀不同的是，他們沒有明確的領導機構，只是「鬆散」的「志趣相投的社交圈子」。但是讓普通人不安的是，這些「志趣相投」的重量級人士，似乎總是以犧牲普通人的利益來「充實」他們的「理想」。

## 「精神教父」豪斯上校與外交協會

在華盛頓，眞正的統治者是看不見的，他們在幕後行使權力。[2]

菲力克斯．佛蘭克特，美國最高法院大法官

豪斯上校名叫愛德華．豪斯（Edward House），上校的稱號是德州州長對他在德州地方選舉方面所做貢獻的表彰。豪斯生在德州一個富裕的銀行家家庭，父親湯瑪斯在美國內戰期間是歐洲羅斯柴爾德家族的代理人。豪斯早年在英國讀書，和很多二十世紀初的美國銀行家一樣，他更願意視英國爲祖國，並與英國的銀行圈子保持著密切關係。

一九一二年，豪斯發表了一本後來引起史學家強烈興趣的匿名小說《菲利浦．德魯：管理者》（*Philip Dru: Administrator*），在小說中，他構思了一個仁慈的獨裁者掌握了美國兩黨的權力，成立了中央銀行，實施了聯邦累進收入所得稅，廢除了保護關稅，建立了社會安全體系，組成了國際聯盟等。他在書中所「預測」的未來世界與後來美國所發生的一切是如此驚人地相似，其「預見力」直追凱恩斯。

其實，豪斯上校和凱恩斯所寫的與其說是未來的預言書，不如說是未來政策實施的計畫書來得更加準確。

豪斯上校的書一經出版就引起了美國上流社會的矚目，書中對美國未來的預測與國際銀行家所期望的高度吻合。豪斯上校很快成爲精英圈子中的「精神教父」。

爲一九一二年總統大選民主黨候選人提名問題，民主黨的大佬們專門安排豪斯上校「面試」候選人之一的威爾遜。當威爾遜來到豪斯在紐約的賓館，兩人詳談了一個小時，彼此深感相見恨晚，用威爾遜自己的話說就是：「豪斯先生是我的第二秉性。他是我自己的另一個獨立存在。他的想法和我的難以區分。如果我在他的位置上，我會做他建議的一切事情。」[3]豪斯在政治家和銀行家之間擔任著溝通與協調的作用。威爾遜當選之前，在華爾街銀行家舉行的宴會上，豪斯向金融大佬們保證：「民主黨這頭驢由威爾遜騎著，絕不會在路上撒野亂踢……」[4]希夫、沃伯格、洛克斐勒、摩根等人都把希望寄託在豪斯身上。希夫把豪斯比做摩西，而自己和其他銀行家就是亞倫。

一九一二年十一月的總統大選之後，當選總統的威爾遜來到百慕達度假，在此期間，他仔細閱讀了豪斯的《菲利浦·德魯：管理者》。從一九一三年到一九一四年，威爾遜的政策和立法，幾乎就是豪斯小說的翻版。

一九一三年十二月二十三日《美聯儲法案》通過後，華爾街的銀行家希夫在寫給豪斯的信中說：「我想對你在這次貨幣法案通過的過程中所做的默默而卓有成效的貢獻道一聲感謝。」[5]

完成建立私有的美國中央銀行這一重任之後，豪斯開始把注意力轉向國際事務。在歐美有著廣泛人脈關係的豪斯很快成爲世界舞台上的重量級人物。「他（豪斯）和紐約的國際銀行家有著非常深厚的淵源。他的影響力遍及很多金融機構和銀行家，他們包括：保羅．沃伯格和菲利克斯．沃伯格兄弟、奧圖．坎、路易士．馬保、亨利．麥金薩、雅各和莫提墨．希夫兄弟以及赫伯特．李曼。豪斯在歐洲有著同樣強大的銀行家和政治家圈子。」[6]

一九一七年，威爾遜委託豪斯組織了名叫「調查」（The Inquiry）的班子來負責制定未來和平協定。一九一九年五月三十日，愛德蒙．羅斯柴爾德男爵在法國巴黎的一家賓館召集了一個會議，參加者包括「調查」小組成員和英國圓桌會議的成員，會議的中心議題是如何整合英國和美國的精英份子的力量。六月五日，這些人再次開會，最後決定還是組織形式分離、統一協調行動比較有利。六月十七日，豪斯身爲召集人在紐約發起成立了「國際事務協會」（Institute of International Affairs），一九二一年七月二十一日，豪斯將「國際事務協會」改組爲「外交協會」，「調查」的成員、參加巴黎和會的美國代表，以及參與建立美聯儲的兩百七十名政界和銀行界精英加入了該協會，華爾街的銀行家慷慨解囊，一個致力於控制美國社會和世界政治的組織由此誕生了。

當羅斯福還是威爾遜手下的海軍部助理部長的時候，他就拜讀了豪斯的《菲利浦．德魯：管理者》，並且深受啓發。書中所描述的「溫和的獨裁者」恰是羅斯福後來的眞實寫照。羅斯福當選總統後，豪斯立刻成爲白宮不可或缺的高級參謀。羅斯福的女婿在他的回憶錄中寫道：

在很長一段時間裡，我一直認爲是羅斯福自己想出了很多主張和辦法來使美國受益。實際情況卻並非如此。他的大多數想法，他的政治「彈藥」，都是外交協會和主張世界單一貨幣的組織事先爲他精心炮製好的。[7]

保羅．沃伯格之子，銀行家詹姆斯．沃伯格曾任羅斯福的金融顧問，也是外交協會成員，他在一九五〇年二月十七日參議院外交關係委員會上說：「我們應該建立一個世界政府，無論人們是否喜歡它。唯一的問題是這個世界政府究竟應經由（和平的）共識還是（武力的）征服來產生。」[8]

《芝加哥論壇報》一九五〇年十二月九日的一篇社論指出：「（外交）協會的成員對社會具有著遠比普通人大得多的影響力。他們用財富、社會地位、教育背景的優勢所建立起來的高人一等的地位，把這個國家引向經濟破產與軍事崩潰的道路。他們應該看看自己的雙手，那上面沾滿著上一次戰爭已經陰乾的和最近一次戰爭仍然鮮紅的血跡。」[9]

一九七一年，路易斯安那的眾議員約翰．拉里克（John Rarick）這樣評價道：「外交協會致力於建立一個世界政府，得到了最大的幾家免稅基金會從財務上的支持，它揮舞著權力和影響力的大棒，在金融、商業、勞工、軍事、教育和大眾傳媒界擁有巨大的影響力。每一個關心致力於保護和捍衛美國憲法與自由商業精神的好政府的公民都應該了解它（外交協會）。我們國家捍衛知情權的新聞媒體一向在揭露醜聞方面非常有進攻性，但是在涉及外交協會及其成員活動方面始終保持著令人疑惑的沉默。外交協會是一個精英組織。它不僅在政府的最高決策層面上擁有著權力和影響力來保持自上而下的壓力，它還透過資助個人和機構從下往上施加壓力，來支持把主權的憲法共和國變成一個獨裁的世界政府的僕從。」[10]

外交協會對美國政治具有著絕對的影響力。第二次世界大戰以來，除了三人例外，幾乎所有總統候選人都是該協會會員。幾十年來兩黨輪番執政，而政府的政策之所以能夠保持一致，是因爲外交協會的成員把持了政府中幾乎所有的重要職位。從一九二一年以來，絕大多數的財政部長都由該協會包辦了，艾森豪以降的國家安全顧問基本上就是由該協會內定。除此之外，外交協會還產生了十四個國務卿（一九四九年以來包辦了所有國務卿人選）、十一個國防部長，以及九個中央情報局局長。

從這個角度來看，外交協會就是美國精英們的「中央黨校」。「一旦外交協會的核心成員決定美國政府的某項特定政策後，外交協會規模龐大的研究機構就開始全速運轉，他們推出各種理性的和感性的論點，來加強新政策的說服力，從政治上和思想上，去混淆和貶低任何反對意見。」[11]

每當華盛頓的官場上出缺（重要位置），白宮首先撥打的就是紐約外交協會的電話，《基督教科學箴言報》聲稱，幾乎半數的外交協會成員都曾被邀請進入政府，或擔任政府的諮詢顧問。

外交協會的成員已有三千六百名之眾，成員必須是美國公民，包括具有重要影響力的銀行家、大公司的領導層、高級政府官員、媒體精英、知名的大學教授、頂尖智囊、軍隊的高級將領等。這些人組成了美國政治精英的「堅強核心」。在美國主流媒體「輿論導向」方面，一九八七年的外交協會報告中指出，有多達兩百六十二名記者和傳媒專家是其會員，這些人不僅「解讀」政府的外交政策，更是在「制訂」這些政策。外交協會的成員把持了CBS、ABC、NBC、PBS等電視網路。

在報紙方面，外交協會成員控制了《紐約時報》、《華盛頓郵報》、《華爾街日報》、《波士頓環球報》、《巴爾的摩太陽報》、《洛杉磯時報》等大報。在雜誌領域，外交協會成員控制著《時代》、

《財富》、《生活》、《金錢》、《人物》、《娛樂週刊》、《新聞週刊》、《商業週刊》、《美國新聞與世界報導》、《讀者文摘》、《福布斯》、《大西洋週刊》等主流雜誌。

在出版領域，外交協會成員控制著麥克米倫、藍燈、西蒙—舒斯特、哈潑兄弟、麥格羅．希爾等最大的出版公司。[12]

美國參議員威廉．金納（William Jenner）曾說過：「今天在美國，通向獨裁的道路可以完全合法化，國會、總統和人民既聽不到也看不見。從表面上看，我們有一個憲法之下的政府，但是在我們的政府和政治系統之中，還有一種權力，它代表著『精英們』的觀點，他們認為我們的憲法已經過時了，時間在他們一邊。」

美國的內外事務的決定權已經不在民主與共和兩黨手中，而掌握在超級精英俱樂部的小圈子裡。

## 國際清算銀行：中央銀行家的銀行

著名的貨幣專家弗蘭茲．皮克曾經說：「貨幣的命運最終也將成為國家的命運。」同樣，世界貨幣的命運，最終也決定著世界的命運。

儘管國際清算銀行（Bank for International Settlements）實際上是世界上最早成立的國際銀行組織，但它卻刻意保持著低調，幾乎不被公眾所注意，因此學術界對它的研究工作非常不足。

除了八月和十月，每年有十次，來自倫敦、華盛頓和東京的一批衣冠楚楚的神祕人士來到瑞士的巴塞爾，然後悄然住進尤拉賓館（Euler Hotel）。他們來參加的是世界上最祕密、最低調，但影響重大的定期會議。這十幾個人每人都有自己的辦公室和祕密的專線電話通往各自的國家。三百多人的固定團隊爲他們提供從司機、廚師、警衛、信差、翻譯、速記、祕書到研究工作的全套服務，同時配備給他們的還有超級電腦、全封閉的鄉村俱樂部，以及網球場、游泳池等設施。

能夠加入這個超級俱樂部的人有嚴格限制，只有那些掌控著各國每日利率、信貸規模和貨幣供應的中央銀行家才有資格加入，其中包括美聯儲、英格蘭銀行、日本銀行、瑞士國家銀行和德國中央銀行的董事們。這個機構擁有四百億美元的現金、各國政府債券，以及相當於世界外匯儲備總量十%的黃金，其黃金擁有量僅次於美國國庫，僅出借黃金所帶來的利潤就可以完全支付銀行的全部開銷。每年十次的祕密會議旨在協調和控制所有工業國的貨幣活動。

國際清算銀行的總部大樓擁有能抵禦核襲擊的地下建築、完備的醫院設施、三套繁複的防火系統，即使在發生大火的情況下，也不必動用外來的救火人員。大樓的最高層是一個豪華的餐廳，僅供這十幾個超級貴賓共度「巴塞爾週末」。站在餐廳巨大的玻璃望台上極目四望，德國、法國和瑞士三個國家的美麗景色盡收眼底。

在大樓的電腦中心，所有電腦都有專線直接連接各個國家中央銀行的網路，國際金融市場的資料可以即時顯示在大廳的螢幕上。十八個交易商不間斷地處理著歐洲貨幣市場上的短期貸款交易。另一層的黃金交易商則幾乎永遠是在電話上交割著中央銀行間的黃金頭寸。

國際清算銀行在各種交易中間幾乎沒有任何風險，因爲所有的貸款和黃金交易都有各家中央銀行的存款作爲抵押，在交易中國際清算銀行收取高額的手續費。問題是，爲什麼這些中央銀行願意把這些並不複雜的業務交給國際清算銀行來做，並任由它賺取極高的手續費呢？

答案只有一個：祕密交易。

國際清算銀行成立於一九三〇年，當時席捲世界的大蕭條正處於最嚴重的時期，而國際銀行家們已經開始構思一個美聯儲的放大版，建立一個中央銀行家的銀行。根據一九三〇年的海牙協定，它的運作完全獨立於各國政府，無論在戰爭還是和平時期，完全免於向各國政府繳稅。它只接受各國中央銀行的存款，並對每一筆交易收取可觀的費用。在世界經濟嚴重衰退和動盪的三〇及四〇年代，歐洲各國的中央銀行紛紛把自己的黃金儲備存放在國際清算銀行，相應地，各種國際支付和戰爭賠償也都經由國際清算銀行來進行結算。

整個計畫的策劃者是德國的雅爾瑪·沙赫特（Hjalmar Schacht），就是這個沙赫特，曾於一九二七年與紐約美聯儲的斯特朗和英格蘭銀行的諾曼共同密謀策劃一九二九年的股市暴跌。他在一九三〇年開始追隨納粹信仰。他所設計的國際清算銀行，其目的就是提供一個可供各國中央銀行家進行一些祕密資金調動的、難以追蹤的平台。實際上，在第二次世界大戰期間，英國和美國的國際銀行家正是透過這個平台，爲納粹德國提供了大量的資金扶持，以幫助德國儘可能地將戰爭拖得更長一些。

在德國對美國宣戰之後，大批美國的戰略物資打著中立國的旗號，先運往法西斯的西班牙，再轉運德國。其中的金融業務很多都是經由國際清算銀行結算的。

國際清算銀行的董事會竟然是由交戰雙方的銀行家所組成，美國的湯瑪斯·麥基特里克（Thomas

McKittrick）與納粹德國工業托拉斯法本公司（I. G. Farben）的首腦人物赫曼·施密茨（Hermann Shmitz），德國銀行家馮·克特·施羅德男爵，德國帝國銀行的沃塞·芬克（Walther Funk）和埃米爾·普爾（Emil Pauhl）一起擔任董事，後兩位甚至是希特勒親自提名的。

一九三八年三月，當德軍佔領奧地利後，大肆洗劫了維也納的黃金，這些黃金與後來在捷克和被德國佔領的其他歐洲國家所搶劫的黃金，一起被存放在國際清算銀行的金庫之中。納粹德國的董事禁止在清算銀行的董事會上討論這一議題。其中，捷克的黃金在德國佔領之前已經被轉移到英格蘭銀行，納粹佔領軍迫使捷克銀行向英格蘭銀行索取這筆黃金，英格蘭銀行的諾曼立刻照辦了，這批黃金被德國用來購買大批戰略物資。

當消息被一名英國記者披露出來，立刻引起了輿論的關注。美國財政部長亨利·摩根索親自給英國財政部長約翰·西蒙打電話核實情況，西蒙百般推諉。後來首相張伯倫被問及此事時，張伯倫的回答是「這是沒有的事」。原來，張伯倫是帝國化學工業公司（Imperial Chemical Industries）的大股東，而該公司和納粹德國的法本公司是密切的商業夥伴。

美國財政部派到國際清算銀行核查情況的科克倫，是這樣描述國際清算銀行敵對國家的董事之間的關係：

> 巴塞爾的氣氛完全是友好的。大多數中央銀行家彼此熟識已經多年，大家的重聚是一件令人愉快和有很高利潤的事。他們有人提出應該放棄彼此的相互詰難，大家或許應該和羅斯

福總統一起去釣釣魚，克服大家驕傲和複雜的情緒，進入一個良好的狀態，這樣才能使當前複雜的政治關係簡單化。[13]

後來英格蘭銀行被迫承認捷克黃金被轉交德國的事實，他們的解釋是「那只是技術上的操作」，黃金實物從來就沒有離開過英國。當然，由於國際清算銀行的存在，輸送黃金給納粹德國只需要在清算銀行的帳目上改動幾個數字就可以了。人們不得不佩服雅爾瑪．沙赫特在一九三〇年就能設計出如此巧妙的金融平台，來支持德國未來的戰爭。

一九四〇年，美國人湯瑪斯．麥基特里克被任命為國際清算銀行的總裁，他畢業於哈佛大學，曾任英美商會主席，精通德語、法語和義大利語，與華爾街關係密切，曾對德國進行過大量貸款業務。他上任後不久曾到柏林和德國中央銀行與蓋世太保舉行過祕密會議，討論一旦美國與德國進入戰爭狀態，銀行業務應該如何繼續進行。

一九四一年五月二十七日，美國國務卿赫爾在財政部長摩根索的要求之下，給美國駐英國大使去電，詳細調查英國政府和納粹控制下的國際清算銀行之間的關係。調查結果讓摩根索大為光火，原來英格蘭銀行的諾曼一直是國際清算銀行的董事。實際上，美國、英國和法國的銀行機構，與他們在戰場上的死敵德國人在清算銀行的董事會裡卻是友好而親切的，這種古怪的關係一直持續到戰爭結束。

一九四二年二月五日，日本偷襲珍珠港之後兩個月，美國已經全面加入對德戰爭，奇怪的是，德國中央銀行和義大利政府同意由美國人湯瑪斯．麥基特里克繼續擔任國際清算銀行的總裁直至戰爭結束，而美聯儲仍然與國際清算銀行保持業務來往。

英國工黨一直對英格蘭銀行與國際清算銀行之間不清不白的關係持懷疑態度，多次敦促財政部給個說法，財政部解釋道：「這個國家在國際清算銀行擁有多種權利和利益，這些安排都是基於各國政府之間的協議。切斷與該銀行的關係不符合我們的最佳利益。」在一個烽火連天、硝煙彌漫的戰爭時代，連國家之間的互不侵犯條約都隨時可以廢棄，英國財政部卻嚴守各國銀行家之間的協議，讓人不能不「佩服」英國人對法律的「認眞態度」。問題是，在一九四四年人們最終發現德國獲得了清算銀行絕大部分紅利，英國的大方又不禁讓人生疑。

一九四三年春天，湯瑪斯·麥基特里克「不顧個人安危」往來於各交戰國之間。儘管他既不是義大利公民又不是美國外交官，義大利政府仍然給予他外交簽證，並由希姆萊（Heinrich Luitpold Himmler）的祕密警察全程護衛著來到交戰國首都羅馬，然後經由里斯本搭乘瑞典船隻回到美國。四月，他來到紐約與美聯儲官員進行磋商，然後手持美國護照前往德國首都柏林，向德國中央銀行的官員傳達機密的金融情報和美國高層的態度。

一九四三年三月二十六日，加州眾議員傑瑞·沃里斯在眾議院提出調查國際清算銀行的提案，試圖搞明白「一個美國公民擔任由軸心國設計和運作的銀行總裁的原因」，美國國會和財政部都沒有興趣進行調查。

到了一九四四年一月，另一個「好事」的眾議員約翰·考斐憤怒地表示：「納粹政府有八千五百萬瑞士金法郎存在國際清算銀行。該銀行的大多數董事都是納粹官員，而我們美國的金錢卻一直在流向那裡。」14

人們一直不理解爲什麼瑞士能在四面戰火的環境下保持「中立」，而同樣弱小的比利時、盧森堡、挪威、丹麥即使想保持中立，也難逃納粹的鐵蹄。其實問題就在於國際清算銀行位於瑞士，它的實際功能就包括美英的銀行家向德國提供戰爭融資，以便使戰爭拖得更長一些。

一九四四年七月二十日，在布雷頓森林會議（Bretton Woods Conference）上，廢除國際清算銀行的議題終於擺到了桌面上。凱恩斯和懷特（Harry Dexter White）這兩位總設計師考慮到國際清算銀行在戰爭中的種種可疑行爲，一開始都曾支持廢除該銀行，但他們的態度很快就發生了變化。當凱恩斯敲開美國財政部長摩根索的房門時，摩根索吃驚地看著平素態度和風範都無可挑剔的凱恩斯情緒激動，滿臉漲紅，他用儘可能平和的口氣說，他認爲國際清算銀行應該繼續保持運作，直到新的國際貨幣基金組織和世界銀行成立，凱恩斯夫人也在一邊遊說摩根索。當覺察到摩根索承受了要求解散國際清算銀行的巨大政治壓力時，凱恩斯退一步承認該銀行應該關閉，但是關閉的時機也很重要。摩根索則堅持「愈快愈好」。

沮喪的凱恩斯回到自己的房間，立刻召集了一個英國代表團的緊急會議，會議開到凌晨兩點，凱恩斯親筆草擬了一封致摩根索的信，要求國際清算銀行繼續運作。

第二天的會議上，摩根索的代表團令人吃驚地通過了解散國際清算銀行的決議。當得知這一決定時，麥基特里克立即給摩根索和英國財政大臣寫信，強調戰爭結束後，國際清算銀行仍然有很大的作用，但是他同時又表示國際清算銀行的帳目不能公開。事實上它的帳目從一九三〇年到現在，從未向任何政府公開過。

儘管麥基特里克在戰爭中有種種可疑行徑，他卻備受國際銀行家們的欣賞，他後來被洛克斐勒任命爲大通曼哈頓銀行的副總裁。而國際清算銀行最終也沒有被解散。

戰後，國際清算銀行的活動更加隱祕。它是由被稱爲「核心俱樂部」的六、七個中央銀行家組成，其中有美聯儲、瑞士國家銀行、德意志聯邦銀行、義大利銀行、日本銀行、英格蘭銀行的董事們，法國銀行和其他國家的中央銀行被排除在核心圈子之外。

「核心俱樂部」最重要的理念，就是要把各國政府堅決排除在國際貨幣決策過程之外。瑞士國家銀行本來就是私有銀行，完全不受政府控制。德意志聯邦銀行幾乎和瑞士銀行一樣我行我素，在利率變動這樣重大的決策上也完全不和政府打招呼，它的總裁普爾甚至不願坐政府安排的飛機到巴塞爾開會，寧願坐自己的豪華轎車到瑞士。美聯儲雖然受政府一定形式的制約，但是在貨幣問題決策上，白宮和國會完全無緣置喙。義大利銀行在理論上必須接受政府控制，但它的總裁從來就是和政府不對盤，一九七九年政府甚至威脅要逮捕義大利銀行總裁帕羅·巴非（Paolo Baffi），在國際銀行家們的壓力之下，最終作罷。日本銀行的情況較爲特殊，但在二十世紀八〇年代日本房地產泡沫崩潰之後，大藏省對日本中央銀行的干預被形容成罪魁禍首，日本銀行趁此機會掙脫了政府的箝制。英格蘭銀行被政府看得很緊，但它的總裁都是手眼通天的大人物，所以也被算做核心成員。法國銀行就沒有這樣幸運了，它被看成是政府的傀儡，被堅決排除在核心圈子之外。

## 國際貨幣基金組織與世界銀行

他們會說國際貨幣基金組織非常傲慢。他們會說國際貨幣基金組織從來不曾眞正傾聽它所致力幫助的發展中國家的呼聲。他們會說國際貨幣基金組織的決策是祕密的和不民主的。他們會說國際貨幣基金組織的經濟「療法」經常使問題更加惡化——從（經濟發展）緩慢惡化爲不景氣，從不景氣惡化爲衰退。他們說的不錯。我從一九九六年到（二〇〇〇年）九月擔任世界銀行的首席經濟學家，經歷了半個世紀以來最嚴重的世界經濟危機（亞洲金融風暴、拉美和俄羅斯金融危機）。我親眼目睹了國際貨幣基金組織和美國財政部對這次危機的措施，我被嚇呆了。[15]

史迪格里茲，世界銀行前首席經濟學家

史迪格里茲（Joseph Stiglitz）身爲世界銀行的首席經濟學家，在世界銀行和國際貨幣基金組織（International Monetary Fund，IMF）的二〇〇〇年年會前一週，發表了這一針對這兩個最大國際金融機構的強烈抨擊，他當即被世界銀行行長沃爾芬森「強制退休」了。其實，開除史迪格里茲的不是沃爾芬森，而是美國財政部部長薩默斯（Lawrence Summers），而美國財政部擁有世界銀行十七%的股份，擁有世界銀行行長的任免權和一票否決權，在事實上控制著世界銀行的運作。薩默斯對史迪格里茲厭倦到了無法忍耐的程度，他甚至不願強制史迪格里茲默默地退休，而一定要動用「趕走」（Removal）的極端形式來羞辱史迪格里茲。

史迪格里茲於二〇〇一年榮獲諾貝爾經濟學獎，他還曾擔任柯林頓總統的首席經濟顧問。問題不是出在史迪格里茲的經濟學水平不夠，而是出在他的「政治立場」有問題，主要是對國際銀行家分外熱心的「全球化」持消極態度。他對這兩家國際金融機構的評價和見解，當然是建立在大量第一手資料的基礎之上，但是他完全沒有想到的是，「製造和利用這些問題」正是這兩家金融機構的使命。

史迪格里茲完全不相信「陰謀論」的觀點，同樣的，在世界銀行和國際貨幣基金組織工作的大多數經濟學家和工作人員，其中包括來自中國的人員，也不認同他們的工作中存在任何「陰謀」。事實上，從操作層面上看，所有的工作完全是科學和嚴謹的，每一個資料都有出處，每一種演算法都有科學分析，每一個方案都有成功的案例，如果說他們的日常工作中存在著「陰謀」，那確實是冤枉了，換任何人用同樣的數學公式和方法都會得出大致相同的結論。

這正是高手設計的高明之處！細節和操作完全透明化、科學化，幾近無懈可擊，而眞正的「陰謀」出在政策層面上。經典案例就是，波蘭和前蘇聯的經濟轉型效果大相逕庭。

哈佛教授傑佛瑞·薩克斯（Jeffrey Sachs）、索羅斯與美聯儲前主席保羅·沃爾克、花旗銀行副總裁安諾·魯丁（Anno Ruding），一同炮製了「振盪療法」。索羅斯自己是這樣總結這一療法的：

> 我考慮到必須展現出政治體制變化以導致經濟改善。波蘭就是一個可以嘗試的地方。我準備了一系列廣泛的經濟改革措施，它包括三個組成部分：看緊貨幣、調整結構和債務重

組。我認爲三個目標同時完成要好於單獨實施。我主張一種宏觀經濟的債務與股份置換。

結果在波蘭「振盪療法」實施的過程中，美國財政部和國際銀行家在金錢上給予了實質性支持，在大筆金錢的「輸血」下，波蘭的「振盪療法」大見成效。

等到「北極熊」被經濟「大夫」們放上手術台，一陣開膛破肚之後，美國的援助和國際銀行家們原本答應好的金融「輸血」卻嘎然而止，病人的下場可想而知。難怪薩克斯教授大呼「冤枉」，明明被波蘭案例驗證過的成功「手術」卻出了意外，「北極熊」病人竟然一命嗚呼了。

其實，波蘭「振盪療法」的成功原本就是一個套兒，這種「政策層面」上的陰謀，就不是薩克斯和史迪格里茲教授在「操作層面」上所能理解的了。

在布雷頓體系設計之初，這兩家金融機構的建立是爲了確立美元的世界貨幣霸權地位。國際銀行家廢除金本位的理想分爲三大步驟來實現，羅斯福在一九三三年廢除了傳統的金本位體系後，黃金與美元的直接兌換關係（Gold Standard）被黃金間接兌換（Gold Exchange Standard）所取代，完成了廢除黃金的第一步。在國際流通市場中，外國的美元持有者仍然可以將美元兌換成黃金。而布雷頓體系更進一步，用美元兌換（Dollar Exchange Standard）取代了黃金間接兌換，即各國貨幣與美元掛鉤，美元與黃金掛鉤，只有外國中央銀行才能拿美元兌換黃金，黃金進一步被擠出了貨幣流通領域，自此，廢除黃金完成了第二步。

國際貨幣基金組織和世界銀行都是由美國實際控制，國際貨幣基金組織是歐洲人坐頭把交椅，爲了防止局面失控，美國財政部設計了諸多重大議題，贊成票必須達到八五%以上才能實施的條款，相當於賦予了美國財政部（十七%投票權）一票否決權。而在世界銀行，由於是美國財政部挑選行長，在完全掌握人事權之下，只有很少的情況下才設置八五%贊成票的門檻，以便提高「效率」。這就是玩「政策設計」和僅局限於「操作流程」二者之間層次的落差。

布雷頓體系的總設計師凱恩斯還構思出一個更「精采」的概念——「特別提款權」（Special Drawing Rights）來構築未來的世界貨幣框架。特別提款權就是所謂的「紙黃金」，以彌補美國由於長期的入不敷出所造成的黃金實物短缺。這可是人類歷史上一項空前的「發明」，人爲地規定某種「紙幣」永不「貶值」，它等同於黃金，但永遠不能兌換成黃金。這個概念在一九六九年美國發生嚴重的黃金支付危機時被「隆重推出」，但是仍然沒能挽救美元與黃金兌換關係的國際承諾的崩潰。布雷頓體系解體之後，特別提款權又被重新定義與「一攬子」貨幣匯率掛鉤。至今，這一凱恩斯於四〇年代就構想出來的「世界貨幣」也沒能發揮太大作用。

當一九七一年尼克森宣佈中止黃金與美元的關係後，國際貨幣基金組織和世界銀行的歷史使命其實就已經終結了，不過國際銀行家很快就爲它們找到了新的定位：「幫助」發展中國家進行「全球化」。

在史迪格里茲被解雇之前，他拿到了大量世界銀行和國際貨幣基金組織的機密檔案。這些檔案顯示了國際貨幣基金組織要求接受緊急援助的國家簽署多達一百一十一項祕密條款，其中包括出售受援國的核心資產：自來水、電力、天然氣、鐵路、電信、石油、銀行等；受援國必須採取具有極端破壞性的經濟措施;在瑞士銀行裡爲受援國的政治家開設銀行帳戶,祕密支付數十億美元作爲回報。如果這些受援國的政治家拒絕這些條件,他們在國際金融市場將休想借到緊急貸款。這也就是爲什麼國際銀行家最近對中國向第三世界國家提供無附加條件貸款而憤怒異常的原因,因爲中國爲這些走投無路的國家提供了新的選擇。

史迪格里茲透露,所有的國家都有同一類藥方等著它們:

第一服藥:私有化。更準確地說是「賄賂化」。受援國領導人只要同意賤價出讓國有資產,他們將得到十%的傭金,全部付到其在瑞士銀行的祕密帳戶上。用史迪格里茲的話說「你會看到他們的眼睛瞪大了」,那將是數十億美元的鉅款!當一九九五年歷史上最大的賄賂發生在俄羅斯私有化過程中時,「美國財政部認爲這好極了,因爲我們需要葉爾欽當選。我們不在乎這是否是一場腐敗的選舉。我們希望錢湧到葉爾欽那裡。」

史迪格里茲並非一名陰謀論者,他只是一位正直的學者,當他看到由於空前的腐敗造成俄羅斯經濟產出幾乎下降一半,全國陷入嚴重衰退時,身爲經濟學家,良知和正義感使他對世界銀行和美國財政部的卑劣伎倆非常不滿。

第二服藥:資本市場自由化。從理論上講,資本自由化意味著資本自由地流入和流出。可是亞洲金融風暴和巴西金融危機的實際情況卻是,資本自由流入來炒爆房地產、股市和匯市。在危機來臨之際,資本只是自由地流出,再流出,被史迪格里茲稱爲「熱錢」的投機資本總是最先逃跑,受災國的外匯存底在幾天甚至幾小時之內就被吸乾。國際貨幣基金組織伸手救援的條件包括緊縮銀根,將利率提高到三〇%、五〇%、八〇%的荒謬程度，這樣高的利息只會無情摧毀房地產價值，破壞工業生產能力，吸乾社會多年積累的財富。

第三服藥：市場定價。當半死不活的受災國被國際貨幣基金組織拖到這步田地時，國際貨幣基金組織又提出對食品、飲用水和天然氣等老百姓日常必需的產品大幅提價，最終的結果完全可以想像——大量的市民示威甚至暴動。一九九八年由於國際貨幣基金組織削減了食物和燃料的補貼，印尼爆發了大規模暴動。玻利維亞由於水價上漲導致市民暴動。厄瓜多爾由於天然氣價格飛漲引起了社會騷亂。這一切早就被國際銀行家們掐算好了，用他們的術語，這叫做「社會動盪」（Social Unrest）。而這種「社會動盪」有一個非常好的作用，那就是資金像受驚的鳥兒般四散奔逃，留下一片極其低廉的資產，等待著早已垂涎三尺的國際銀行家的血盆大口。

當衣索比亞第一位民主選舉的總統在危機中接受世界銀行和國際貨幣基金組織的援助時，卻被迫將這些援助款項存到他在美國財政部的帳戶上，只拿到四%微薄的利息，與此同時，卻不得不向國際銀行家以十二%的高利借款來救濟饑腸轆轆的人民。當新總統向史迪格里茲乞求動用世界銀行和國際貨幣基金組織的援助款來救災時，史迪格里茲卻只能拒絕他的要求。這是對人類良知的殘酷考驗，史迪格里茲顯然不能承受這樣的折磨。

第四服藥：縮減貧困策略——自由貿易。在這樣的境況之下，史迪格里茲將ＷＴＯ（世界貿易組織）的自由貿易條款比做「鴉片戰爭」。史迪格里茲尤其對「知識產權」條款感到憤慨，以這樣高的「知識產權」和「關稅」來支付西方國家製藥廠所生產的品牌藥品，無異於「將當地人民詛咒致死，他們（西方製藥公司）根本不在乎人民的死活」。

在史迪格里茲看來，國際貨幣基金組織、世界銀行和ＷＴＯ都是一個機構外的不同牌子而已。國際貨幣基金組織對市場開放的苛刻條件甚至超過了官方的ＷＴＯ。[16]

二〇〇四年出版的《經濟殺手的告白》（*Confessions of an Economic Hit Man*）則從實踐者的角度，爲史迪格里茲的觀點加上了精采的註腳。

該書的作者約翰·柏金斯（John Perkins）以自己的親身經歷，生動而細緻地描繪了國際銀行家對發展中國家進行的不宣而戰的祕密金融戰爭始末。身爲當事人，作者於二十世紀六〇年代末被美國最大的間諜機構ＮＳＡ（國家安全局）所招募，在經過一系列的測試之後，作者被認爲是非常合適的「經濟殺手」人選。爲了防止暴露身分，作者被一家國際知名的工程公司視作「首席經濟學家」派往世界各國，去進行「經濟殺手」的工作，一旦計畫敗露，由於完全沒有官方背景，當事國只能歸罪於私人公司的貪婪。

柏金斯的工作就是遊說發展中國家向世界銀行大量舉債，債務要遠遠高於實際需求，以確定債務必將出現無法償還的情況。爲了讓當政者嘗到甜頭，數億美元的金錢賄賂隨時以現金支付。當債務無法清償時，世界銀行和國際貨幣基金組織的代表國際銀行家，就去索取「所欠的鮮血淋漓的那一磅肉」，條件就是出讓國家的重要資產，如供水系統、天然氣、電力、交通、通訊等產業。

如果「經濟殺手」的工作不見效，則派出中央情報局的「豺狗」（Jackal）去刺殺國家領導人，如果「豺狗」也失敗了，最後就是動用軍事機器發動戰爭。

一九七一年，柏金斯被派往印尼，成功地完成了「經濟殺手」的任務，導致印尼嚴重負債。後來他又前往沙烏地阿拉伯，親自操盤了「石油美元回流美國」（Recycling of Petrodollar）的計畫，爲季辛吉後來成功遊說沙烏地阿拉伯、離間OPEC（石油輸出國家組織）立下汗馬功勞。後來，柏金斯又前往伊朗、巴拿馬、厄瓜多爾、委內瑞拉等國，屢立奇功。

當二〇〇一年「九一一事件」讓他痛楚地感覺到美國遭世人痛恨，正是由於像他這樣一批「經濟殺手」的出色工作時，柏金斯終於決心說出眞相。紐約各大出版社竟無人敢出版他的自傳，原因就是書中的內容太具有爆炸性。他寫書的事很快在「圈子裡」傳開了，一家國際著名公司以高薪聘請他「坐冷板凳」，條件就是不要出版該書，這算是一種「合法」的賄賂。當二〇〇四年作者頂著風險和壓力出版該書後，幾乎一夜之間，該書就成爲美國最暢銷的小說。之所以選擇以小說的形式出版，也是出於不得已的苦衷，出版社擔心如果以紀實體出現的話，難免招惹無妄之災。[17]

## 統治世界的精英集團

> 我們最好自下而上地來建造「世界秩序的大廈」，而不是相反。終結國家主權（的工作），可以用一點一點蠶食的辦法，這會比老辦法更快地達到我們的目的。[18]
>
> 理查·加納，《外交事務》雜誌，一九七四年四月

一九九二年七月十六日，柯林頓在民主黨大會上接受競選總統提名後，發表了一番並無新意的有關團結、理想、人民和國家之類的高調講話。但是在演講結尾，柯林頓突然提到了他在喬治城大學讀書時代的恩師，美國著名歷史學家卡洛．奎格雷對他的影響，並將這種影響與甘迺迪總統對他的影響相提並論[19]。柯林頓在隨後的總統生涯裡反覆提到卡洛．奎格雷的名字，那麼究竟卡洛．奎格雷的什麼主張讓柯林頓如此刻骨銘心呢？

原來奎格雷教授是研究英美祕密精英組織的權威，他認爲這些祕密組織決定性地影響了世界上的幾乎所有重大事件，換句話說，奎格雷教授是一位「陰謀論」大師。

奎格雷教授畢業於哈佛大學，曾在布魯金斯智庫、美國國防部、海軍部任職，並與眾多中央情報局的高官過從甚密。身爲「圈內人」的奎格雷曾大量接觸最高機密的文獻和祕密檔案，他對英美極少數統治精英對全世界命運安排的「理想」並不反感，只是對其中的一些具體做法持有保留態度，再加上他的研究晦澀深奧，所以並沒有遭到「主流」學者的圍剿。另一個原因是由於他在長達二十多年的研究工作中接觸過大量絕密文獻，美國史學界沒有第二個人有機會重複他的研究，所以他的著作鮮有挑戰者，只要他的學說不危及同時代的當權者，精英圈子也沒有必要動他。

在奎格雷教授看來，英國皇家國際事務協會、美國外交協會、彼爾德伯格俱樂部、三邊委員會顯然是世界政治精英操縱世界局勢的核心組織。擁有三千六百名會員的外交協會相當於美國的「中央黨校」，加入該協會就等於邁進美國政界的大門，成爲未來世界政策的制訂者。彼爾德伯格俱樂部增加了歐洲的精英分子，而擁有三百二十五名會員的三邊委員會增加了日本和其他亞洲國家的精英份子。

美國外交協會的重量級成員往往也是其他組織的成員。這些組織中的精英包括叱吒世界風雲的重量級人物：美國前國務卿亨利．季辛吉、J．P．摩根國際委員會的大衛．洛克斐勒、納爾遜．洛克斐勒、英國菲力浦親王、在甘迺迪總統政府內任美國國防部長後來又任世界銀行總裁的麥克納馬拉、英國前首相柴契爾夫人、法國前總統（和歐洲憲法的主要制訂者）季斯卡、美國國防部長倫斯斐、美國前國家安全顧問布里辛斯基和美聯儲前主席葛林斯潘，還有就是一代宗師凱恩斯。國際銀行家正是這些組織幕後的大老闆，羅斯柴爾德家族主持了很多屆彼爾德伯格會議。一九六二年和一九七三年在瑞典度假聖地薩爾特舍巴登的會議由沃伯格家族主辦。

正在讀大學的柯林頓聽了恩師的指點，立刻悟出要想在政界出人頭地，個人奮鬥註定會失敗，必須進入權力核心的圈子才能達到「好風憑藉力，送我上青雲」的境界。

果然，柯林頓先後加入了三邊委員會和外交協會，還是「羅德獎學金」（Rhodes Scholar）得主，這是一個專門培養未來「世界政府」重要「幹部」的培訓班。柯林頓在一九八九年加入外交協會，一九九一年，時任阿肯色州州長的柯林頓又出現在當年在德國召開的彼爾德伯格俱樂部年會上[20]，要知道美國有眾多的大州州長削尖腦袋都想參加這個「超級精英聚會」。僅一年之後，名不見經傳的偏遠的阿肯色州州長柯林頓竟然擊敗了聲名赫赫的老布希而當選總統，難怪柯林頓對恩師的教誨念念不忘。

## 彼爾德伯格俱樂部

如果那些年我們就向公眾開放，我們就不可能爲世界制訂發展計畫。不過，世界愈來愈複雜，並準備向世界政府邁進。由知識精英和世界銀行家組成的超國家主權實體，肯定好過過去數世紀實踐的國家自決。21

大衛·洛克斐勒，一九九一年

彼爾德伯格俱樂部的名字取自荷蘭一家旅館，由荷蘭的伯恩哈德親王（Prince Bernhard）於一九五四年一手創立。彼爾德伯格俱樂部是美國外交協會的「國際版」，由美國和歐洲的銀行家、政治家、商業領袖、媒體巨擘和著名學者所組成。他們當中的每一個成員都是由羅斯柴爾德和洛克斐勒逐一挑選出來，這些人很多同時又是美國外交協會、朝聖協會（Pilgrims Society）、圓桌協會和三邊委員會的成員。彼爾德伯格俱樂部是包括歐盟在內的幾乎所有歐洲聯合機構的策源地，他們最終的目的就是建立一個世界政府。22

該組織最大的特點就是「神祕」。

彼爾德伯格俱樂部總部設在荷蘭西部的萊頓市（Leiden），甚至還有聯繫電話，但沒有網站。少數獨立偵探，如英國的托尼·葛斯林（Tony Gosling）或美國的詹姆斯·塔克（James Tucker），要費盡心機才能獲得有關彼爾德伯格會議地址和議程的消息，塔克跟蹤彼爾德伯格俱樂部長達三十年，出版了一本關於彼爾德伯格俱樂部的書。歷史學家皮埃爾・維勒馬雷斯特（Pierre de Villemarest）和記者威廉・沃爾夫（William Wolf）已經聯合出版了《拒不讓公眾了解的事實和紀事》（*Facts and Chronicles Denied to the Public*），其中卷一和卷二講述了彼爾德伯格俱樂部的祕密發展史。比利時社會學家吉尤因斯（Geoffrey Geuens）所著的一本書中，有一章也是專門講述彼爾德伯格俱樂部。

歐洲委員會（European Commission）前副主席、彼爾德伯格俱樂部成員達維格農（Etienne Davignon）堅持「這不是資本家操縱世界的陰謀」。法國國際關係學院院長、加入彼爾德伯格俱樂部長達近三十年的蒂埃里・蒙布利亞爾（Thierry de Montbrial）說這只不過是個「俱樂部」而已。例如彼爾德伯格二〇〇二年會議的正式新聞稿說：「俱樂部的唯一活動是舉行年會。會上不提出任何決議，也不進行投票，不發表任何政策聲明。」彼爾德伯格俱樂部只是一個「靈活、非正式的小型國際論壇。與會者在論壇上可以發表各種不同的觀點，增進彼此的了解」。

英國經濟學家威爾・赫頓（Will Hutton）說，每屆彼爾德伯格會議達成的一致意見是「制訂世界政策的前奏」，他的這個說法相當接近事實。彼爾德伯格會議上做出的決定，稍後會成爲八國峰會、國際貨幣基金組織和世界銀行的既定方針。

媒體在彼爾德伯格俱樂部面前總是溫順得像沉默的羔羊。二〇〇五年，《金融時報》以典型的手法搶先報導，對沸沸揚揚的陰謀論淡化處理。事實上，任何質疑這個世界上最強大的俱樂部的人，都會被嘲笑成陰謀論者。英國議員或美國決策者等彼爾德伯格俱樂部成員說它「只不過是一個討論問題的地方」，一個人人都可以「自由發表意見」的論壇。

恩達爾（F. William Engdahl）在其《百年戰爭：英美石油政治和新世界大戰》（*A Century of War: Anglo American Oil Politics and the New World War*）一書中，詳細講述了一九七三年在瑞典召開的彼爾德伯格會議上發生的一段鮮爲人知的祕密。

在布雷頓體系崩潰之後的最初幾年裡，美元的地位在世界範圍內陷入了空前的危機。與黃金脫鉤之後，美元的信譽和價值如斷了線的風箏一般，在世界金融風暴之中隨風而逝。當時的國際銀行家還遠未做好世界貨幣的準備工作，思想和理念也極度混亂，一九六九年「隆重」推出的世界貨幣「特別提款權」在國際金融市場上根本無人問津。眼看局面即將失控，國際銀行家們在一九七三年的彼爾德伯格會議上緊急磋商，試圖遏制當時世界金融的危局，重新挽救人們對美元的信心。美國的金融戰略家沃爾特·李維（Walter Levy）提出了一個大膽而驚人的計畫，放手讓世界石油價格暴漲四〇〇％，並規劃如何從中牟取暴利。

大石油公司和大財團的八十四名成員參加了那次會議。恩達爾得出的結論是：

這些權貴聚集在彼爾德伯格的目的，是使權力平衡重新向有利於美國金融利益和美元的方向發展。爲了達到這一目的，他們決定利用他們最珍視的武器——全球石油供應的控制權。彼爾德伯格俱樂部的政策就是引發全球石油禁運，迫使全球油價激增。從一九四五年起，按照國際慣例，世界石油以美元定價，原因是美國石油公司控制著戰後石油市場。因此，全球油價突然上漲意味著世界對美元（用以購買必需的石油）的需求相應激增，從而穩定美元貨幣的價值。[23]

季辛吉用「源源不斷的美元石油流入」來形容油價飆升的結果。

## 三邊委員會

> 我們的國家能夠擁有偉大的民主制度，我們也能夠創造大量的財富並使它們積聚在極少數人手中，但是我們不可能同時擁有兩者。
>
> 路易士·布蘭德斯，美國最高法院大法官

布里辛斯基顯然是三邊委員會的核心人物，也是大衛·洛克斐勒的智囊。在他的建議下，洛克斐勒決心「將世界上最優秀的大腦整合起來解決未來的問題」。該想法在一九七二年初被首次提出，並在一九七二年的彼爾德伯格年會上，被「集體」廣泛討論並接受下來。

布里辛斯基在一九七〇年出版了著名的《兩個時代之間》（*Between Two Ages*），呼籲建立一個新的國際貨幣體系和世界政府，該書被認爲是三邊委員會的「聖經」。洛克斐勒基金會與福特基金會理所當然地「慷慨解囊」，從財務上大力支持三邊委員會的運作。

委員會的主要成員均是北美、西歐和日本的一些大銀行家、大企業家和著名的政界人物，在紐約、巴黎、東京分別設了三個總部，由這三個地區各出一人擔任主席。紐約總部的主席理所當然是大衛·洛克斐勒先生。布里辛斯基便成爲這個總部主持日常工作的執行主任。

布里辛斯基曾向大衛·洛克斐勒力薦時任喬治亞州州長的卡特加入三邊委員會，卡特在大衛·洛克斐勒親自提名下，被破格吸納進三邊委員會。這是他爲五年後跨上白宮的台階所邁出的至關重要的

一大步，也是他和布里辛斯基成爲莫逆之交的基礎和開端。

年輕時代的柯林頓在恩師奎格雷的指點之下，一直努力向三邊委員會和外交協會等組織積極靠攏，最終實現了他的總統夢。

三邊委員會與彼爾德伯格俱樂部一樣都是美國外交協會的周邊機構，最機密和最重要的決策只在倫敦和華爾街極少數人的圈子裡敲定下來。三邊委員會和彼爾德伯格俱樂部發揮的是「統一思想」、「協調步伐」的作用。

三邊委員會最重要的使命，就是不遺餘力地宣揚「世界政府」和「世界貨幣」的宏偉理想，最終爲一個倫敦—華爾街軸心控制之下的「新世界秩序」鋪平道路。

一九七五年三邊委員會在日本東京召開會議，在一份名爲《重塑世界貿易與金融概要》（*An Outline for Remaking World Trade and Finance*）的報告中指出：「緊密的三邊（美、歐、日）合作，維護和平，管理世界經濟，培育經濟發展，減少世界貧困，將增加和平過渡到一種世界系統的機會。」

三邊委員會與彼爾德伯格俱樂部的不同之處在於，它吸納了當時的經濟後起之秀——日本的諸多知名企業家和銀行家，擴充了「世界精英」的基礎。國際銀行家們非常懂得不斷「吸收新鮮血液」對未來的「世界政府」、「世界貨幣」和「世界稅收」這一「偉大事業」的重要性。後來隨著亞洲其他國家和地區逐步發展起來，這些地區的「精英份子」也成爲國際銀行家們青睞的對象。

問題不是一個「世界政府」到底好不好，而是誰主導這個「世界政府」，它是否能眞正實現世界範圍內的普遍富裕和社會進步？從兩百多年的社會實踐來看，普羅大眾似乎指望不上「精英們」的許諾。

經過許許多多的戰亂和衰退，老百姓們終於弄明白了一個道理：沒有經濟自由，政治自由只是擺設；沒有經濟平等，民主制度也就失去了根基，成了任憑金錢玩弄的道具。

如果說自由的本質就是人民能夠擁有選擇的權力，那麼未來的「世界政府」的道路只有一條，「世界精英」已經替世界人民選擇好了。按照保羅・沃伯格之子，銀行家詹姆斯・沃伯格的話說：「我們應該建立一個世界政府，無論人們是否喜歡它。唯一的問題是這個世界政府究竟是經由（和平的）共識還是（武力的）征服來產生。」

## 注釋

1 Carroll Quigley, *Tragedy & Hope* (MacMillan, 1966), p308.
2 Ted Flynn, Hope of the Wicked, (MaxKol Communication, Inc, 2000) , p88.
3 Charles Seymour, *Intimate Papers of Colonel House* 1926, p173.
4 George Sylvester Viereck, *The Strangest Friendship in History* (1932).
5 Charles Seymour, *Intimate Papers of Colonel House* 1926, p175.
6 Dan Smoot, *The Invisible Government*, Dan Smoot Report (1962).
7 Col. Curtis Dall, F.D.R., *My Exploited Father-in-Law*, Liberty Lobby, 1970.
8 David Allen Rivera, *Final Warning: A History of the New World Order*, 2004, Chapter 5.
9 Chicago Tribune, December 9, 1950.
10 David Allen Rivera, *Final Warning: A History of the New World Order*, 2004, Chapter 5.
11 Phyllis Ward, Chester Schlafly, *Kissinger on the Couch* (Arlington House 1975).
12 Ted Flynn, Hope of the Wicked, (MaxKol Communication, Inc, 2000), p89.

13 Charles Higham, *Trading With the Enemy* (Robert Hale, London 1983).
14 Ibid.
15 Joseph Stiglitz, *The Insider: What I Learned at the World Economic Crisis*, The New Republic, April 2000.
16 Greg Palast, IMF and World Bank Meet in Washington-Greg Palast reports for BBC Television Newsnight, Friday, April 27, 2001.
17 John Perkins, *Confessions of an Economic Hit Man* (Berrett-Koehler Publishers, Inc, San Francisco 2004).
18 Richard Gardner, Foreign Affairs, April 1974.
19 Bill Clinton, Acceptance Speech to the Democratic National Convention by Governor Bill Clinton from Arkansas, New York, NY, July 16, 1992.
20 Marc Fisher, Washington Post, Tuesday, January 27, 1998.
21 Pepe Escobar, *Bilderberg strikes again*, Asia Times, May 10, 2005.
22 Ibid.
23 William Engdahl, *A Century of War: Anglo-American Oil Politics And The New World Order* (Pluto Press, London, 2004) Chapter 9.

第七章

# 誠實貨幣的最後抗爭

歷史表明，放貸者會使用包括濫用權力、詭計、欺騙和暴力在內的一切手段來確保他們對貨幣和貨幣發行的控制，以便達到控制政府的目的。

詹姆斯·麥迪遜，美國第四屆總統

◎本章導讀

在整個世界現代史中，沒有一個事件像刺殺甘迺迪總統這樣明目張膽、毫無掩飾、無所顧忌地踐踏民主政治了。

在甘迺迪被刺殺後的短短三年中，十八名關鍵證人相繼死亡，其中六人被槍殺，三人死於車禍，二人自殺，一人被割喉，一人被擰斷了脖子，五人「自然」死亡。英國的一名數學家在一九六七年二月的《星期日倫敦時報》中聲稱，這種巧合的機率爲十萬兆分之一。從一九六三年到一九九三年，一百一十五名相關證人在各種離奇的事件中自殺或被謀殺。

如此大規模的協調和組織，如此明顯的證據和證人封殺，都說明甘迺迪遇刺事件其實已經不是祕密謀殺，而更像是公開處決，意在警告今後的美國總統們要搞清楚誰才是這個國家的眞正主宰！

一般說來，如果美國總統死於任內，「輿論」必然一致認爲是「自然原因死亡」。如果總統是在眾目睽睽之下被槍殺，「輿論」就會報導「兇手是個孤僻的瘋子」。如果有好幾個兇手涉案，「輿論」則會斷定「兇手們是互不相識的孤僻的瘋子」。只是刺殺甘迺迪的陰謀太過明顯，稍有正常思維能力的人都不會相信官方的結論。在這種情況下，有意誤導陰謀論的方向就成爲一種補救措施，於是四十多年來，各種陰謀解說氾濫成災，而眞正的陰謀得以「大隱於朝」。

刑事偵查學講究的是證據，沒有證據就無法得出結論。在四十多年的歲月裡，甘迺迪遇刺案的各種證據和證人早已灰飛煙滅了，人們將永遠無法得到確鑿的證據來判斷究竟誰是眞正的兇手。但是犯罪心理學卻可能從另一個角度出發，研究謀殺案件的動機，從而打開通向眞相的大門。

本章將從分析甘迺迪遇刺案件的動機入手，揭開二十世紀六〇、七〇年代國際銀行家爲了在世界範圍內廢除黃金和白銀這兩種「誠實的貨幣」，所引發的一系列驚心動魄的歷史事件。

## 總統令一一一一〇號：甘迺迪的死亡證書

對於美國人來說，一九六三年十一月二十二日是一個不尋常的日子，甘迺迪總統在德州的達拉斯市遇刺身亡。噩耗傳來，整個美國都陷入了震驚和悲傷之中。

幾十年以後，人們在說起這一時刻時，很多人都能清楚地記得當時自己在做什麼。究竟是誰、爲什麼刺殺甘迺迪至今仍眾說紛紜。美國官方的華倫委員會的最終結論，是一個名叫奧斯華的兇手單獨作案，但是此案的疑點實在太多，幾十年來社會上流傳著各種陰謀論。

最明顯的疑點是兇手被警方逮捕不到四十八小時，就在眾目睽睽之下被另一名猶太殺手近距離槍殺，上百萬人在電視機旁看到了謀殺全過程，而該兇手的動機竟然是「要向全世界的人展示猶太人的膽量」。

另一個重大的疑點是到底幾個人參與了謀殺甘迺迪。華倫委員會的結論是奧斯華在五．六秒的時間裡連發三槍，其中一發子彈打飛，一發擊中甘迺迪的頸部，另外一發致命的子彈命中甘迺迪頭部。幾乎沒有人相信奧斯華能在這樣短的時間裡準確射擊三次。更奇怪的是，打中甘迺迪頸部的子彈是先擊中了甘迺迪後，再射中坐在甘迺迪前方的德州州長，而這樣的機率幾乎爲零，所以人們稱之爲一發「神奇的子彈」。更多的專家相信，不止一人從不同的方向朝甘迺迪開槍，而且不止三發子彈。

據後來護衛甘迺迪車駕的一名巡警回憶：「當甘迺迪在機場忙著和歡迎的人群握手時，詹森（副總統）的祕密特勤（secret service）走過來給我們做安全工作指示。最讓我吃驚的是他們說總統在德利廣場（刺殺現場）的行車路線臨時做了修改。如果保持原來的路線，殺手可能完全沒有機會下手。他們還給我們下了一個聞所未聞的命令，通常情況下，我們四個摩托護警應該緊靠總統座車的四周，但是他們這次讓我們全部退到車後，任何情況下不得超過總統座車的後輪。他們說這是爲了讓大家有一個『沒有遮攔的視野』。

「我的另一位朋友（保護副總統詹森）看見他（詹森）在第一發子彈飛出前三十或四十秒時，開始在車裡彎下身來，甚至在車隊拐上休士頓大街之前就這樣做。也許他在車裡的地毯上找什麼東西，但是他看起來就好像預感到會有子彈飛過來一樣。」[1]

當第一夫人賈桂琳隨著丈夫的遺體搭乘空軍一號到達華盛頓機場時，她仍然穿著濺滿甘迺迪鮮血的大衣，她堅持這樣做就是爲了「讓他們看看自己犯下的罪惡」。此時的兇手奧斯華仍被警方看押，賈桂琳所說的「他們」又是誰？賈桂琳在自己的遺囑中說道，在她死後五十周年（二○四四年五月十九日），如果她最小的孩子已經去世，她授權甘迺迪圖書館公開一份五百頁的關於甘迺迪的文件。她沒有想到的是，她最小的兒子在一九九九年的一次飛機失事中喪了命。

甘迺迪的弟弟羅伯，著名的民權運動推動者，在一九六八年當選民主黨總統候選人之後，幾乎肯定可以最終當選總統，但是就在他歡慶勝利的時候，又是在大庭廣眾之下被亂槍打死。

在甘迺迪被刺殺後的短短三年中，十八名關鍵證人相繼死亡，其中六人被槍殺，三人死於車禍，二人自殺，一人被割喉，一人被擰斷了脖子，五人「自然」死亡。英國的一名數學家在一九六七年二月的《星期日倫敦時報》中聲稱，這種巧合的機率爲十萬兆分之一。從一九六三年到一九九三年，一百一十五名相關證人在各種離奇的事件中自殺或被謀殺。[2]

華倫委員會讓人生疑的還有封存所有文件、檔案和證據長達七十五年，直到二〇三九年才解密，這些文件涉及ＣＩＡ、ＦＢＩ、總統特警保鏢、ＮＳＡ（國家安全局）、國務院、海軍陸戰隊等機構。另外，ＦＢＩ和其他政府機構還涉嫌銷毀證據。

二〇〇三年，甘迺迪遇刺四十周年，美國ＡＢＣ廣播公司做了一次調查，七〇%的美國人認爲刺殺甘迺迪是一個更大規模的陰謀。

如此大規模的協調和組織，如此明顯的證據和證人封殺，都說明甘迺迪遇刺事件其實已經不是一次祕密謀殺，而更像是公開處決，意在警告今後的美國總統們要搞清楚，誰才是這個國家的眞正主宰。

問題是，甘迺迪家族也是國際銀行家集團的「圈裡人」，其父約瑟夫．甘迺迪就是在一九二九年股票崩盤時大發其財，後來被羅斯福總統任命爲首屆美國證券交易委員會（ＳＥＣ）主席，早在二十世紀四〇年代就躋身億萬富豪的行列了。如果沒有這樣顯赫的家境，甘迺迪也不可能成爲美國歷史上第一位信仰天主教的總統。那麼甘迺迪何以得罪了整個統治精英階層，以至於落得殺身之禍呢？

毫無疑問，甘迺迪是一位富有雄心和才幹的人物，年紀輕輕的他一坐上總統的寶座，就碰上了古巴飛彈危機這樣的重大挑戰，他的表現堅定沉穩，可圈可點，面對和蘇聯可能爆發核子戰爭的巨大危險而毫不妥協，最終逼退了赫魯雪夫。甘迺迪還意氣風發地推動了美國航太計畫，最終使人類的足跡第一次踏上了月球，儘管他沒能親眼看到這一偉大的時刻，但他神奇的感召力卻伴隨著整個計畫。在推動民權運動方面，甘迺迪兄弟更是功勳卓著。一九六二年當第一名黑人大學生試圖到密西西比大學註冊時，引發了當地白人的強烈反對，全美國的目光都聚焦在民權運動的這個焦點上。甘迺迪毅然下令出動四百名聯邦執法人員和三千名國民兵護送這名黑人學生上學，此舉震驚了美國社會，甘迺迪頓時深得人民愛戴。在他的號召下，美國青年踴躍參加和平隊，志願奔赴第三世界國家去幫助發展當地的教育、衛生和農業。

甘迺迪在主政的短短三年中能有如此耀眼的政績，的確堪稱一代豪傑。這樣雄才大略的抱負，如此果斷堅毅的心志，再加上美國人民的熱愛和世界各國的敬仰，甘迺迪豈是願做「傀儡」的人物？

當甘迺迪愈來愈強烈地想按照自己良好的意願來運作這個國家時，他就必然與他背後的強大而無形的統治精英集團產生尖銳的衝突。當衝突的焦點涉及國際銀行家最核心、最敏感的問題——貨幣發行權的時候，甘迺迪也許並不知道自己的大限已經到了。

一九六三年六月四日，甘迺迪簽署了一份鮮爲人知的一一一一〇號總統令[3]，著令美國財政部「以財政部所擁有的任何形式的白銀，包括銀錠、銀幣和標準白銀美元銀幣（Silver Dollar）作爲支撐，發行『白銀券』（Silver Certificate）」，並立刻進入貨幣流通。

甘迺迪的意圖十分明顯：從私有的中央銀行——美聯儲手中奪回貨幣發行權！如果該計畫最終得以實施，美國政府將逐步擺脫必須從美聯儲「借錢」並支付高額利息的荒謬境地。以白銀爲支撐的貨幣不是「透支未來」的債務貨幣，而是基於人們已有勞動成果的「誠實貨幣」。「白銀券」的流通將逐漸降低美聯儲發行的「美元」（Federal Reserve Note）的流通度，很可能最終迫使美聯儲銀行破產。

如果失去控制貨幣發行的權力，國際銀行家對美國這個最大的財富創造國將失去大部分影響力，這是關乎生死存亡的根本問題。

要搞清楚一一一一〇號總統令的由來和意義，我們必須從白銀美元在美國的幾起幾落說起。

## 白銀美元的歷史地位

白銀在美國成為合法貨幣始於《一七九二年鑄幣法案》（*Coinage Act of 1792*），該法案奠定了美元的法律地位。一美元包含純銀二四．一克，金銀比價為一比十五。美元作為美國貨幣最基準的度量衡是以白銀為基礎的。此後美國長期保持金銀貨幣雙軌制。[4]

到了一八七三年二月，《一八七三年鑄幣法案》[5]在歐洲羅斯柴爾德家族的壓力下，廢除了白銀的貨幣地位，實行了單一的金本位。由於羅斯柴爾德家族掌握著世界上大部分的黃金礦產和黃金供應，他們實際上控制了整個歐洲的貨幣供應。白銀的產地比黃金更為分散，產量和供應量也大得多，控制起來難度更大，所以在一八七三年前後，羅斯柴爾德家族先後脅迫歐洲大部分國家廢除白銀的貨幣地位，實行完全的金本位。在美國的行動也是這個總體步驟中的一步。這個法案在美國西部產銀州激起了強烈反對，人們稱這個法案為「一八七三年惡法」（Crime of 1873），隨後產生了轟轟烈烈的支持白銀的民間草根運動。

美國國會爲了平衡紐約地區有歐洲勢力背景的銀行家的影響力，又通過了《一八七八年布蘭德—埃勒森法案》[6]，要求美國財政部必須每月購買價值兩百萬到四百萬美元的白銀，金銀比價重新設定爲一比十六。銀幣與金幣同樣具有法律效力，可以用於支付所有公共和私人債務。和「黃金券」一樣，財政部同樣發行「白銀券」，一美元的「白銀券」直接對應一美元的銀幣，以便於流通。

後來《一八七八年布蘭德—埃勒森法案》被《一八九〇年謝爾曼白銀採購法》[7]所取代，新法案增加了對財政部必須購買的白銀數量的規定，在以前的基礎上，財政部必須每月增加四五〇萬盎司的購買量。

一九一三年美聯儲成立以來，「美聯儲券」（Federal Reserve Note）開始發行，到一九二九年大衰退時，「美聯儲券」已經逐漸佔有貨幣流通的主要份額。到一九三三年時，「美聯儲券」仍能兌換等價的黃金。

在一九三三年時，在貨幣流通領域中還有「黃金券」（Gold Certificate）和「美國政府券」。「美國政府券」就是林肯在內戰時期發行的美國第一種法幣，即「林肯綠幣」。它的總發行量被限定在三億四千六百六十八萬一千零一十六美元。一九六〇年，它僅佔美國貨幣流通總量的一%。

除了上述四種主要貨幣，還有少量的其他貨幣形式存在。

在一九三三年羅斯福廢除金本位並宣佈擁有黃金爲非法之後，黃金券即退出流通。美國貨幣流通領域僅剩下「美聯儲券」、「白銀券」和「美國政府券」，由於「美國政府券」先天不足，有發行上限，所以不被國際銀行家視做重大威脅。「白銀券」就麻煩多了。

由於法律規定美國財政部必須常年購買白銀，到二十世紀三〇年代，美國財政部已經擁有高達六十多億盎司的白銀，大致接近二十萬噸的龐大儲備，再加上白銀礦產遍佈世界，生產量也頗爲可觀，要是全部實現貨幣化，由美國財政部直接發行「白銀券」，勢必成爲國際銀行家最大的夢魘。

一九三三年羅斯福幫助國際銀行家廢除了金本位之後，美國貨幣流通實際上是處在「銀本位」之下，三種主要貨幣都可以自由兌換成白銀。

不廢除白銀的貨幣地位，「廉價貨幣」和「赤字財政」的「大業」就會受到嚴重掣肘，國際銀行家夢寐以求、透過通貨膨脹這種更高效率的金融工具，來神不知鬼不覺地掠奪公民財富的計畫就會受到牽制。

隨著第二次世界大戰和大規模赤字財政的推行，再加上戰後重建歐洲經濟的龐大開支，以及韓戰的捲入和越戰升級，美聯儲大規模發行國債貨幣逐漸被市場發覺，美國人民從四〇年代開始不斷將紙幣兌換成銀幣和銀錠，導致財政部天文數字的白銀儲備急遽縮水。五〇年代開始蓬勃發展的電子工業和航太工業對白銀的需求量急遽增長，更是雪上加霜，到六〇年代初甘迺迪入主白宮時，財政部的白銀儲備已銳減到十九億盎司。同時白銀的市場價格猛漲，已逐漸逼近銀幣的貨幣價值一・二九美元。當「白銀券」被兌換成白銀實物後，「白銀券」也就自然退出流通，「劣幣驅除良幣」的「格雷欣法則」效應顯現了出來。

這一切就是甘迺迪簽署一一一一〇號總統令的大背景。

保衛白銀和廢除白銀的貨幣地位，成為甘迺迪和國際銀行家鬥爭的焦點。

## 銀本位的終結

對於國際銀行家而言，徹底廢除黃金的貨幣地位已在全盤計畫之中，但解決白銀問題擁有著更高的優先順序。由於白銀的潛在礦藏資源非常巨大，一旦世界各國在市場價格引導下開始更大規模的探勘和開發，不僅廢除黃金貨幣的目標將難以實現，而且還將陷入與黃金和白銀的兩線作戰。一旦白銀供應量大漲，「白銀券」很可能死灰復燃，重新與「美聯儲券」一爭高下，由於美國政府掌握著發行「白銀券」的大權，到時候鹿死誰手尚無定論。「白銀券」如果佔了上風，美聯儲的生存就面臨著極大的風險。

所以國際銀行家最緊迫的任務，是盡最大可能壓低銀價，一方面讓世界銀礦行業處在虧損或是微利狀態，從而延緩銀礦的探勘和開發，減少供應量；另一方面促使工業用銀量猛增，由於白銀價格極其低廉，使得替代白銀材料的研究和應用變得毫無必要，從而以最快速度消耗美國財政部僅存的白銀儲備。當財政部拿不出白銀的時候，「白銀券」自然就不戰而降，廢除白銀的貨幣地位也就順理成章了。關鍵是爭取時間。

甘迺迪自然是對此心知肚明，他一方面對國際銀行家表態，適當時機可以考慮廢除白銀的貨幣地位，另一方面卻另做安排。不幸的是，他的財政部長道格拉斯．狄倫（Douglas Dillon）並非他的心腹。狄倫出身於華爾街銀行大家族，身爲共和黨人被國際銀行家強塞到甘迺迪的民主黨內閣中，主要財政大權由狄倫向國際銀行家們負責。在狄倫上任後，他的首要工作就是以最快速度消耗財政部的白銀儲備。果然狄倫不負眾望，他以九十一美分一盎司的超低市場價向工業用戶大量傾銷白銀。一九四七年成立的美國白銀用戶協會（The Silver Users Association）與狄倫遙相呼應，強烈要求「賣掉（財政部）剩餘的存銀來滿足白銀用戶的需求」。[8]

一九六一年三月十九日的《紐約時報》這樣報導：

參議員抱怨美國（財政部）低價拋售（白銀）

參議員艾倫．比博今天向財政部提出重新審查以低於國際市場價格大量拋售白銀的政策。這位內華達的民主黨議員在給財政部長道格拉斯．狄倫的信中說，美國國內的銀礦開發已經落後於消費需求，而財政部的傾銷行爲是在控制一個不現實的價格上限。世界性的白銀短缺只有透過在北美和南美地區大量開發新產能來解決。他說「只有當財政部緩解了對國內市場和鄰國的嚴酷的價格壓力後，這一切才能付諸實踐。」

一九六一年八月十九日的《紐約時報》還登載了這樣的消息：

主要來自產銀州的十三個西部民主黨參議員今天向甘迺迪總統提交了一封聯名信，信中要求財政部立刻停止拋售白銀的行爲。財政部的傾銷壓低了國際和國內市場的白銀價格。

一九六一年十月十六日，《紐約時報》：

財政部拋售白銀儲備已經對白銀市場的價格加上了一個緊緊的蓋子。工業用户知道他們可以從財政部得到每盎司九十一至九十二美分的白銀，所以他們拒絕支付更多的錢給新的白銀生產商。

一九六一年十一月二十九日，《紐約時報》：

白銀生產商們昨天欣喜地聽到一則消息，甘迺迪總統已經下令財政部停止向工業界拋售非貨幣白銀。白銀的工業用户被震驚了。

一九六一年十一月三十日，《紐約時報》：

白銀的價格衝上了四十一年來紐約市場的最高價位，因爲星期二甘迺迪總統宣佈全面改變美國政府的白銀政策，決意由市場來決定白銀的價格。第一步就是立刻停止財政部傾銷不必支撐紙幣（白銀券）的白銀。[9]

甘迺迪總統終於出手了，雖然時間已經稍顯晚了一些，因爲財政部的白銀此時已剩下不足十七億盎司了。但是他的果斷措施，已經使市場銀價向世界各地的白銀生產廠家發出了明確的信號，白銀產量的上升和財政部的存量趨穩都是可以預期的事。白銀公司的股票一飛衝天。

甘迺迪的這一行爲，顚覆性地破壞了國際銀行家的圖謀。

一九六三年四月，美聯儲主席威廉·馬丁在國會聽證會上說：「美聯儲委員會確信，沒有必要在美國貨幣系統中使用白銀。儘管有人覺得把白銀從支撐我們的一部分貨幣系統中抽出，可能會造成貨幣貶值，我不能認同這種觀點。」[10]

按照一般規律，從白銀市場得到明確的價格上漲的信號，到重新開始新的資源勘探，新增設備擴大生產規模，最後提高總供應量，需要五年左右的週期，所以能否最終保住白銀的貨幣地位，從而保留下美國政府直接發行貨幣的希望，關鍵時刻將是一九六六年。

甘迺迪與國際銀行家爭奪的制高點就是白銀的貨幣地位，整個戰役關係著美國民選政府是否能夠最後保留住貨幣發行權。一旦白銀重新開始大量供應，甘迺迪就可以與西部白銀生產州聯手，進一步推動美元貨幣的白銀含量重估的立法，加大「白銀券」的發行量，「白銀券」勢必再度崛起。

到那時，一九六三年六月四日甘迺迪簽署的一一一一〇號總統令，就會立刻成爲對付「美聯儲券」的撒手鐧。

可惜的是，國際銀行家也同樣看出了甘迺迪的部署。這個深受選民熱愛的總統，幾乎可以肯定會在一九六四年年底的大選中獲得連任，如果甘迺迪再當四年總統，局面將變得無法收拾。除掉甘迺迪成了唯一的選擇。

當國際銀行家中意的副總統於甘迺迪被刺當天在飛機上繼任美利堅第三十六屆總統時，他深知國際銀行家們對他的期許是什麼，他不能也不敢辜負這種「期許」。

一九六四年三月，詹森上台後不久，就下令財政部停止「白銀券」與實物白銀的兌換，事實上即廢除了「白銀券」的發行。財政部又開始以一．二九美元爲支撐點，向工業界大量拋售白銀儲備，以繼續壓制白銀價格，打壓白銀生產商的生產動力，防止白銀供應量上升。

緊接著，詹森又在一九六五年六月下令稀釋銀幣純度，進一步降低白銀在硬幣流通中的地位，他說：「我想絕對明確地聲明，這些變化（稀釋銀幣的純度）不會影響我們硬幣的購買力。在美國境內，新的銀幣將可以與同等面值的紙幣相互兌換。」[11]

《華爾街日報》一九六六年六月七日的一篇報導譏諷地回應道：「確實如此！但是那個著名的紙幣的購買力，在同樣的政府三十多年來的通貨膨脹政策下已經被逐步地侵蝕掉了。正因爲如此，難怪我們的貨幣完全和金銀分道揚鑣了。」[12]

美聯儲自己也承認，每年有計劃地、「科學地」讓美元的購買力下降三%至四%，是爲了讓勞工階層能「看到」工資在上漲。

到了一九六七年夏天，財政部基本上沒有「閒置」的白銀可供拋售了。

終結白銀貨幣的大業終於在詹森手中實現了。

## 黃金互助基金

在廢除金銀的貨幣地位的進程中，國際銀行家採取了「先銀後金」的戰略方針。先廢除白銀的主要原因在於到二十世紀六〇年代初，世界上只剩爲數不多的幾個國家還在使用白銀作爲貨幣，從美國貨幣系統中「摘除白銀」只是一個局部手術，所遭遇的阻力和波及面都有限。

黃金的問題則複雜和困難得多。黃金被世人公認是財富的最終形式。從本質上看，黃金是唯一的、高度敏感的、深負歷史傳承的「政治金屬」，處理不好黃金問題，會在世界範圍內掀起金融風暴。在白銀戰役尚未結束之前，必須穩住黃金這邊的戰線。

由於美聯儲自三〇年代以來的大規模通貨膨脹政策，導致美聯儲貨幣發行嚴重超量，超量的紙幣在追逐有限的金銀貨幣過程中，無可避免地推高了金銀價格。在美國國內，由財政部負責出面壓住白銀價格；在國際上，必須有一個相對應的組織來代行財政部的功能，負責向市場拋售黃金，將洶湧的黃金攻勢壓制在灘頭陣地。

噴射飛機時代的到來，使得國際銀行家能夠經常碰面，祕密商量對策。位於瑞士巴塞爾的國際清算銀行於是成爲他們著名的「巴塞爾週末」會議所在地。

一九六一年十一月，經過密集協商，國際銀行家達成一個「高明」的計畫，由美國和七個歐洲主要國家建立了「黃金互助基金」(Gold Pool),它的主旨就是壓住倫敦市場的黃金價格。該基金由參加國的中央銀行出資,總額為二·七億美元的等價黃金,其中美國最為財大氣粗,獨家承擔一半。德國戰後經濟起飛,荷包也日漸鼓脹起來,加之身為戰敗國自覺矮人一截,所以認捐數額僅次於美國,達三千萬美元。英法義都是二千五百萬美元,瑞士、比利時與荷蘭為一千萬美元。由英格蘭銀行負責實際操盤,先由它自己的金庫墊支黃金,然後月末和其他入夥的央行按比例結算。[13]

黃金互助基金的首要目標,就是在金價超過三五·二〇美元時予以迎頭痛擊,絕不允許越雷池一步。三五·二〇美元的價格中,包括了從紐約調運黃金的運輸成本。

所有參與該基金的中央銀行都保證不從倫敦市場上購買黃金,也不得從南非、蘇聯等第三國購買黃金,美國還保證在任何可能的情況下,遊說其他國家的中央銀行也採取同樣的政策。

所有黃金互助基金的內容在當時均為最高金融機密,與巴塞爾國際清算銀行的傳統祕密會議一樣,不得有任何書面記錄,一張紙片的記錄都不允許。任何協定都是口頭達成,就如同老摩根以握手和口頭協定來完成巨額交易一樣,國際銀行家們的口頭承諾擁有與法律合約同等甚至更高的約束力。

黃金互助基金在開始運作的最初幾年裡大獲成功,甚至好到完全超出預先的想像。黃金生產大國蘇聯一九六三年秋農業嚴重歉收,不得不大量拋售黃金來進口糧食,蘇聯在一九六三年最後一季總共出售了驚人的四·七億美元的等價黃金,大幅超過黃金互助基金的全部黃金家底。在二十一個月中,黃金互助基金的黃金彈藥庫暴漲到十三億美元,國際銀行家幾乎不敢相信自己的好運氣。[14]

但是越南戰爭的不斷升級,導致美聯儲不斷加大美元的供應量,洪水氾濫的美元很快就吞噬了黃金互助基金的盈餘和大部分家底。法國眼看大勢已去，率先退出黃金互助基金，不僅如此，法國政府加緊把手中大把日漸喪失購買力的美元換成黃金，從一九六二年到一九六六年，法國從美聯儲手中兌換了近三十億美元的黃金並運回巴黎儲存。

到一九六七年十一月底，黃金互助基金總共損失了十億美元的黃金，接近九百噸。此時的美元已遭遇了世界範圍內的信心危機。

詹森總統終於沉不住氣了，他想做點什麼。

在詹森總統身邊有一群國際銀行家高級參謀，他們反覆向總統灌輸一個主意，那就是長痛不如短痛，與其這樣一點一點地被其他國家吸乾黃金儲備，不如孤注一擲搏一把，拿出全部黃金家當，把倫敦金屬交易市場「淹沒」，一勞永逸地解決黃金對美元升值的問題，重拾世界對美元的信心。

詹森接受了這個近乎瘋狂的建議，美聯儲的全部黃金儲備被押上了這場空前規模的賭桌。上萬噸的金磚被裝船運往英格蘭銀行和紐約美聯儲銀行，準備給看好黃金的全世界投機者一個慘痛的教訓。如果計畫順利，英格蘭銀行和紐約美聯儲銀行聯手海量拋售黃金，造成黃金突然超量供應，將金價壓到三十五美元以下，投機者勢必陷入全面恐慌，並最終擊穿他們的停損線，造成更大規模的黃金拋售。待徹底打垮黃金買家的人氣之後，再以低價逐漸買回黃金，神不知、鬼不覺地把黃金還回金庫。這實在是一個天衣無縫的計畫。在一九六八年年初的幾個星期之內，該計畫付諸執行。讓詹森總統和所有人極度驚駭的是，市場全部吸收了黃金的賣盤。該役美聯儲總共損失九千三百噸黃金。酷愛權力卻輸得一塌糊塗的詹森總統，不久即宣佈不再競選總統連任。[15]

一九六八年三月，黃金互助基金已陷入崩潰的邊緣。

三月九日，國家安全顧問、也是著名經濟學家羅斯托在給詹森的備忘錄中這樣寫道：

大家（總統經濟顧問）的結論是：一致反對讓黃金漲價來應對當前的危機。多數人傾向保持黃金互助基金運轉，但是他們認爲和歐洲方面協調有困難，很難恢復市場的平靜。所以他們認爲我們最終不得不關閉黃金互助基金。大家的想法比較混亂，不知如何勸說非黃金互助基金的國家與我們合作，他們覺得國際貨幣基金組織可能派上用場。他們認爲我們必須在三十天之內對何去何從有一個清楚的想法並採取行動。

評語：您可以看出，這些想法和我們的沒有太大的不同。本週末的（國際清算銀行）巴塞爾會議之後，我們將可以更準確地了解歐洲人的想法。

三月十二日，在另一份備忘錄中，羅斯托寫道：

總統先生：

我對比爾·馬丁（美聯儲主席，剛參加完巴塞爾會議）的理解是以下幾點：

一、對於黃金價格的變化，英國人和荷蘭人可能贊同這種選擇（保持黃金互助基金）。德國人猶豫不決。義大利、比利時和瑞士人強烈反對。

二、他們達成了協定，大家追加五億美元的黃金，並以承諾另外五億美元來保證基金的繼續運轉（以目前倫敦市場黃金的損失速度來看，這些黃金只能支撐幾天時間）。

三、歐洲人意識到我們很快就會面臨非常不愉快的選擇。他們準備不得已時關閉倫敦黃金市場，讓黃金隨行就市。

四、在這種情況下，財政部、國務院、美聯儲和總統經濟顧問們忙了一整天，來考慮一旦我們宣佈關閉黃金互助基金後，各國以後如何協調。

五、我們還不知道約福勒（財政部長）和比爾的個人觀點。我們會在今晚或明早與他們交換意見。

我個人的感覺是，我們離眞相到來的時刻愈來愈近了。

三月十四日，在黃金問題上，羅斯托進一步報告：

您的高級顧問達成以下一致意見：

一、現在的情況不能再持續下去了，希望事情能有好轉。

二、我們這個週末需要在華盛頓召開一個黃金互助基金參與國的會議。

三、我們將討論：黃金在過渡期間的規則，使金融市場保持運轉的措施，加緊推行特別提款權政策。

四、在過渡期間，我們將對官方央行美元持有者按原價兌換。

五、如果不能達成任何協定，我們將中止官方美元兌換黃金，至少暫時如此。然後召開緊急會議。

六、這將可能使世界金融市場在一段時間內陷入混亂，但這是唯一能迫使其他國家接受一個長遠方案的辦法。我們一致認爲讓黃金價格上漲是最糟糕的後果。您現在必須下決心是否立即關閉倫敦黃金市場。[16]

無論採取什麼措施也挽救不了黃金互助基金破產的命運。一九六八年三月十七日，黃金互助基金計畫終於壽終正寢了。倫敦黃金市場應美國要求關閉了整整兩個星期。

在美聯儲黃金大戰慘敗的同時，越南戰爭的情況也出現了戲劇性的變化，一九六八年一月三十日，越南游擊隊對南越三十個省的省會同時發動大規模進攻，甚至佔領了西貢境內的一些重要目標，順化古都也被攻陷。

季辛吉認爲，這次進攻雖然北越取得了政治上的勝利，但是從軍事角度來看，卻是北越的最大敗筆，游擊隊放棄了自己擅長的飄忽不定的打法，而集中主力與美軍打起了陣地戰，在美軍優勢火力之下，游擊隊傷亡慘重。如果美軍對業已失去了游擊隊掩護的北越主力部隊進行大規模進攻，越南戰場的前景可能會有根本改觀[17]。讓季辛吉扼腕長嘆的是，詹森放棄了這樣一次機會。此時的詹森在金融戰場上的慘敗，已經使他喪失了堅持越南戰爭的底氣。

倫敦黃金市場的慘敗，讓美國的決策精英們陷入了全面恐慌，堅持金本位的保守人士與要求廢除金本位的主流派產生了激烈爭論。但雙方都認爲在如此混亂的金融局面下，越南戰爭該收場了。

於是，美國的新聞輿論導向開始發生根本轉變。一九六八年二月二十七日，克朗凱（Walter Cronkite）「預言」美國將會失敗。《華爾街日報》質問：「事態是否已經弄亂了我們原先可駕馭的目標？如果還沒有準備好的話，美國人民應該準備接受越南事件的暗淡前景。」《時代》三月十五日說：「一九六八年已使得美國人覺悟到，在越南獲勝，或甚至只是取得有利的局面，已經不是（美國）這一世界強權力所能及的了。」這時，「熟睡」已久的參議員們也甦醒過來，傅布萊特議員開始質疑：「政府有權不經過國會同意就擴大戰爭嗎？」曼斯費爾德則宣佈：「我們在一個錯誤的地方，從事一場錯誤的戰爭。」

一九六八年三月三十一日，詹森宣佈對北緯二十度線以北地區中止轟炸行動，他還表明不再增派大量軍隊前往越南，並宣稱「我們在越南的目標從來就不是消滅敵人」。他還宣佈放棄競選連任總統。

越南戰爭結束的本質原因，乃是倫敦黃金戰場的慘敗，導致統治精英階層的金融「底氣」損耗殆盡。

## 特別提款權

貨幣學家們在反覆發作的美元危機中，始終堅稱是黃金短缺造成了貨幣危機。從金本位的歷史來看，這顯然是倒果爲因，黃金短缺並不是問題的原因，無節制的美元過量增發才是危機的根源。

和白銀價格長期被壓制一樣，黃金價格被長期扭曲的一個主要目的，就是造成黃金產量不足的窘境。當危機來到時，奇怪的是人們通常採取的竟是掩耳盜鈴的伎倆，而不是誠實地面對問題的本質。在黃金互助基金打光所有「子彈」之後，國際銀行家們又想起凱恩斯在四〇年代最早提出的「紙黃金」思想，對之加以重新包裝，最後提出「特別提款權」（Special Drawing Rights）這個「偉大發明」。

正如法國著名經濟學家雅克．魯夫所指出的：「貨幣學家們發明了一種新玩意兒來掩蓋美國貨幣破產狀態的事實。每個國家的中央銀行被分配到一種特殊的國際儲備貨幣。但是爲了不引發通貨膨脹，特別提款權必須被嚴格限量。這樣，甚至在特別提款權的扶持下，美國仍然無法償還它的美元債務的一小部分。」[18]

但是華爾街則是另一派喜氣洋洋的景象，它歡呼這是個現代金融史上的創舉：

美國獲得了紙黃金的勝利

財政部次長保羅．沃爾克滿面笑容地告訴新聞媒體：「我們終於實施了它（特別提款權計畫）。」《華爾街日報》歡呼這是美國經濟學派的一個重大勝利，因爲它是對老舊的、黃金必須是貨幣價值的唯一指揮棒和經濟萬能藥的直接打擊。[19]

但是《華爾街日報》忘了說，即使是特別提款權，也是以黃金含量來定義的，所以黃金仍然是貨幣的指揮棒，而且特別提款權不能被「貶值」。

對於特別提款權，霍普有一段精采的描述：

> 總有一天，它（特別提款權）會被歷史學家與約翰·勞（John Law）的密西西比陰謀所造成的「南海泡沫」一樣，並列在人類偉大「發明」之列。把它定義爲等同黃金卻不能兌換成黃金，簡直可以申請荒謬專利了。任何紙幣或信用單位，只有可以在固定比例下毫無限制地兌換黃金，才能被視做「等同於」黃金。[20]

德國經濟學家帕爾義對「紙黃金」的概念也提出了尖銳的批判：

> 這種新的特別提款權儲備貨幣，只能在世界範圍內刺激更加魯莽的金融擴張和通貨膨脹。採用特別提款權是通貨膨脹份子的勝利。它搬開了擋在完全受控制的「世界貨幣」道路上的最後一塊石頭，它永遠不會在世界上「短缺」。[21]

一九六九年三月十八日，美國國會取消了美聯儲發行的美元「必須擁有二五％的黃金支撐」的強制要求，這一行為切斷了黃金和美元發行的最後法律強制關係。

世界離最後的眞相不遠了。

當然，國際銀行家的計畫並不是每次都能如願以償，凱恩斯在四〇年代以特別提款權為未來的「世界貨幣」的構想確實有些過於「前衛」了。不過，國際銀行家們當年的樂觀也並非全然沒有道理。二次大戰剛結束，聯合國這個「世界政府」的「原型」已經如期實現了，國際貨幣基金組織和世界銀行這一對「世界統一的貨幣發行機構」也同時就位了，如果特別提款權再如期成為世界貨幣，大業成矣。只可惜計畫趕不上變化，英國凱恩斯版本的未來世界「美好的藍圖」，與懷特的美國版本有不小的出入，美國人佔著天時地利人和，又是財大氣粗，既然有現成的美元霸權，又怎會熱心凱恩斯的計畫，因此雙方有些離心離德了。另外就是他們沒有估計到第三世界國家的民族獨立浪潮來勢兇猛，亞洲的崛起又動搖了世界力量的基本對比，特別提款權始終沒有修成正果。

## 廢除黃金貨幣的總攻

尼克森不理解或不想去理解黃金何以如決堤的江河奔湧外逃，無論美國政府如何阻擋都無濟於事。問題的本質在於美國收支帳目出現了爆炸性的赤字，美國實際上已無力保持對黃金的固定匯率。不是黃金數量太少，而是美國的銀行系統創造出了太多的美元。

美聯儲的約翰・埃克斯特講述了這場黃金決戰的最後一段故事：

一九七一年八月十日，一群銀行家、經濟學家和貨幣專家在紐澤西海邊舉行了一次非正式討論，探討貨幣危機問題。大約下午三點鐘，保羅・沃爾克的車來了。他當時是財政部次長，負責貨幣問題。

我們在一起討論各種可能的解決方案。你知道，我一向支持保守的貨幣政策，所以我所提出的大幅提高利率的意見被大多數人否決了。其他人認爲美聯儲不會放慢信貸擴張，擔心這會導致衰退甚至更糟。我又建議提高黃金價格，保羅・沃爾克認爲有道理，但是他覺得國會很難通過。像美國這樣的世界領導人，不願意向他們的人民承認貨幣被貶值的實際情況，不論問題有多嚴重。這實在是太讓他們尷尬了，到這時爲止，我們所遇到的（貨幣）危機，人民大多還毫無知覺。這不像是一九三三年國家處在緊急狀態下，羅斯福可以爲所欲爲。

這時保羅・沃爾克轉過來問我，如果我來決策應該怎麼做。我告訴他因爲他不願提高利息，又不願黃金漲價，那就只有關閉黃金兌換窗口，繼續以三十五美元一盎司出售國庫的黃金已經毫無意義了。五天以後，尼克森就關閉了黃金窗口。[22]

一九七一年八月十五日，最後的眞相終於大白於天下。美國已經無力履行美元與黃金掛鉤的國際承諾，這是美國繼一九三三年羅斯福對美國人民賴帳以來，再次對國際社會賴帳。尼克森在當天晚上發表的演說中，猛烈抨擊國際金融市場上的投機份子製造了金融市場的混亂，爲了保衛美元，必須「暫時」放棄美元兌換黃金。問題是，誰是尼克森所指的「投機份子」呢？要知道，當年索羅斯們還小，外匯市場由於布雷頓體系的制約，匯率變化幾乎可以忽略不計。並不是每一個投資人都可以找美國兌換黃金，只有各國的中央銀行才有這個資格，而當年挑頭「鬧事」的自然是法國政府了。

當黃金和美元的最後一絲聯繫，在一九七一年八月十五日被尼克森總統斬斷之後，讓國際銀行家緊張激動的時刻終於來到了，這是人類有史以來，全世界第一次一起進入法幣時代，這對人類社會和文明究竟是福是禍，現在下定論還爲時過早。

以美聯儲爲首的西方工業國在掙脫了黃金這一束縛之後，果然開始了前所未有的信貸擴張時代，貨幣發行已達到毫無節制、隨心所欲的程度，到二〇〇六年爲止，美國的政府、公司和私人欠債總額已經高達四十四兆美元，如果按照五%的最低利息估算，每年僅需償還的利息就高達二．二兆美元。問題是，這樣的債務已經到了無法償還的程度，而債務又必須被償還，如果不是欠錢的人還，就是借錢的人還，更糟的是，最後會由辛勤勞動的世界各國納稅人來償還。

## 「經濟殺手」與石油美元回流

一九七三年十月六日，第四次中東戰爭爆發，埃及和敘利亞同時對以色列發動進攻。果然不出國際銀行家所料，由於美國對以色列的偏袒政策，十月十六日中東地區的伊朗、沙烏地阿拉伯和四個阿拉伯國家祭出「石油武器」，同時宣佈油價上漲七○%。此舉對七○年代以後的世界格局造成了極爲深遠的影響。

在科威特的阿拉伯國家部長會議上，伊拉克代表強烈要求鎖定美國爲主要打擊目標，他建議其他國家一起沒收美國在阿拉伯國家的商業財產並實施國有化，對美國實施石油禁運，從美國的銀行系統中撤出所有資金，他認爲這將造成美國陷入二十九年以來的最大經濟危機。雖然這些過激的提議沒有被採納，但在十月十七日他們達成協議，削減五%的石油產量，並持續每月減少五%的產量，直至他們的政治目標得以實現。

十月十九日，尼克森總統要求國會立即向以色列提供二十二億美元的緊急援助。十月二十日，沙烏地阿拉伯和其他阿拉伯國家宣佈完全停止向美國出口石油。國際石油價格應聲暴漲，從一九七○年的一·三九美元一桶原油，衝到一九七四年的八·三二美元。雖然石油禁運只持續了五個月，到一九七四年三月結束，但是這次事件極大地震動了西方社會。

國際銀行家則千方百計地謀劃，確保流進沙烏地阿拉伯等國的石油美元流回美國。

經過仔細分析，美國決定採取「分而制之」的策略，從內部分化和瓦解中東石油出產國，而主要突擊方向則選定爲沙烏地阿拉伯。沙烏地阿拉伯是一個地廣人稀的國家，盛產石油，地處中東腹地，伊朗、敘利亞、伊拉克、以色列等強鄰環伺，軍事防禦力量極端單薄，沙烏地阿拉伯王室有一種深刻的不安全感。洞察了這一弱點之後，美國向沙烏地阿拉伯提出了很有吸引力的拉攏條件，全面的政治支援、必要時的軍事保護，並提供技術支援、軍事訓練，以確保沙烏地阿拉伯王室永續存在。條件是，石油交易必須以美元結算，沙烏地阿拉伯必須用賺來的石油美元購買美國國庫券，確保美國的石油供應；石油價格波動必須經過美國認可；如果伊朗、伊拉克、印尼或委內瑞拉對美國實施石油禁運，沙烏地阿拉伯有義務彌補由此產生的石油供應量缺口。沙烏地阿拉伯還必須從中「勸阻」其他國家對美國的石油禁運。

「經濟殺手」柏金先生被派往沙烏地阿拉伯擔任這個計畫的具體操盤手。身爲一家世界著名工程公司的「首席經濟學家」，柏金先生的任務就是，「盡最大的想像力來使大量投資在沙烏地阿拉伯經濟中顯得非常有前景，前提是，必須由美國的工程和建築公司得標」。[23]

在經過一番苦思冥想之後，柏金突然產生了一個靈感，沙烏地阿拉伯首都利雅德大街上的羊群與現代化的氣息差距太大，如果進行大規模城市建設，能夠賺回很多石油美元。另一方面，柏金深知OPEC成員國的經濟學家大聲疾呼，要求對石油進行深加工，擁有自己的石油精煉工業，以獲得比出售原油更高的利潤。柏金想到了一個讓「所有人」都滿意的解決方案，從處理羊群入手，石油美元收入可以用來支付美國最昂貴的現代化垃圾處理設備，美化利雅德的市政建設也需要大批高精尖的美國產品。在工業方面，石油美元將被用於運輸原油；在加工原油的基礎設施方面，巨大的石油加工工業區將在沙漠中拔地而起，它們的四周則是大型工業園區、大型發電廠、變電輸電系統、高速公路、石油管道、通訊系統、機場、海港改造，以及與之配套的巨大服務業體系。

柏金的計畫分成了兩大類專案，一類是基礎硬體設施建設合約，一類是長期服務與管理合約，MAIN、Bechtel、Brown & Root、Halliburton、Stone & Webster 等美國各類公司將在未來幾十年賺得盆滿缽滿。

柏金還想到了更遠的前景，保護阿拉伯半島所產生的巨大產業鏈：美國軍事基地建設、國防工業合約和其他相關的一切活動的合約，還包括更加龐大的管理與服務合約。而這一切又會產生新一波的工程建設合約，諸如軍用機場、飛彈基地、人員培訓中心等所有與之相關的專案。

柏金的目標是，不僅要讓石油美元絕大部分流回美國，還要使這筆鉅款所產生的利息收益全部花在美國公司身上。

沙烏地阿拉伯人會對這樣「現代化」的工業基礎設施和城市市容備感驕傲，其他ＯＰＥＣ國家將豔羨沙烏地阿拉伯如此迅速地變成了一個「現代國家」，然後這一套計畫將被用於其他國家。

柏金的出色計畫和遊說能力令幕後大老闆非常滿意，在這樣一個大計畫之下，季辛吉博士於一九七四年來到沙烏地阿拉伯，最終敲定了石油美元的大政方針。

脫離了金本位庇護而在風雨飄搖中的美元，終於找到了石油這個避難所。

## 雷根遇刺：粉碎金本位的最後希望

儘管在世界範圍內，金本位已經被全面廢除，除了瑞士等極少數國家，黃金與紙幣已經全然沒有任何聯繫，但是最讓國際銀行家寢食難安的，還是黃金的價格在整個七〇年代的持續上漲，防止金本位復辟乃國際銀行家最高優先順序的工作。

一九七五年一月一日，爲了向世人展現黃金不過是一種普通金屬，增加人們對純紙幣美元的信心，美國政府決定解除對美國人民實行了長達四十年的黃金持有禁令。其他國家對黃金則採取課以重稅的辦法來減少人民對黃金的需求，有的甚至徵收高達五〇%的黃金增值稅。美國人在黃金消失了四十年後，對黃金已經非常生疏了，再加上購買的煩瑣與不便，黃金解禁並沒有產生預想的緊張局面，國際銀行家終於長長地鬆了一口氣。當後來的美聯儲主席保羅．沃爾克看到前中央銀行家約翰．埃克斯特手中玩弄的金幣時，不禁好奇地問道：「約翰，你的金幣是從哪裡買的？」

歐尼斯特．威爾克在《爲什麼要黃金》一書中，點出了國際銀行家打壓黃金的實質：

從一九七五年開始，美國在國際貨幣基金組織的主要成員國配合下，開始了「打壓」世界黃金市場的征途。打壓黃金價格的目的，在於使主要國家的人民信服紙幣比黃金更好。成功（控制黃金價格）的操作，將確保超量發行紙幣的過程能夠無限延續下去。

經濟學家們也異口同聲地認爲，在失去政府官方的購買需求之後，黃金會被證明是一種幾乎沒有什麼價值的東西。有些人甚至認爲，二十五美元一盎司才是黃金的「內在價值」。

一九七五年八月，爲了進一步消除黃金的影響力，美國和西方工業國決定各國的黃金儲備量不再增加，而國際貨幣基金組織的黃金需要拋售五千萬盎司來壓低金價。但是黃金價格依舊堅挺，並在一九七九年九月衝到了四三〇美元一盎司，此時的金價比起一九七一年布雷頓體系解體時的價格，已經上漲了十幾倍。

美國財政部於一九七五年一月開始第一次拍賣黃金，後來從三十萬盎司的拍賣量增加到七十五萬盎司，仍然難以抵擋黃金的買盤。只有當財政部在一九七八年十一月宣佈空前的一五〇萬盎司的拍賣量時，市場價格才有少許回落。到一九七九年十月十六日，美國財政部終於撐不住了，宣佈將定期拍賣改爲「不定期」拍賣。

四百美元一盎司的黃金價格，被普遍認爲合理地反映了美元從一九三三年以來嚴重超量發行的事實，應該是穩定而可持續的價位。

但是一九七九年十一月爆發的「伊朗人質危機」，改變了黃金的長期價格走向。美聯儲在危機爆發後，迅速宣佈凍結伊朗在美國的黃金儲備，這一舉動讓世界各國的中央銀行從心底冒出一絲寒意：如果伊朗的黃金可以被凍結，大家存在美國的黃金也都不安全。於是各國紛紛購買黃金並直接運回本國儲存。伊朗更是驚恐萬狀地在國際市場上狂買黃金，伊拉克也不甘寂寞，加入了超級買家的行列，金價在幾個星期之內就跳上了八五〇美元一盎司的雲端。

目睹了這一切滄桑巨變的雷根總統，開始確信只有恢復金本位才能挽救美國經濟。一九八一年一月，雷根上任伊始就要求國會成立「黃金委員會」（Gold Commission）研究恢復金本位的可行性。此舉直接觸犯了國際銀行家的禁區，一九八一年三月三十日，入主白宮僅六十九天的雷根被一名叫辛克利的追星族一槍打中，子彈距心臟僅一毫米。據說此人這樣做是爲了吸引著名影星茱蒂·福斯特的注意。當然，和絕大多數刺殺美國總統的兇手一樣，此人被認爲精神有問題。

這一槍不僅使雷根總統「清醒」過來，也打碎了恢復金本位的最後希望。一九八二年三月，十七人組成的「黃金委員會」以十五比二票的差距，否決了恢復金本位的思路，雷根總統趕緊「從善如流」。

從此，再也沒有一位美國總統敢動恢復金本位的念頭了。

**注釋**

1 Jean Hill, JFK: *The Last Dissenting Witness* (Pelican Publishing Company 1992) p113-116.

2 Craig Roberts, JFK: *The Dead Witnesses* (Consolidated Press International 1994) p3.

3 Executive Order 11110 actual text:

"AMENDMENT OF EXECUTIVE ORDER NO. 10289 AS AMENDED, RELATING TO THE PERFORMANCE OF CERTAIN FUNCTIONS AFFECTING THE DEPARTMENT OF THE TREASURY

By virtue of the authority vested in me by section 301 of title 3 of the United States Code, it is ordered as follows:

SECTION 1: Executive Order No. 10289 of September 19, 1951, as amended, is hereby further amended--

(a) By adding at the end of paragraph 1 thereof the following subparagraph (j):

"(j) The authority vested in the President by paragraph (b) of section 43 of the Act of May 12, 1933, as amended (31 U.S.C. 821 (b) ) , to issue silver certificates against any silver bullion, silver, or standard silver dollars in the Treasury not then held for redemption of any outstanding silver certificates, to prescribe the denominations of such silver certificates, and to coin standard silver dollars and subsidiary silver currency for their redemption, "and

(b) By revoking subparagraphs (b) and (c) of paragraph 2 thereof.

SEC. 2. The amendment made by this Order shall not affect any act done, or any right accruing or accrued or any suit or proceeding had or commenced in any civil or criminal cause prior to the date of this Order but all such liabilities shall continue and may be enforced as if said amendments had not been made.

JOHN F. KENNEDY THE WHITE HOUSE, June 4, 1963"

4 Coinage Act of 1792.
5 Coinage Act of 1873.
6 Bland-Allison Act of 1878.
7 Sherman Silver Purchase Ac of 1890.
8 *New York Times*, October 16, 1961.
9 Ibid., March - November, 1961.
10 Federal Reserve Bulletin, April 1963, page 469.
11 President Lyndon B. Johnson Remarks at the Signing of the Coinage Act. July 23rd, 1965.
12 *Wall Street Journal*, June 7, 1966.
13 Ferdinand Lips, Gold War, The Battle Against Sound Money as Seen From a Swiss. Perspective (New York: The Foundation for the Advancement of Monetary Education 2001) p52.
14 Ibid., p53.
15 Freemarket Gold & Money Report, *Thinking The Unthinkable*, April 25, 1994.
16 Source: United States State Department. 1998. Foreign Relations of the United States 1964-1968, Vol VIII, (Washington: Government Printing Office), documents 187, 188, 189.
17 Henry Kissinger , *Diplomacy* (Simon & Schuster; Reprint edition April 4, 1995) Chapter 26.
18 Jacques Rueff, *The Inflationary Impact the Gold Exchange Standard Superimposes on the Bretton Woods System* (Greenwich, CT: Committee for Monetary Research and Education, 1975).
19 Donald Hoppe, *How to Invest in Gold Stocks* (New York: Arlington House, 1972) , p181.
20 Ibid.
21 Melchior Palyi, A Point of View, Commercial And Financial Chronicle (July 24, 1969).
22 Ferdinand Lips, Gold War, The Battle Against Sound Money as Seen From a Swiss. Perspective (New York: The Foundation for the Advancement of Monetary Education 2001) p77.
23 John Perkins, *Confessions of an Economic Hit Man* (Berrett-Koehler Publishers, Inc, San Francisco 2004).

# 第八章

# 不宣而戰的貨幣戰爭

我們就像狼群站在高高的山脊之上，俯視著一群麋鹿。泰國的經濟與其說看起來是一頭亞洲的小老虎，不如說更像一隻受傷的獵物。我們選擇病弱的（進行獵殺），是為了保持鹿群整體上更健康。[1]

《時代》，一九九七

## ◎本章導讀

眾所周知，誰能壟斷某種商品的供應，誰就能實現超級利潤。而貨幣是一種人人都需要的商品，如果誰能壟斷一國的貨幣發行，誰就擁有無法限量的賺取超級利潤的手段。這就是數百年來，爲什麼國際銀行家要絞盡腦汁、處心積慮、無所不用其極地謀取壟斷一國的貨幣發行權的原因。他們的最高境界就是壟斷全世界的貨幣發行權。

爲了站穩控制世界貨幣發行這一金融戰略制高點，國際銀行家從二十世紀七〇年代起，發動了一系列旨在鞏固美元信心、「肢解」發展中國家經濟和打垮潛在競爭對手的貨幣戰爭，其最終的戰略目的就是：讓世界經濟「有控制地解體」，爲完成一個在倫敦—華爾街軸心控制之下的「世界政府」、「世界貨幣」和「世界稅收」奠定堅實的基礎。

請注意，國際銀行家是一個「超級特殊利益集團」，他們不效忠於任何一個國家和政府，相反地，他們控制國家和政府。他們在一定的歷史階段內利用美元和美國的力量，但是當他們的準備工作就緒後，就可能隨時攻擊美元，從而製造世界範圍內一九二九年級別的經濟危機，以嚴重的危機促使和脅迫各國政府放棄更多的主權，施行區域貨幣和區域政府制度。

打擊中國的金融體系，毫無疑問是他們的重中之重。對中國下手，絕不是會不會的問題，而是什麼時候、以什麼方式的問題。在這一點上，任何僥倖的想法都會產生災難性的後果。

他們可能採取的戰略戰術，跟打擊日本的戰略有著很大相似性，首先是製造中國的超級資產泡沫，中國的經濟在他們的「幫助」下，將會有幾年的極度繁榮時期，類似於一九八五年到一九九〇年的日本。然後他們將痛下殺手，實施「遠端非接觸式」的金融核打擊，打垮世界對中國經濟的信心，將國際和國內資金嚇得四散奔逃。最後再以跳樓價收購中國的核心資產，並對中國經濟進行「徹底解體」，完成統一世界過程中最艱難的一步。

## 一九七三年中東戰爭：美元反擊戰

實際上，一九七三年十月六日爆發的第四次中東戰爭並不是偶然的。同年五月的彼爾德伯格俱樂部年會上，八十四位國際銀行家、跨國公司巨頭和被選中的政客，會商如何應付令人頭痛的、失去黃金支撐的美元頹勢。大衛．洛克斐勒帶來了心腹謀士布里辛斯基，大家討論的結果是必須重振美元信心，奪回業已失控的金融戰場的主導權。

國際銀行家提出了一個驚人的計畫，讓國際油價上漲四〇〇%！[2]

這一大膽的計畫將達成幾個目的：一方面，由於世界石油交易普遍使用美元結算，石油價格暴漲四倍，將導致世界各國對美元的需求激增，抵消美元失去黃金支撐後各國對美元拋售所產生的副作用。另一方面，由於前幾年「經濟殺手」們的出色工作，拉美和東南亞的許多國家已經中了過度貸款的狠招，一旦石油價格猛漲，美國順勢大幅提高利率，這些經濟落後而資源豐富的國家，將成爲一群肥美待宰的羔羊。

這個計畫最出彩的地方就是「嫁禍於人」。挑動埃及和敘利亞進攻以色列，美國再公開支持以色列來激怒阿拉伯人，最後導致阿拉伯國家一怒之下對西方實行石油禁運，石油價格必將一飛衝天，而全世界的怒氣全都發到了阿拉伯國家身上。國際銀行家們一面坐山觀虎鬥，一面清點著石油美元回流的鈔票，不僅一舉挽回美元頹勢，重奪金融戰場主動權，還順手牽羊地痛剪了拉美、印尼等國的羊毛。此計堪稱絕妙至極。

縱觀歷史上國際銀行家的歷次出手，可以發現他們始終遵循著「最優演算法」，每一次重大戰略行動都會同時達成三項以上的主要目標，以「一石三鳥」來形容也絕不過分。國際銀行家從來就是打「組合拳」的高手。

布里辛斯基和季辛吉這兩位國際銀行家的哼哈二將全力協助，整個事件發展完全不出所料。布里辛斯基出謀策劃，季辛吉身為尼克森政府的情報「沙皇」直接參與執行。威廉・恩格在《世紀戰爭》一書中尖銳地指出：

> 季辛吉持續地壓制流向美國的（中東地區）情報，包括美國情報部門截獲的阿拉伯官員對戰爭準備的確認。華盛頓在戰爭期間的表現和戰後季辛吉著名的「穿梭外交」，都精確地執行了彼爾德伯格五月會議的路線。阿拉伯的石油生產國成為全世界洩憤的替罪羔羊，而盎格魯—美國的利益卻悄悄地躲在幕後。[3]

在季辛吉的誘惑和威逼下，沙烏地阿拉伯是第一個與美國達成合作的OPEC國家，它用石油美元購買美國債券，從而實現「石油美元回流」。然後季辛吉過關斬將，到了一九七五年，OPEC的部長們同意只用美元進行石油結算。世界貨幣於是進入了「石油本位」的時代。

石油價格暴漲導致了石油貿易結算對美元需求的暴漲，終於使美元在國際上重新獲得有力支撐。從一九四九年到一九七〇年，世界石油價格一直穩定在一．九美元一桶。從一九七〇年到一九七三年，油價逐步上升到三美元一桶。一九七三年十月十六日戰爭爆發後不久，OPEC將油價調高七〇%至五．一一美元一桶。一九七四年一月一日，油價又上漲一倍到了一一．六五美元。從一九七三年彼爾德伯格會議之前到一九七四年一月，石油價格果然上漲了近四〇〇%。

一九七四年，不明就裡的尼克森總統還試圖讓美國財政部向OPEC施加壓力，讓油價回落，政府一名知道內情的官員在備忘錄中寫道：「銀行家對這個建議置之不理，而強調以『石油美元回流』的策略對付高油價，這是一個致命的決定。」

隨後而來的高油價時代，造成了西方各國高達兩位數的通貨膨脹，人民儲蓄被大幅洗劫，更為不幸的是毫無防範意識的發展中國家。恩格解釋道：

石油價格四〇〇%的暴漲，對於以石油為主要能源的國家的經濟造成了很大衝擊。大多數缺乏石油資源的經濟體，突然碰到了出乎意料和難以支付的四〇〇%進口能源成本，更不必說農業使用的、從石油提煉而來的化肥等的成本上升。

一九七三年，印度的貿易是順差，處在一個健康的經濟發展狀態。到了一九七四年，印度的外匯存底為六．二九億美元，卻要支付兩倍於此的進口石油費用，即一二．四一億美元。同樣到一九七四年，蘇丹、巴基斯坦、菲律賓、泰國、非洲和拉丁美洲，一個國家接著一個國家面臨貿易赤字。據國際貨幣基金組織統計，一九七四年發展中國家的貿易赤字達到了三五〇億美元，這在當時是一個天文數字。並不奇怪的是，這個赤字總和恰好相當於一九七三年的四倍，也就是說與石油價格上漲成比例。

七〇年代初期強勁的工業生產和貿易，被一九七四年到一九七五年世界範圍內的工業與貿易萎縮所取代，其嚴重程度是二次大戰結束以來之最。4

二十世紀七〇年代，許多正在工業化的發展中國家，已經陷入對世界銀行低息貸款的嚴重依賴，石油價格猛漲使得這些國家的大量資金被高油價所吞噬。發展中國家面臨著要嘛停止工業化進程，從而無法償還世界銀行過量的貸款，要嘛就得向世界銀行借更多的錢，來購買石油和償還巨額債務的本息。

而與國際貨幣基金組織聯手設套的國際銀行家早已張網以待，國際貨幣基金組織開出一連串苛刻的援助條件，再強逼著這些糊裡糊塗就倒了大楣的發展中國家，喝下著名的「國際貨幣基金組織四帖良藥」，即國家核心資產私有化、資本市場自由化、基本生活要素市場化和自由貿易國際化，大部分國家喝下這幾帖藥後非死即傷，個別抵抗力強的國家也落得元氣大傷，民貧國弱。

就在發展中國家掙扎著到處借美元進口昂貴的石油時，又一個晴天霹靂在等待著它們。

## 保羅・沃爾克：世界經濟「有控制地解體」

沃爾克當選（美聯儲主席）是因為他是華爾街的人選。這是他們的開價。為人所知的是他很聰明和保守，不為人所知的是他即將掀起一場巨變。

查理斯・吉斯特，歷史學家

一九七三年，美國大通曼哈頓銀行董事長大衛・洛克斐勒為了加強北美、西歐和日本金融界之間的關係，在布里辛斯基的倡議和協助下，組建了一個名叫美、歐、日三邊委員會的團體。委員會的主要成員均是北美、西歐和日本的一些大銀行家、大企業家和著名的政界人物，並在紐約、巴黎、東京分別設了三個總部，由這三個地區各出一人擔任主席。紐約總部的主席理所當然是大衛・洛克斐勒，身為大衛・洛克斐勒心腹謀士的布里辛斯基，便成為這個總部主持日常工作的執行主任。布里辛斯基有個在哥倫比亞大學當教授的好友，叫迪安・列斯克（Dean Rusk），是喬治亞州人，他在甘迺迪、詹森掌管白宮時曾擔任國務卿。他向布里辛斯基建議，邀請喬治亞州州長卡特參加三邊委員會，並一再讚美卡特的創業魄力和政治遠見。

在列斯克的熱情撮合下，布里辛斯基和卡特見了兩次面。布里辛斯基一眼就相中了卡特，認定此人日後必成大器，自然很想將他網羅在身邊，但以卡特當時的職位和聲望，要想成為三邊委員會的成員，在執行委員會表決時恐很難通過。於是布里辛斯基便當面向大衛・洛克斐勒先生做了推薦，著力將卡特大大稱讚了一番。三邊執行委員會主席採納了他的意見，並親自提名。就這樣，名不見經傳的喬治亞州州長吉米·卡特的名字被列入三邊委員會美國成員的名單中。這是他為五年後跨上白宮的台階，所邁出的至關重要的一大步。

在卡特一九七七年入主白宮之後，他的「入黨介紹人」布里辛斯基順理成章地成為卡特總統的國家安全顧問，實際上是代表國際銀行家進行「攝政」，其角色與尼克森時代的季辛吉類似。

一九七八年，美聯儲主席職位出缺，這可是國際銀行家非常看重的一個要角，大衛·洛克斐勒向卡特力薦手下名將保羅·沃爾克擔當此任，卡特總統無法拒絕這一要求。

《紐約時報》稱「沃爾克的任命得到了波昂、法蘭克福和瑞士的歐洲銀行的認可」，跌市已久的紐約股票市場還少有地上升了九·七三點，美元在國際市場上一下子堅挺起來。

自從一九三三年尤金·梅耶從美聯儲辭職以來，國際銀行家族的成員已經全部從金融市場的第一線撤到了幕後，他們主要透過嚴格挑選美聯儲紐約銀行行長的人選來控制美聯儲的運作。沃爾克非常符合他們的條件。他早年就讀於普林斯頓和哈佛大學，後赴倫敦政經學院進一步深造，五〇年代擔任美聯儲紐約銀行的經濟學家，後到大通曼哈頓銀行任經濟學家，六〇年代在財政部工作，在尼克森時代是廢除金本位的主要操盤手之一。一九七四年開始擔任美聯儲紐約銀行行長的重要職位，實際負責美聯儲的全盤運作。

一九七八年十一月九日，意氣風發的沃爾克在英國沃維克大學（Warwick University）發表的一篇演講中透露：「世界經濟中某種程度的『有控制地解體』，是八〇年代一項合理的目標。」[5]

問題是：解誰的體？如何解體？

首當其衝的自然是嚴重負債的第三世界國家，其次是蘇聯與東歐。

沃爾克上任伊始便祭起「打擊世界範圍的通貨膨脹」這面光鮮的大旗，與緊密同盟英國一道使美元借貸變得昂貴無比。美元拆借利息平均值從一九七九年的十一．二%，一口氣漲到一九八一年的二○%，基本利率更高達二一．五%，國債衝上十七．三%。

英國首相柴契爾夫人於一九七九年五月當選，她發誓「要把通貨膨脹從經濟中驅除出去」。她上任僅一個月，就把基準利率在十二個星期之內從十二%提高到十七%，在如此短的時間之內，把所有行業的借貸成本猛然提高四二%，這在和平時期的工業化國家中可謂史無前例。柴契爾夫人也因此贏得了「鐵娘子」的稱號。

在「反通貨膨脹」的大旗下，經濟陷入嚴重衰退，人民和商業承受著痛苦的代價，美國和英國的銀行家卻大發利市。

削減政府開支、減稅、開放行業管制、打破工會力量等口號響徹雲霄，沉重債務負擔之下的發展中國家更是哀鴻遍地，死亡枕藉。此時發展中國家的債務，已經由彼爾德伯格一九七三年五月會議時的一三○○億美元暴漲五倍，到一九八二年時達到了驚人的六一二○億美元。當美國和英國在「反通貨膨脹」的口號下，突然將利率提高到二○%左右的時候，發展中國家的巨額債務在如此驚人的「高利貸」壓榨之下，已經使它們註定成為國際銀行家刀板上的魚肉了。毫無金融戰爭防範意識的亞、非、拉丁美洲國家，將為它們的疏忽付出慘痛代價。

美國國務卿舒茲在一九八二年九月三十日的聯合國會議上指出，國際貨幣基金組織應該對發展中國家的還債嚴加監督，他敦促發展中國家應該使出口產品「更吸引西方」，只有「自由貿易」才能拯救它們，此外，加大出售原物料的力度，能加快它們債務清償的過程。

墨西哥總統波提羅（Lopez Portillo）則針鋒相對地指出，英美國際銀行家的策略，就是要用高利率和與之相隨的低原物料價格這對「剪刀的雙刃來扼殺一些發展中國家已經取得的建設成就，並泯滅其餘國家取得進步的可能」。他進一步威脅要帶領發展中國家停止債務支付。他指出：

> 墨西哥和其他第三世界國家，不能按照與現實情況差異巨大的條件來按時償還債務。我們發展中國家不願意成為（西方國家的）附庸。我們不能夠使我們的經濟癱瘓或讓我們的人民陷入更悲慘的境地來償還這些債務。在沒有我們參與的情況下，這些債務償還的費用已經漲了三倍，我們對此沒有責任。我們旨在消除饑餓、疾病、無知和依賴方面的努力並沒有造成國際危機。6

不幸的是，波提羅在聯合國發言後僅兩個月，就被國際銀行家看中的人選所取代，國際貨幣基金組織作為「維護貸款秩序的警察」插手墨西哥債務清償，恩格這樣描述了這段歷史：

> 現代歷史上最具規模的有組織搶劫行動開始了，其規模遠超二〇年代的類似活動。與西

歐或美國媒體精心掩飾的情況正相反，債務國償付了好幾遍欠債，他們正是以血和「一磅鮮肉」來償還現代紐約和倫敦的夏洛克們的。一九八二年八月以後發展中國家不再還債並非實情。他們的頭上被頂著槍，在國際貨幣基金組織的威逼下，簽署了銀行家們美其名曰「債務解決方案」的協議，參與的都是著名的紐約花旗銀行或大通銀行。7

國際貨幣基金組織的貸款，只有在債務國簽署了一系列「特別條款」之後才能得到，這些條款包括：削減政府開支、提高稅收、貨幣貶值。然後債務被重新延展，發展中國家還需要支付一筆「服務費」給國際銀行家，並被記入債務的本金中。

墨西哥被迫削減對醫藥、食品、燃油和其他生活必需品的政府補貼，同時比索被貶值到慘不忍睹的程度。一九八二年年初，在波提羅總統一系列經濟改革措施之下，比索對美元比價為十二比一，而到一九八九年，比索對美元已貶到二三〇〇比一。事實上，墨西哥經濟已經被國際銀行家們「有控制地解體」了。

據世界銀行統計，從一九八〇年到一九八六年，世界一百多個債務國僅向國際銀行家支付利息一項就高達三二六〇億美元，本金償付又支付了三三二〇億美元。發展中國家為四三〇〇億美元（一九八〇年）的債務，總共支付了六五八〇億美元的費用。儘管這樣，到了一九八七年，一百零九個債務國還欠國際銀行家一．三兆美元。在如此驚人的基礎上進行利滾利，只怕發展中國家永遠沒有還清債務的時候了。於是，國際銀行家與國際貨幣基金組織就開始對債務國實施破產清償。接受銀行家「債務解決方案」的國家，被迫以跳樓價出賣大量核心資產，如自來水、電力、天然氣、鐵路、電話、石油、銀行等。

人們終於見識到國際銀行家所策劃的世界經濟「有控制地解體」具有何等的殺傷力！

## 世界環保銀行：要圈地球三〇％的陸地

在亞非拉發展中國家深陷債務泥潭之際，國際銀行家開始策劃一個更大的行動，其方式超乎普通人想像力的極限，正常智力的人們無論如何也想不到，「環境保護」竟然是一個更大圖謀的切入點。如果不從歷史的角度看問題，就不可能明白國際銀行家令人眼花繚亂的「組合拳」的巨大威力！

一九六三年八月初，美國中西部的一所著名大學裡，一位化名爲「約翰．多伊」（John Doe）的社會學教授，接到華盛頓打來的一通電話，邀請他參加一項祕密研究課題，參與該計畫的十五名專家都是美國著名大學的頂尖學者。「約翰．多伊」教授帶著好奇來到了一個名叫「鐵山」（Iron Mountain）的地方報到。

「鐵山」靠近紐約州的哈德遜城，這裡有當年冷戰期間爲防禦蘇聯核武攻擊而修建的巨大地下設施，幾百家美國最大公司的總部都在此處設有臨時辦公地點。這些公司包括：紐澤西的標準石油公司、殼牌石油公司和漢諾威製造信託公司等。如果核戰爭爆發，這裡將成爲美國最重要的商業運作中心，以確保核戰爭之後，美國商業體系仍然能夠生存下來。平時，這裡是這些公司儲存機密文件檔案的地方。

這個神祕的研究小組要研究的課題是，如果世界進入了「永久和平」階段，美國將面臨什麼樣的挑戰，以及美國的對應策略。這項研究工作持續了兩年半的時間。

一九六七年，這個十五人的課題組完成了一份絕密報告，這份報告的作者們被政府要求對該報告嚴格保密。但是其中的「約翰．多伊」教授覺得這份報告實在太重要了，不應該向公眾隱瞞。他於是找到著名作家里倫納德．萊文，在萊文的幫助下，這本名叫《來自鐵山的報告》（*Report From Iron Mountain*）的書，由戴爾出版公司於一九六七年正式出版。該書一經面世，立刻震驚美國社會各界。大家都在猜到底誰是「約翰．多伊」。該報告被認爲是當時的美國國防部長麥克納馬拉（Robert McNamara）所策劃，麥克納馬拉是外交協會的成員，後來擔任世界銀行行長。運作的研究機構被認爲是哈德遜研究所，該機構的創始人赫曼．卡恩（Herman Kahn）也是外交協會成員。

對於這次洩密事件，詹森的國家安全顧問羅斯托立刻站出來進行緊急「消毒」，他指出該報告純屬子虛烏有。同樣由外交協會成員亨利．魯斯（Henry Luce）控制下的《時代》，也說該報告是「巧妙的謊言」。該報告究竟是眞是假，美國社會至今仍然爭論不休。

不過，一九六七年十一月二十六日，《華盛頓郵報》曾經在「書評」專欄中介紹過這本書。介紹該書的就是哈佛大學著名教授高伯瑞（John Kenneth Gabraith），他也是外交協會成員，在文章中他指出，他有第一手的資訊證明該報告是眞實的，因爲他本人就在被邀請之列。後來儘管他沒能參加這個專案的工作，但該專案一直向他諮詢各種問題，他也被告知要對外保密。「我願意用我個人的名譽擔保這個文件（「鐵山報告」）的眞實性，我也願意證實它的結論的有效性。我有所保留的只是，將它公佈給沒有準備的公眾是否明智。」[9]後來高伯瑞曾在其他媒體上兩次重申該報告的眞實性。

那麼，該報告究竟有什麼驚人的結論，讓「精英們」如此緊張呢？

原來該報告詳實地透露了「世界精英們」對未來世界的發展規劃。報告的基本宗旨就是，不討論對與錯的問題，也不考慮自由與人權之類的空洞概念，一切諸如意識形態、愛國主義和宗教立場都無關緊要，這是一份「純粹客觀」的報告。

報告開宗明義地指出：

> 持續的和平，儘管從理論上說並非不可能，但是卻不具有可持續性。即使（和平的目標）是可以達到的，它也肯定不是一個穩定社會的最佳選擇……戰爭是使社會穩定的一種特殊方式。除非其他替代方式能夠被發展出來，否則戰爭系統應該被保持和強化。[10]

報告認爲，只有在戰爭時期或是在戰爭的威脅之下，人民才最有可能服從政府而沒有怨言。對敵人的仇恨和被征服與劫掠的恐懼，使人民更能夠承受過重的稅賦和犧牲。戰爭又是人民強烈情緒的催化劑，在愛國、忠誠和勝利的精神狀態下，人民可以無條件地服從，任何反對意見都會被認爲是背叛行爲。相反地，在和平情況下，人民會本能地反對高稅收政策，討厭政府過多干預私人生活。

戰爭系統不僅是一個國家作爲獨立政治系統存在的必要因素，對於政治穩定也是必不可少的。沒有戰爭，政府統治人民的「合法性」就會出現問題。戰爭的可能性提供了一個政府能夠擁有權力的基礎。歷史上不勝枚舉的例子表明，失去戰爭威脅的政權，最終導致了權力瓦解，這種破壞作用來源於個人利益膨脹、對社會不公的怨恨，以及其他解體因素。戰爭的可能成爲保持社會組織結構的政治穩定因素。它保持了社會階層分明，保證了人民對政府的服從。[11]

但是該報告認爲，傳統的戰爭方式也有其歷史的局限性，在這種狀態之下，世界政府的大業將難以實現，特別是在核戰爭時代，戰爭爆發變成了一種難以預測和風險極大的問題。考慮到該研究正是在古巴飛彈危機之後不久開始進行的，當時美國和蘇聯核武大戰的陰影，肯定在一定程度上影響了研究者們的心態。

問題是，一旦世界出現了「永久和平」，美國社會的出路何在呢？這正是這個祕密研究小組要追尋的答案。

換句話說，他們需要爲美國找到一個能夠替代「戰爭」的新方案。經過謹慎的研究，專家們提出，替代戰爭的新方案必須同時具備三大條件：一、在經濟上必須是「浪費」的，最少需要消耗每年GDP的十%；二、必須是一種跟戰爭危險類似的、大規模的、可信的重大威脅；三、必須提供人民強迫性服務於政府的合乎邏輯的理由。

要同時滿足這三大條件，也不是一項輕鬆的工作。專家們先是想到「向貧困宣戰」。貧困問題雖然龐大，但是不具備足夠的恐懼感，所以很快被放棄了。另一個選擇是外星人入侵，雖然這足夠恐怖，但在六〇年代還缺乏可信度，於是又被放棄了。最後大家想到了「環境污染」，它在相當程度上是一個事實，具備可信度，在對環境污染的宣傳上下下工夫，足以達到核戰爭之後世界末日的恐怖程度；不斷地污染環境的確在經濟上是非常「浪費」的；人民忍受高稅收和降低生活質量，接受政府干預私人生活，爲的是「拯救地球母親」，非常符合邏輯。

這實在是一個絕妙的選擇！經過科學地估算，環境污染問題要達到在世界範圍內引起強烈危機的時間大約爲一代半左右，即二十至三十年。報告的發表時間是一九六七年。

二十年後……

一九八七年九月，世界野生環境保護委員會（World Wilderness Congress）第四次大會在美國科羅拉多州丹佛市召開，來自六十多個國家的兩千名代表參加了這一次會議。參加這次會議的代表驚訝地發現，一份名爲《丹佛宣言》的文件已經爲他們準備好了。《丹佛宣言》指出：

> 因爲新的資金必須被籌集起來以擴大環境保護的活動範圍，我們應該創造出一種新的銀行模式，以便將對環境管理的國際援助與受援國的資源管理需求加以整合。

這種新的銀行模式就是「世界環保銀行」的方案。

與以前類似會議迥然不同的是，一大批國際銀行家出席了這次會議，爲首的就是艾德蒙．羅斯柴爾德男爵、大衛．洛克斐勒和美國財政部長詹姆斯．貝克（James Baker）。這些超級大忙人居然在一個環保會議上盤桓了整整六天，向大會介紹和推銷世界環保銀行的金融方案。

艾德蒙．羅斯柴爾德在大會上發言，將這個世界環保銀行稱爲「第二個馬歇爾計畫」，它的建立將把發展中國家從債務泥潭中「拯救」出來，同時還能保護生態環境。[12]

請注意，截至一九八七年，發展中國家的全部債務高達一．三兆美元。

世界環保銀行的核心概念就是「以債務替換自然資源」（Debt for Nature Swap）。國際銀行家們計畫將發展中國家的一．三兆美元債務進行再貸款，將債務轉到世界環保銀行帳上，債務國用瀕臨生態危機的土地做抵押，從世界環保銀行那裡得到債務延長和新的弱勢貨幣貸款（Soft Currency Loan）。被國際銀行家圈出的發展中國家的「生態土地」遍佈拉丁美洲、非洲和亞洲，總面積多達五千萬平方公里，相當於五個中國的面積，佔地球陸地面積的三〇％！

七〇年代發展中國家向國際貨幣基金組織和國際銀行家的貸款，絕大多數沒有抵押品，僅以國家信用爲憑證，當債務危機爆發後，國際銀行家不太容易進行破產清償。當這些債務轉到世界環保銀行頭上後，國際銀行家們帳目上原本很難看的呆帳一下變成了優質資產。由於世界環保銀行擁有著土地作爲抵押，一旦發展中國家無法清償債務，這些被抵押的大面積土地，在法律上就屬於世界環保銀行了，而控制著世界環保銀行的國際銀行家們，就順理成章地成爲大片肥沃土地的實際擁有者。以人類圈地運動的規模來看，世界環保銀行堪稱前無古人。

如此巨大的利益，難怪如羅斯柴爾德和洛克斐勒這般人物也要「關心」此次環保大會長達六天之久。

巴西財政部高級官員科斯塔博士（Jose Pedro de Oliveira Costa）在聽到羅斯柴爾德的世界環保銀行提議後一夜未眠。他認為，如果環保銀行提供弱勢貨幣貸款，在短期內可能對巴西的經濟有所幫助，至少經濟發動機可以再度啓動。但是從長遠來看，巴西無論如何是無法償還這些貸款的，最終的結果就是，作為貸款抵押品的風水寶地——亞馬遜地區將不再為巴西所擁有。

被抵押的資源還不僅限於土地，水源和其他地面及地下的自然資源也在被抵押之列。

世界環保銀行的名稱比較刺眼，最終以全球環境基金（Global Environment Facility）的名義於一九九一年成立，由世界銀行負責管理，而美國財政部是世界銀行的最大股東。國際銀行家們的長遠規劃，目前正在逐步得以實施。

## 金融核彈：目標東京

日本在國際上已經積累了巨額財富，而美國則欠下了空前的債務。雷根總統所追求的軍事上的優勢只是一種幻覺，它是以喪失我們在世界經濟中的放貸者地位為代價。儘管日本企圖繼續躲在美國的陰影裡悄悄地發展壯大，事實上日本已經成為世界級的銀行家。

日本崛起成為世界金融強權，是一件非常令人不安的事情。[13]

索羅斯，一九八七年

當英國在第一次世界大戰中將國際放貸者的地位讓與美國時，同時失去的是大英帝國的全球霸主地位。國際銀行家對這一事件當然記憶猶新。東亞國家的經濟在二次大戰以後迅速崛起，給倫敦、華爾街的銀行家們敲響了警鐘，一切可能阻撓和破壞由他們主導的世界政府和世界統一貨幣的任何潛在競爭對手，都必須嚴加防範。

日本身爲亞洲最先起飛的經濟體，無論是經濟增長的質量、工業產品的出口競爭力，還是財富積累的速度和規模，都迅速到讓國際銀行家驚恐的程度。用柯林頓時代的美國財政部長薩莫斯（Lawrence Summers）的話說：「一個以日本爲頂峰的亞洲經濟區造成了大多數美國人的恐懼，他們認爲日本對美國所構成的威脅甚至超過了蘇聯。」

日本戰後以模仿西方產品設計起家，然後迅速降低生產成本，最後反過來佔領歐美市場。日本在二十世紀六〇年代已經開始在汽車工業中大規模使用工業機器人，將人工失誤率降到幾乎爲零。七〇年代的石油危機，使得美國生產的八缸耗油轎車很快就被日本物美價廉的省油車打得落花流水。美國在低技術含量的汽車工業中，已經逐漸喪失了抵抗日本車進攻的能力。八〇年代以來，日本的電子工業突飛猛進，新力、日立、東芝等一大批電子企業從模仿到創新，三兩下就掌握除了中央處理器之外的幾乎所有積體電路和電腦晶片製造技術，在工業機器人和廉價勞動力的優勢之下，重創了美國的電子和電腦硬體行業，日本甚至達到了美國製造的飛彈必須使用日本晶片的程度。一度美國幾乎人人相信，東芝、日立收購美國的IBM和英代爾只是時間問題，而美國的產業工人則擔心日本的機器人最終會搶走自己的飯碗。

美英在八〇年代初實施的高利率政策固然挽救了美元的信心，同時痛宰了非洲和拉丁美洲眾多發展中國家一刀，但高利率也嚴重殺傷了美國的工業實力，造成了日本產品在八〇年代大舉進佔美國市場的局面。

當日本舉國沉浸在一片「日本可以說不」的歡欣之時，一場對日本金融的絞殺戰已在國際銀行家的部署之中了。

一九八五年九月，國際銀行家終於開始出手了。美、英、日、德、法五國財長在紐約廣場賓館簽署了「廣場協定」，目的是讓美元對其他主要貨幣「有控制地」貶值，日本銀行在美國財政部長貝克的高壓之下，被迫同意日圓升值。在「廣場協定」簽訂後的幾個月之內，日圓對美元由二五〇日圓兌換一美元，升值到一四九日圓兌換一美元。

一九八七年十月，紐約股市崩盤。美國財政部長貝克向日本首相中曾根康弘施加壓力，讓日本銀行繼續下調利率，使得美國股市看起來比日本股市更有吸引力一些，以吸引東京市場的資金流向美國。貝克威脅說如果民主黨上台，將在美日貿易赤字問題上嚴厲對付日本，然後貝克又拿出「胡蘿蔔」，保證共和黨繼續執政，老布希一定會大大地促進美日親善。中曾根低頭了，日圓利率很快地跌到僅有二．五%，日本銀行系統開始出現流動性氾濫，大量廉價資本湧向股市和房地產，東京的股票年增長率高達四〇%，房地產甚至超過九〇%，一個巨大的金融泡沫開始成型。

在如此短的時間內，貨幣兌換發生的這種劇烈變化，將日本的出口生產商打得元氣大傷。為了彌補由於日圓升值所導致的出口下降的虧空，企業紛紛從銀行低息借貸炒作股票，日本銀行的隔夜拆借市場迅速成爲世界上規模最大的中心。到了一九八八年，世界前十名規模最大的銀行被日本包攬。此時東京股票市場已經在三年之內漲了三〇〇％，房地產更達到令人瞠目的程度，東京一個區的房地產總值以美元計算，超過了當時美國全國的房地產總值。日本的金融系統已到了岌岌可危的地步。

本來，如果沒有外部極具破壞性的震盪，日本經濟也許可能以和緩的緊縮逐漸實現軟著陸，但是日本萬萬沒有想到的是，這是一場國際銀行家不宣而戰的金融絞殺行動。

鑒於日本金融實力的強大，在傳統的常規金融戰場上，國際銀行家並無必勝的把握，要對日本金融系統進行致命的一擊，就必須動用美國剛研製出來的金融核彈：股票指數期貨（Stock Index Futures）。

一九八二年，美國芝加哥商業交易所（Chicago Mercantile Exchange）最早「研製」成功股票指數期貨這一威力空前的金融武器。它本是用來搶奪紐約證券交易所生意的工具，當人們在芝加哥買賣對紐約股票指數的信心時，不必再向紐約股票交易商支付傭金。股票指數無非就是一組上市公司的清單經過加權計算得出的資料，而股票指數期貨就是賭這個清單上的公司未來的股票價格走勢，買賣雙方都不擁有，也不打算擁有這些股票本身。

股票市場玩的就是「信心」二字，大規模做空股指期貨必然導致股票市場崩盤，這一點已經在一九八七年十月的紐約股市暴跌中得到有效驗證。

八〇年代日本的經濟騰飛，使日本人多少產生了一種目空一切的優越感。當日本股票價格高到沒有一位理智的西方評論家能夠理解的程度時，日本人仍然有大量理由相信自己是獨一無二的。一名當時在日本的美國投資專家這樣說道：「在這裡有一種日本股市不可能下跌的信念，在一九八七、一九八八，甚至一九八九年時仍然是這樣。他們覺得有一種非常特別的東西存在於他們的（股票）市場中，存在於整個日本民族之中，這種特殊的東西能夠使日本違背所有存在於世界各地的規律。」

在東京的股票市場上，保險公司是一個非常重要的投資者。當國際銀行家們派出的摩根史坦利和所羅門兄弟公司等一批投資銀行作爲主要突擊力量深入日本時，他們手握大量現金，四處尋找潛在的目標，他們的公事包裡塞滿了「股指認沽期權」（Stock Index Put Option）這種當時在日本聞所未聞的金融新產品。日本的保險公司正是對此頗有興趣的一幫人，在日本人看來，這些美國人必定是腦子裡進了水，用大量現金去買根本不會發生的日本股市暴跌的可能，結果日本保險業爽快地接受下來。雙方賭的就是日經指數的走向，如果指數下跌，美國人賺錢，日本人賠錢；如果指數上升，情況正好相反。

可能連日本的大藏省也無法統計到底有多少這樣的金融衍生合約在股市暴跌之前成交，這種無人察覺的「金融病毒」，在一個幾乎沒有監管的、祕密的、類似櫃檯交易的地下市場上，在一片繁榮的虛幻中蓬勃地迅速蔓延著。

一九八九年十二月二十九日，日本股市達到了歷史巔峰，日經指數衝到了三八九一五點，大批的股指沽空期權終於開始發威。日經指數頓挫。一九九〇年一月十二日，美國人使出了撒手鐧，美國交易所突然出現「日經指數認沽權證」（Nikkei Put Warrants）這一新的金融產品，高盛公司從日本保險業手中買到的股指期權被轉賣給丹麥王國，丹麥王國將其賣給權證的購買者，並承諾在日經指數走低時支付收益給「日經指數認沽權證」的擁有者。丹麥王國在這裡只是讓高盛公司借用一下它的信譽，對高盛手中的日經指數期權銷售發揮著超級加強的作用。該權證立刻在美國熱賣，大量美國投資銀行紛紛效仿，日本股市再也吃不住勁了，「日經指數認沽權證」上市熱銷不到一個月就全面土崩瓦解了。

股票市場的崩潰首先波及日本的銀行業和保險業，最終是製造業。日本的製造業從前可以在股票市場上以比美國競爭對手至少便宜一半的成本籌集資金，這一切都隨著股票市場的低迷而成爲明日黃花。

從一九九〇年算起，日本經濟陷入了長達十幾年的衰退，日本股市暴跌了七〇%，房地產連續十四年下跌。在《金融戰敗》一書中，作者吉川元忠認爲就財富損失的比例而言，日本一九九〇年金融戰敗的後果，幾乎和第二次世界大戰中戰敗的後果相當。

威廉·恩格在評價日本在金融上的潰敗時是這樣說的：

> 世界上沒有一個國家比美國從前的敵人——日本更加忠實和積極地支持雷根時代的財政赤字和巨額支出的政策了。甚至連德國都不曾那樣對華盛頓的要求無條件地滿足過。而在日本人看來，東京忠誠和慷慨地購買美國國債、房地產和其他資產，最終換來的報償竟是世界歷史上最具破壞性的金融災難。[14]

二〇〇六年夏，美國新任財政部長保爾森訪華，當聽到他熱情洋溢地「祝中國成功」時，人們心中不禁冒出絲絲寒氣。不知他的前任財長貝克當年拉著日本首相中曾根康弘的手時，是不是也說過同樣的話？

## 索羅斯：國際銀行家的金融駭客

長久以來，世界各地的媒體都把索羅斯刻畫成天馬行空的「獨行俠」或「特立獨行」的金融天才，關於他的種種傳說，更是爲他憑添了幾分神祕色彩。格魯曼曾開玩笑地認爲，這個正反讀起來都一樣的姓（SOROS）就是與眾不同。

索羅斯果真獨往獨來，僅憑他一人的「金融駭客天才」就能單挑英格蘭銀行，力撼德國馬克，橫掃亞洲金融市場？

恐怕只有大腦簡單的人才會相信這樣的傳奇。

索羅斯橫掃世界金融市場的「量子基金」，註冊於加勒比海的荷蘭屬地安地列斯群島的避稅天堂克拉考（Carucao），從而可以隱匿該基金的主要投資者和資金調度蹤跡，這裡也是國際上最重要的販毒洗錢中心。

鑒於美國證券法規定對沖（避險）基金的「複雜投資人」（Sophisticate Investors）不得超過九十九名美國公民，索羅斯煞費苦心地確保這九十九名超級富豪中沒有一個是美國人。在這樣一個離岸對沖基金中，索羅斯甚至不在董事會成員之中，只是以「投資顧問」的名義參與基金的運作。不僅如此，他還選擇了以他在紐約設立的索羅斯基金管理公司（Soros Fund Management）的名義擔當這個顧問職務。

如果美國政府要求他提供該基金運作的詳細情況，他可以聲稱自己只是一名投資顧問以推卸責任。

索羅斯的量子基金可不簡單。他的董事會包括：

- 董事理查・凱茲（Richard Katz）。凱茲是倫敦羅斯柴爾德銀行的董事，以及羅斯柴爾德家族義大利米蘭銀行的總裁。
- 董事尼斯・陶布（Nils Taube）。陶布是倫敦銀行團St. James Place Capital的合夥人，它的主要運作者也是羅斯柴爾德家族。
- 董事威廉・里斯—莫格（William Lord Ress-Mogg），《泰晤士報》的專欄評論家，也是羅斯柴爾德家族控制下的St. James Place Capital的合夥人。
- 董事艾德加・皮西托（Edgar de Picciotto），瑞士私人銀行中最具爭議性的人物，被稱爲「日內瓦最聰明的銀行家」。皮西托的鐵哥兒們包括紐約共和銀行（Republic Bank of New York）的擁有者沙夫拉（Edmund Safra），這個沙夫拉已經被美國執法部門確認與莫斯科銀行犯罪集團有關，並被瑞士官方認定涉及土耳其和哥倫比亞的毒品洗錢活動。

索羅斯的「圈子」還包括瑞士的著名投機商馬克・里奇（Marc Rich）、特爾・艾維（Tel Aviv），和以色列情報部門的軍火商沙爾・艾森堡（Shaul Eisenberg）。

索羅斯與羅斯柴爾德圈子的祕密關係，使得他成爲這個世界上最強大、最神祕的金融集團的馬前卒。羅斯柴爾德家族不僅曾經是英國倫敦金融城的霸主、以色列的創建者、國際情報網絡的祖師爺、華爾街五家最大銀行的後台、世界黃金價格的制訂者，現在仍然主掌著倫敦－華爾街軸心的運作。沒有人知道他們到底擁有多少財富。當羅斯柴爾德和其他國際銀行家把世界首富耀眼的聚光燈打到比爾·蓋茲和股神華倫·巴菲特身上時，他們自己高出「首富們」幾個數量級的財富，正躲藏在瑞士或加勒比海的離岸帳戶上伺機而動。

索羅斯與美國精英圈子的關係也非同一般，他在美國著名的軍火合約商凱雷投資集團（Carlyle Group）中投入了一億美元的私人資金，該集團中有老布希、美國前財政部長詹姆斯·貝克等重量級人物。早在八〇年代，索羅斯就與一些美國政界要人，如前國務卿布里辛斯基、馬德·歐布萊特等人一起創辦了國家民主捐助基金（National Endowment for Democracy），這一組織實際上是由中央情報局（CIA）與私人資本合資建立的。

在國際銀行家們的調教之下，索羅斯從九〇年代起在世界金融市場上掀起了一次又一次的風暴。索羅斯的每一次重要行動，都體現出國際銀行家們的重大戰略意圖，其核心就是促使世界各國經濟「有控制地解體」，以最終完成在倫敦－華爾街軸心控制之下的「世界政府」和「世界貨幣」的準備工作。

八〇年代初，國際銀行家基本上實現了拉丁美洲和非洲發展中國家經濟的「有控制地解體」；八〇年代中後期，又成功地遏制了日本金融勢力的擴張。在控制住亞洲的局面後，歐洲重新成爲國際銀行家重點關注的地區，搞垮東歐和蘇聯就成爲他們下一個主攻方向。

承受這一重要使命的索羅斯，搖身一變成了著名「慈善家」，在東歐和前蘇聯地區大量成立各種基金會。這些基金會都是比照他在紐約成立的「開放社會協會」的模式，倡導極端非理性的個人自由理念。比如他資助的中歐大學（Central European University），面對生活在社會主義體制之下的年輕人，推銷主權國家的概念是邪惡的和反「個人主義」的，經濟自由主義是萬靈藥，對社會現象的理性分析都是「專制主義」。這個學校的主題演講往往是諸如「個人與政府」之類的內容，這些教育思想自然受到了美國外交協會的高度稱讚。

美國著名評論家吉列斯·艾瑪瑞精確地描述了索羅斯們和他們所「慷慨」資助的國際組織的眞實意圖：

在合法性和人道主義的面紗背後，人們總是可以發現同樣一幫億萬富豪「慈善家」以及他們所資助的各種組織，如索羅斯的開放社會協會、福特基金會、美國和平協會、國家民主捐助基金、人權觀察、國際特赦組織、世界危機組織等。在這些人當中，索羅斯最爲顯眼，他就像一隻巨大的章魚，將觸角伸向了整個東歐、東南歐、高加索地區和前蘇聯各共和國。在這些組織的配合下，（索羅斯）不僅可以塑造而且可以製造新聞、公共議題和公眾觀點以控制世界和資源，推動美國製造的「完美的世界統一」的理想。

在東歐社會主義國家解體的過程中，索羅斯發揮了難以估量的作用。在波蘭，索羅斯基金對團結工聯奪取國家政權居功至偉，對新波蘭的頭三位總統有著直接影響力。

索羅斯與美聯儲前主席保羅・沃爾克、花旗銀行副總裁安諾・魯丁、哈佛教授傑佛瑞・薩克斯，一同炮製了讓東歐和前蘇聯一劑斃命的「振盪療法」。索羅斯自己是這樣總結這一療法的：

我考慮到必須展現出政治體制變化以導致經濟改善，波蘭就是一個可以嘗試的地方。我準備了一系列廣泛的經濟改革措施，它包括三個組成部分：看緊貨幣、調整結構和債務重組，我認爲三個目標同時完成要好於單獨實施。我主張一種宏觀經濟的債務與股份置換。[15]

調整產業結構相當於對宏觀經濟秩序進行全面手術，同時卻偏偏要緊縮貨幣供應，等於動大手術卻拒絕給病人輸血，最後的結局當然是經濟徹底解體、生產嚴重衰退、人民生活水平直線下降、工業企業成片倒閉、大量工人失業、社會動盪加劇。此時，正是國際銀行家以「債轉股」在吐血大拋售時輕鬆收購這些國家的核心資產。

波蘭、匈牙利、俄羅斯、烏克蘭，一個接一個痛遭洗劫，致使這些國家的經濟二十年未能恢復元氣。與非洲和拉丁美洲國家弱小到無力反抗的情況完全不同的是，前蘇聯和東歐國家擁有著強大到讓美國無法安睡的軍事力量，在軍事實力仍然強大的狀態下遭到有組織的瘋狂搶劫，這在人類歷史上還是第一次。

索羅斯這種「滅人之國，不用流血」的高超手段，才是他眞正的厲害之處。看來「欲滅一國，先亂其心」確是一個行之有效的辦法。

## 狙擊歐洲貨幣的「危機弧形帶」

按下葫蘆又冒起了瓢，當東歐和前蘇聯「有控制地解體」戰略目標基本達成之後，從來就被排除在權力最核心之外的老歐洲的核心——德國與法國變得不安分起來。它們在失去了蘇聯這一龐大的外來威脅之後，立刻想要另起爐灶搞歐元，與英美金融勢力分庭抗禮。歐元一旦建立起來，勢必對美元體系的霸權產生強烈的動搖作用。倫敦—華爾街軸心與德法同盟之間的貨幣衝突日趨激烈。

問題的根源在於一九七一年布雷頓體系的解體，造成了世界貨幣體系的嚴重失序。在黃金間接本位的布雷頓體系之下，世界主要國家的貨幣匯率幾乎是高度穩定的，各國貿易和財政也不存在嚴重失衡的問題，因為赤字的國家勢必流失真正的國家財富，從而使該國銀行體系信貸能力下降，自動導致緊縮和衰退，消費出現萎縮，進口勢必下降，貿易赤字消失。當人民開始儲蓄，銀行資本開始增加，生產規模擴大，貿易出現順差，社會總財富增加。這一優美的自然循環和控制系統被一九七一年以前的全部人類社會實踐反覆驗證過，嚴重的赤字根本無處藏身，貨幣風險對沖幾乎毫無必要，金融衍生工具沒有存在的條件。在黃金的制約之下，所有的國家都必須誠實和刻苦地工作來積累財富，這也就是國際銀行家厭惡黃金的根本原因。

當失去黃金這一定海神針之後，國際貨幣體系自然大亂，在經過人為製造的「石油危機」造成對美元的強烈需求之下，再藉由一九七九年以來的超高利率，美元才逐漸站穩了腳跟。作為世界各國儲備貨幣的美元，其價格如此上竄下跳，其操縱權完全掌握在倫敦—華爾街軸心的手上，被迫跟著坐貨幣過山車的歐洲國家自然滿腹苦水。於是在七〇年代末，德國財政部長施密特（Helmut Schmidt）找到法國總統季斯卡（Giscard d Estaing），商量建立歐洲貨幣系統（European Monetary System），以消除歐洲國家之間貿易中令人頭痛的匯率不穩定問題。

一九七九年，歐洲貨幣系統開始運轉且效果良好，尚未加入的歐洲國家紛紛表示了加入的興趣。對於這個系統未來可能演變成歐洲統一貨幣的擔憂，開始強烈地困擾著倫敦—華爾街的精英圈子。

更令人不安的是從一九七七年開始，德國和法國開始插手ＯＰＥＣ事務，它們計畫向特定的石油輸出國提供高技術產品，幫助這些國家實現工業化。交換條件是，阿拉伯國家保證西歐長期穩定的石油供應，並將石油收入存進歐洲的銀行體系。倫敦方面從一開始就堅決反對德法另起爐灶的計畫，在所有努力全部失敗後，拒絕加入歐洲貨幣系統。

德國當時還有更大的圖謀，那就是最終完成統一大業，一個統一而強大的德國勢必最終主導歐洲大陸。爲此目的，德國開始接近蘇聯，準備和蘇聯保持溫和而互利的關係與合作。

爲了對付德法的計畫，倫敦—華爾街的謀士們提出了「危機弧形帶」（Arc of Crisis）這一理論，其核心就是放出伊斯蘭激進勢力，使中東產油地區動盪起來，其餘波甚至可以波及蘇聯南部的穆斯林地區。此計既打擊了歐洲與中東的合作前景，阻礙了歐洲統一貨幣的步伐，又牽制了蘇聯，並爲美國今後軍事介入波斯灣地區做了準備，實在有一石三鳥之效。

美國國家安全顧問布里辛斯基和國務卿范錫（Cyrus Vance）果然把事情辦得很漂亮，中東形勢出現嚴重動盪，一九七九年伊朗爆發革命，世界出現第二次石油危機。實際上，世界上從未出現過眞正的石油供應短缺，伊朗中斷的每天三百萬桶石油的缺口，完全能夠由美國嚴密控制之下的沙烏地阿拉伯與科威特的產量補足。倫敦－華爾街的石油兼金融寡頭任由油價暴漲，當然也是爲了進一步刺激美元的需求量。他們一手把持著石油產業，一手控制著美元發行，有時左手出招，右手獲利增加，有時則是相反。透過兩手交替運作，世界豈有不翻天覆地之理？

布里辛斯基的另一手高招就是打「中國牌」，一九七八年十二月美國正式與中國建交，加上中國重回聯合國。這一招嚴重刺激了蘇聯，蘇聯立刻覺得四面受敵，西面有北約，東邊是美國，南面還有「危機弧形帶」。不由得打了個冷顫的蘇聯，立刻中斷了與德國原本就脆弱的合作關係。

當一九八九年十一月柏林圍牆倒塌，德國人歡慶統一的時候，華爾街卻是別有一番滋味在心頭。美國的經濟學家這樣評價道：

> 確實，當二十世紀九〇年代的金融歷史被書寫的時候，分析家可能會把柏林圍牆的坍塌比做令人長期恐懼的日本地震一般的金融震盪。這堵牆的倒塌，意味著數千億美元的資本會流向一個六十餘年來在世界金融市場上無足輕重的地區。
>
> 儘管德國近年來並不是美國主要的外來投資國家，自從一九八七年以來，英國成爲美國最大的投資國，但是美國人不應該掉以輕心的是，如果沒有得到德國的大量儲蓄，英國是不可能對美國進行如此規模的投資。[16]

倫敦方面的感受更加強烈一些，柴契爾的謀士們甚至驚呼「德意志第四帝國」出現了。倫敦《星期日電訊報》的編輯在一九九〇年七月二十二日這樣評論道：

讓我們假設統一後的德國將會成爲一個善良的巨人，那又如何呢？我們再假設統一的德國教導俄國也成爲一個善良的巨人，那又如何呢？事實上，這樣的威脅只會更大。即使一個統一的德國決心按照我們的規則進行競爭，這個世界上有誰能有效地阻止德國奪走我們的權柄呢？[17]

一九九〇年夏天，倫敦方面組建了新的情報部門，大幅增加對德國的情報活動。英國的情報專家強烈建議美國的同行們應該從東德的舊情報人員中招募成員，來建立美國在德國的情報「資產」。

德國方面對俄羅斯最終支持德國統一心存感激，決心幫助俄羅斯重建癱瘓的經濟。德國財長設想著未來新歐洲的美好前景：一條現代化的鐵路連接起巴黎、漢諾威和柏林，最終通到華沙和莫斯科；統一的貨幣，水乳交融的經濟體，歐洲再也不會有戰火和硝煙，只有夢幻一般的未來。

但這絕不是國際銀行家們的夢想，他們考慮的是如何打垮馬克和尚未成型的歐元構想，絕不能讓新德國重建成功。

這就是九〇年代初在倫敦—華爾街的策劃之下，索羅斯狙擊英鎊和里拉的大背景。

一九九〇年，英國政府居然不顧倫敦金融城的反對，悍然加入歐洲貨幣兌換體系（ＥＲＭ）。眼看歐元體系逐漸成型，日後必然會成爲倫敦—華爾街軸心的重大隱患，國際銀行家於是策劃各個擊破的打法，欲將歐元體系絞殺在搖籃之中。

一九九〇年柏林圍牆被推倒了，德國重新實現統一。隨之而來的巨額開支卻是德國始料未及的，德國央行不得不提高利息以應對通貨膨脹的壓力。在同一年加入歐洲貨幣兌換體系的英國情況也不太好，通貨膨脹率是德國的三倍，利率高達十五％，八〇年代的泡沫經濟正瀕臨破滅。

到了一九九二年，英國和義大利由於雙赤字壓力，貨幣已呈現出明顯被高估的態勢，以索羅斯爲首的投機商瞧準了這一機會，於一九九二年九月十六日發起總攻擊，做空英鎊的總價值高達一百億美元，到晚上七點，英國宣佈投降，此役索羅斯的斬獲高達十一億美元，一舉將英鎊和里拉踢出了歐洲貨幣兌換體系。緊接著索羅斯乘勝追擊，想一鼓作氣擊潰法郎和馬克，但在這次高達四百億美元的豪賭中，他並沒有佔到便宜。索羅斯能夠以二十五倍的槓桿借到數額如此龐大的資金，其背後實力強大的祕密金融帝國起了決定性作用。

## 亞洲貨幣絞殺戰

二十世紀九〇年代初，倫敦—華爾街軸心在東面戰線上，重挫了日本經濟咄咄逼人的勢頭；在西面戰線上，打垮了東歐和蘇聯的經濟，德法的歐洲統一貨幣夢想也隨著索羅斯的攪局而暫時擱淺；拉美和非洲早已是囊中之物。志得意滿之下，他們環顧四海之內，唯有瞧著蒸蒸日上的東南亞地區的

「亞洲經濟模式」愈來愈不順眼。

這種政府主導經濟發展大政方針，國家集中資源重點突破關鍵性領域，以出口爲導向，人民高儲蓄爲主要特色的發展模式，從七〇年代開始，在東南亞地區迅速流行開來。其運行的效果是：各國經濟空前繁榮，人民生活水平大幅度提高，平均教育水平穩步提升，絕對貧困人數快速下降。這種完全背離了「華盛頓共識」所極力推銷的「自由市場經濟」的替代模式，正日益吸引著其他發展中國家的興趣，嚴重阻撓了國際銀行家制訂的「有控制地解體」這一基本戰略方針。

發動一場亞洲貨幣絞殺戰旨在達到的主要戰略目的是：敲碎「亞洲發展模式」這個招牌，讓亞洲貨幣對美元嚴重貶值，既壓低了美國的進口價格以便於操控通貨膨脹率，又可將亞洲國家的核心資產賤價拋售給歐美公司，加快「有控制地解體」的執行進度。還有一個非常重要的目的，那就是刺激亞洲國家對美元的需求。對經歷過金融風暴的亞洲國家來說，美元存底在關鍵時刻是何等「寶貴」，慘痛的教訓會讓它們永遠不敢動「拋棄美元存底」的念頭。

一九九四年十二月，格魯曼的大作〈亞洲奇蹟的迷思〉（The Myth of Asia Miracle）一文發表在《外交事務》上，文章預言亞洲經濟必然會撞上高牆。文章所指出的如亞洲國家對提高生產率的投資普遍不足，僅靠擴大規模終會有其極限等觀點，當然都有道理，但問題是亞洲國家的起點普遍很低，發展的關鍵在於因地制宜，因時制宜，因勢利導，揚長避短。這些問題本身也是這些國家在快速上升勢頭中出現的自然現象，完全可能在發展過程中良性地得以解決。從格魯曼文章的效果來看，其作用相當於亞洲貨幣絞殺戰的信號彈。

國際銀行家的目標首先鎖定在泰國身上。

《時代》曾採訪過一名曾直接導致泰銖狂貶的金融駭客，他的描述既殘酷又真實：「我們就像狼群站在高高的山脊之上，俯視著一群麋鹿。泰國的經濟與其說看起來是一頭亞洲的小老虎，不如說更像一隻受傷的獵物。我們選擇病弱的（進行獵殺），是爲了保持鹿群整體上更健康。」

一九九四年以來，在人民幣和日圓貶值的上下擠壓之下，泰國出口已顯疲弱，而與美元掛鉤的泰銖又被強勢美元拖到了極爲空虛的程度，危機已然成形。在出口下降的同時，大量外來的熱錢持續湧入，不斷推高房地產和股票市場價格。與此同時，泰國的外匯存底雖然有三八〇億美元之多，但其外債總額更高達一〇六〇億美元，從一九九六年起，泰國淨流出的資金相當於其GDP的八％。爲對付通貨膨脹，泰國銀行不得不提高利率，這一措施使得深陷債務的泰國處境更加雪上加霜。

泰國只有一條出路了，那就是主動迅速地讓泰銖貶值。國際銀行家們估算，其損失主要在於美元債務變得更加昂貴，外匯存底會減少一百億美元左右，但這種損失會隨著國際金融市場對其果斷應對的肯定而得到迅速恢復。但是金融駭客們斷定泰國政府必會拚死一戰，力保泰銖，絕不會束手就擒。

後來情況的發展果然證明了金融駭客的判斷非常準確。與當年對付日本的情形不同，日本有著極其雄厚的金融實力和外匯存底，直接打擊日本貨幣無異於以卵擊石，所以國際銀行家採用新的金融衍生工具武器，採取了時間上的「遠距離」和空間上的「超視距」打擊，其效果恰如二次大戰期間以新的航空母艦戰術對付主力艦一般，使日本巨型主力艦強大的艦砲威力無從發揮就葬身海底。泰國在敵我力量懸殊的情況下，死拚陣地戰，戰略意圖完全暴露，戰術缺乏靈活性和突然性，最終的失敗是必然的。金融駭客在對付泰國和其他東南亞國家的戰役中，主要打擊方向是其貨幣本身，透過本幣遠期合約和股指期貨形成鉗形攻勢，在六個月的時間裡橫掃東南亞地區和韓國。

泰國在與金融駭客交手的正面戰場全面失利之後，又錯誤地主動投入了國際貨幣基金組織的圈套。對「國際組織」的盲目信任，將國家安危輕易交給外人來裁決，使泰國再次犯下了無可挽回的錯誤。

巨額外債是發展中國家陷入危機的主要原因。治國與治家其實是同樣的道理，高負債必然導致經濟健康狀態的脆弱，在外界金融環境完全不可控的情況下，只能憑僥倖得以生存。在現實世界中，國際銀行家操縱著國際地緣政治的走勢，可以輕易使原來看起來很可靠的金融環境突然逆轉，從而大幅度地增加發展中國家的債務負擔，金融駭客再乘勢發動猛攻，得手的機率相當大。

完全沒有風險意識，尤其是對可能遭到巨大而無形的倫敦—華爾街勢力的不宣而戰毫無心理準備，這是泰國金融戰敗的第二個重要原因。

對敵人的主攻方向判斷完全錯誤，導致先敗於金融駭客，後慘遭國際貨幣基金組織宰割，相當於失敗了兩次——東南亞國家普遍重複了泰國的金融戰敗過程。

狼自有狼的邏輯，狼群更有狼群的分工。當索羅斯們在花旗銀行、高盛公司等一大批聲名顯赫的銀行集團的策應之下開始獵殺行動之後，受傷倒地的「獵物」就交給國際貨幣基金組織進行屠宰和拍賣，拍賣台下擠滿了垂涎三尺的歐美公司。

如果說將收購的一家公司進行分拆打包再賣給其他公司的投資銀行家能夠賺到幾億美元，分拆和拍賣一個主權國家的核心資產至少能賺十倍，甚至百倍的金錢。

當亞洲國家試圖建立自己的「亞洲基金」來緊急救助陷入困境的區內國家時，理所當然地遭到西方國家的普遍反對。美國副國務卿塔爾博特（Strobe Talbott）說：「我們認爲解決這類問題的適當機構，是跨區域性及國際性的組織，而不是新成立的區域性組織，因爲這個問題本身影響深遠，超越亞太區域的疆界。」美國財長薩莫斯在紐約對日本協會致詞時堅稱：「這種在危機時刻依賴區域援助的金融區域化觀念……存在著眞正的風險。」他指出，這樣的做法會減少可以用來應付未來風暴的資源，也會削弱應付「跨洲危機」的能力。「這是我們認爲國際貨幣基金組織必須扮演核心角色的重要原因。」

國際貨幣基金組織第一副主席費希爾警告，區域基金不可能像國際貨幣基金組織那樣，嚴格要求有關國家做出整體經濟改革以換取援助。費希爾說：「我們不認爲設立一個提出不同條件的龐大基金或長期機構，對此會有幫助。」

日本原來是亞洲基金的積極倡導者，但是不得不屈從於倫敦—華爾街的壓力，日本財政部長三塚博表示：「國際貨幣基金組織一貫在國際金融機構中發揮維護全球金融穩定的核心作用。亞洲國家建議組織的這個基金，將作爲國際貨幣基金組織的一個輔助機構。」由東京設計的新概念將是一個沒有資金的基金。根據東京的新概念，那將是一個營救性機構，能以很快的速度有計劃地預先調動資金，援助那些受到國際投機者狙擊的貨幣。當設立亞洲基金的建議在香港舉行的世界銀行和國際貨幣基金組織年會上提出時，馬上引起美國和西方國家的警惕，他們擔心這將破壞國際貨幣基金組織的工作。

最後，日本首相橋本龍太郎只得表示：「我們不至於自大到認爲我們有能力充當復甦亞太區（經濟）的火車頭。」他說，儘管日本在援助一些受創的亞洲國家方面有所貢獻，並將繼續這麼做，但把亞洲拉出經濟泥沼並非它該扮演的角色。

新加坡副總理李顯龍在談到亞洲基金時認爲，若爲取代國際貨幣基金的作用而成立亞洲基金，將有「道德風險」。

亞洲國家建立自己的基金以便在危難之中相互扶持，原本是件天經地義的事，卻極端不合情理地遭到倫敦—華爾街軸心的堅決反對，而日本身爲區域內最大的經濟體，卻完全受制於人，缺乏領導亞洲經濟走出困境的起碼魄力和膽識，不能不令處境絕望的東南亞國家心寒。最令人困惑的是新加坡的觀點，讓自己和自己的鄰居擁有在慘遭劫掠的情況下相互幫助的起碼權力，何以會產生「道德風險」？如此「有風險的道德」又是誰家的「道德」？

馬來西亞總理馬哈地是把危機的實質看得比較透徹的亞洲領導人，他說：「我們並不知道他們的錢是從哪裡來，也不知道到底是誰在進行交易，更不知道他們的背後還有誰。我們不知道他們在賺錢後是否付稅，同時這些稅又付給誰。我們同樣不知道是誰在他們的背後。」他認爲，在目前的貨幣交易制度下，沒有人知道這些錢是否來自正當管道，或是有人在洗黑錢，「因爲沒有人可以過問，也無從查起。」只要這些人向任何一個國家發動攻勢，那麼無計其數的金錢就會湧向那個國家或進行拋售，任何人都抵擋不了。不論是貨幣市場、期貨或證券交易，都必須在正當的體制下進行，「因此，我們必須管制貨幣交易，使之透明化」。馬哈地隨即遭到西方輿論界的全面圍剿。馬哈地尖刻的問題也許不太適合在外交場合發表，但他的的確確問出了所有亞洲人心裡的疑團。

另一個美國冷戰時期的堅定夥伴韓國被金融風暴掃到之後，向美國伸出求援之手，誰想得到美國的拒絕來得如此快速、如此堅決。在國際銀行家看來，與韓國的親密關係已經成爲冷戰遺留的殘骸。美國政府對於此事進行了激烈的辯論，國務卿歐布萊特和國家安全顧問的意見，是應該伸手拉小兄弟一把，代表華爾街的財政部則堅決反對，甚至指斥歐布萊特不懂經濟學。最後，柯林頓聽從了財政部的看法。

在財政部長魯賓看來，這個危機正是踹開韓國經濟大門的絕佳時機，他嚴令國際貨幣基金組織對韓國施加比傳統的苛刻條件更加嚴厲的措施，來對待這個乞援的昔日盟友。國際貨幣基金組織在美國財政部的壓力之下，對「援助」韓國的條件層層加碼，包括韓國必須立刻以對美國有利的條件解決與美國之間的所有貿易糾紛，韓國人憤怒地指責國際貨幣基金組織總在爲美國提出種種不合理的要求。

世界銀行的首席經濟學家史迪格里茲認爲，韓國陷入金融危機，源於美國財政部當初竭盡全力地逼迫韓國全面和快速的金融資本市場開放。身爲柯林頓首席經濟顧問的史迪格里茲堅決反對這種魯莽行爲，他認爲這種開放無助於美國的安全利益，而有利於華爾街的銀行家。

韓國政府被迫接受了美國的諸多苛刻條件：允許美國在韓國建立銀行分支機搆，外國公司可以擁有上市公司的股份從二六％上升到五〇％，外國個人可擁有公司的股份從七％上升到五〇％，韓國企業必須使用國際會計原則，金融機構必須接受國際會計事務所的審計，韓國中央銀行必須獨立運作，完成資本項下的貨幣自由兌換，進口許可流程透明化，公司結構監督，勞工市場改革等等。美國銀行家對韓國企業早已垂涎三尺，只待韓國簽署協定，就準備蜂擁而入，將獵物撕得粉碎。

但是國際銀行家小看了韓國人強烈的民族意識，有這種意識支撐的國家很難被外來勢力所統治。陷於孤立無援境地的韓國人紛紛向國家捐獻自己的黃金和白銀，在耗盡全部外匯存底的情況下，黃金和白銀這兩種金錢的最終支付手段，毫無阻礙地成為外國債權人非常樂於接受的償債方式。令國際銀行家更為吃驚的是，韓國居然沒有出現他們設想中的大規模公司和銀行的倒閉潮，西方公司幾乎沒能收購到任何大型韓國企業。當韓國終於挺過了最難熬的一九九八年春天，韓國的出口盈餘迅速回升，已經徹底看透華爾街把戲的韓國政府，毅然決然地拋棄了國際貨幣基金組織那幾帖毒藥。所有準備申請破產的大型企業案件一律凍結，政府果斷出面從銀行系統中沖銷了七百億至一千五百億美元的呆帳。當政府接手這些呆帳之時，銀行的控制權重新掌握在政府手中，從而將國際貨幣基金組織排除在銀行系統重建之外。

國際銀行家和美國財政部不僅空歡喜了一場，而且使韓國更加清醒地認識到政府主導經濟的絕對必要性。微軟併吞韓國最大軟體公司的圖謀落空了，八家韓國地方軟體公司取得了最終勝利；福特收購韓國ＫＩＡ汽車公司的計畫夭折了，本地公司打破了福特的好夢；外國銀行接管兩家大型地方銀行的行動被中止了，韓國政府暫時把兩家銀行管理起來。

在政府的全力主導下，韓國的經濟強勁回升。

滑稽的是，韓國竟然被國際貨幣基金組織當做挽救成功的範例到處宣揚。

當二〇〇三年泰國提前償清一百二十億美元債務，終於從國際貨幣基金組織贖身後，泰國總理塔信站在巨大的國旗前面發誓，泰國將「永遠不再做（國際資本）受傷的獵物」，絕不會再乞求國際貨幣基金組織的「援助」。泰國政府甚至私下鼓勵泰國企業拒絕償還國際銀行家的債務，以報復一九九七年外國銀行的瘋狂掠奪。二〇〇六年九月，泰國發動軍事政變，塔信下台。

## 中國未來的寓言

居民馬哈地找管區警察葛林斯潘報案，說家裡東西被偷了，小偷可能是慣犯索羅斯。

管區警察葛林斯潘嘿嘿一笑，說：「也不能全怪小偷嘛，應該多從自己身上找原因。誰讓你們家的鎖好撬呢？」

居民馬哈地不滿地說：「那小偷怎麼不去偷中國和印度呢？」

管區警察葛林斯潘嘆了一口氣，說：「中國和印度的院牆太高了，索羅斯爬進爬出的不方便，要是再摔下來出了人命，還不是我的事嗎？」

小偷索羅斯在旁邊聽了之後，冷笑一聲：「在他們的院牆上鑿幾個洞不就解決問題了嗎？」

管區警察葛林斯潘趕緊看看四周，小聲說：「已經派保爾森去中國了，聽說二〇〇六年年底就可以挖開幾個大窟窿。」

小偷索羅斯聽了大喜，拿出手機開始給同伴們發簡訊：「人傻，錢多，速去中國。」

## 注釋

1 Eugene Linden, *How to Kill a Tiger* (Time Magazine Asia November 3, 1997 Vol. 150 No 18).
2 William Engdahl, *A Century of War: Anglo-American Oil Politics And The New World Order* (Pluto Press, London, 2004) p130.
3 Ibid., p136.
4 Ibid., p140.
5 During a speech at a *Fred Hirsch Memorial Lecture* at Warwick University, Coventry, England, on November 9, 1978.
6 William Engdahl, *A Century of War: Anglo-American Oil Politics And The New World Order* (Pluto Press, London, 2004) p190.
7 Ibid., p192.
8 Larry Abraham, *The Greening* (Second Opinion Pub Inc 1993).
9 Herschel McLandress (pen name of Galbraith) , Book World, Washington Post, November 26, 1967.
10 Leonard C. Lewin, *REPORT FROM IRON MOUNTAIN: On the Possibility and Desirability of Peace* (Free Press; New Ed edition 1996).
11 Ibid.
12 The Fourth World Wildness Conference: Beware the bankers bearing gifts, an interview with Mr. George Hunt.
13 George Soros, *The Alchemy of Finance* (New York: John Wiley & Sons 1987) p350.
14 William Engdahl, *A Century of War: Anglo-American Oil Politics And The New World Order* (Pluto Press, London, 2004) Chapter 11.
15 George Soros, *Underwriting Democracy* (Free Press September 1991).
16 William Engdahl, *A Century of War: Anglo-American Oil Politics And The New World Order* (Pluto Press, London, 2004) Chapter 11.
17 Ibid.

# 第九章 美元死穴與黃金一陽指

如果所有銀行的貸款都被償還，銀行存款將不復存在，整個貨幣流通將會枯竭。這是一個令人驚愕的想法。我們（美聯儲）完全依賴商業銀行。我們貨幣流通中的每一個美元，無論是現鈔還是信用，都必須有人來借才能產生。如果商業銀行（透過發放信貸）製造出足夠的貨幣，我們的經濟就會繁榮；否則我們就會陷入衰退。我們絕對沒有一種永久性的貨幣系統。當人們抓住了整個問題的關鍵之處，我們（貨幣系統）可悲的荒謬之處，以及（美聯儲）令人難以置信的無助，就會變得如此明顯。貨幣是人們最應該調查和思考的問題，它的重要性在於，除非人民廣泛地理解這個（貨幣）系統並立刻採取措施修正它，否則我們現在的文明將會崩潰。1

羅伯特·漢姆費爾，美聯儲亞特蘭大銀行

貨幣就其本質而言，可分爲債務貨幣與非債務貨幣兩大類。債務貨幣就是當今主要發達國家所通行的法幣系統，它的主要部分是由政府、公司以及私人的「貨幣化」債務所構成。

美元就是其中最典型的例子。美元在債務產生的同時被創造出來，在債務償還的同時被銷毀。流通中的每一分美元都是一張債務欠條，每一張欠條在每一天裡都在產生債務利息，而且是利滾利地增加著。這些天文數字的利息收入歸誰呢？歸創造出美元的銀行系統。債務美元的利息是原有貨幣總量之外的部分，必然要求在現有貨幣總量之外再創造出新的債務美元，換句話說，人民借錢愈多，就必須借更多的錢。債務與貨幣鎖死在一起，其邏輯的必然結果就是：債務永遠增加，直到其債務貨幣遭人徹底拋棄或其利息重負壓垮自身經濟發展，導致整個體系的最終崩潰。債務的貨幣化是現代經濟最嚴重的潛在不穩定因素之一，它是通過透支未來以滿足現在的需要。中國有句老話「寅吃卯糧」，說的正是這個意思。

另一類貨幣，就是以金銀貨幣爲代表的非債務貨幣。這種貨幣不依賴於任何人的許諾，不是任何人的債務，它代表的是人類已經完成的勞動成果，是人類數千年社會實踐中自然進化而來的。它不需要任何政府力量的強制，它可以跨越時代與國界，它是貨幣中的最終支付手段。

在所有貨幣中，金銀貨幣意味著「實際擁有」，而法幣則代表「欠條＋許諾」。二者的價值「含金量」有著本質區別。

中國的人民幣則介於二者之間。儘管人民幣目前也存在著「債務化貨幣」的成分，但就其主體而言，仍然是體現過去已經完成的產品與服務的度量。人民幣的發行並非像美元一樣必須以國債做抵押，由私有中央銀行發行貨幣，所以得以避免落入私人腰包的巨額利息支出，從這個角度來講，人民幣的屬性更接近金銀貨幣。同時由於人民幣沒有金銀作爲支撐，它又有法幣的基本屬性，必須依靠政府的強制力才能保證貨幣價值。

眞正理解西方法幣制度，尤其是美元制度的內在本質，是人民幣未來改革的必要前提。

## 部分儲備金體系：通貨膨脹的策源地

（現代）銀行原本就是不公正的，它帶著罪惡降生。銀行家們擁有著地球。剝奪他們的一切，但留下創造儲蓄的權力，他們只需要動動筆，就能創造出足夠的儲蓄來贖回他們丟失的一切。但若剝奪了他們創造儲蓄的權力，一切財富的好運都會消失，也包括我自己的。它們（創造儲蓄的權力）應該消失，因爲這將帶來一個更幸福和更美好的世界。但若你們願意繼續成爲銀行家們的奴隸，並爲你們的被奴役支付費用，那就讓他們繼續創造儲蓄好了。

約瑟亞．斯坦普爵士，英格蘭銀行行長，英國第二富豪

最早的金匠銀行家們提供的是純粹的「金幣存放業務」，當儲戶將金幣交給銀行家時，銀行家提供標準格式的收據，這些收據就是「銀行券」，這些金幣的「衍生物」逐漸成爲社會交易的媒介，被稱爲貨幣。

此時的銀行是處在完全儲備金體系之下，它隨時可以將「銀行券」兌換成金幣。其主要收入就是儲戶繳納的「託管費」。

久而久之，「聰明的」金匠銀行家發現平時只有很少的儲戶前來要求將「銀行券」兌換成金幣，

眼看著金窖裡的黃金躺在那裡睡大覺，銀行家不禁開始心癢起來，如何才能「活絡」這些沉睡的資產呢？

社會上總有一些人急需用錢，於是銀行家告訴他們可以到銀行來借錢，只要在規定期限內償還本金，再支付一些利息就可以了。當借錢的人來到銀行，銀行家就以多開「收據」的辦法，增發「銀行券」來進行貸款，坐收利息。只要不增發得太過分，一般不會引起儲戶懷疑。長期的經驗說明，增發約莫十倍的「銀行券」是安全的。由於貸款利息收入是無中生有的意外之財，當然是多多益善，於是銀行家開始到處拉儲戶，爲了吸引人，他們開始對原本收費的存放託管業務支付利息。

當從事金幣儲藏業務的金匠銀行家開始進行貸款業務時，他實際上爲原來的儲戶提供了兩種截然不同的服務產品，第一種是純粹的「金幣存放」，第二種是「投資儲蓄」。這二者的本質區別在於「金幣的所有權」。在第一種情況下，儲戶對儲放在銀行家那裡的金幣擁有絕對的所有權，銀行家必須承諾儲戶可以隨時拿收據來兌換金幣。而第二種則是儲戶在一段時間內喪失對儲放的金幣的所有權，由銀行家進行風險投資，當收回投資之後，儲戶才能重新獲得所有權。

第一種「金幣存放」所對應的銀行券是「事實存在」，是全額儲備；而第二種「投資儲蓄」所對應的銀行券則是「欠條＋許諾」，銀行券發行的數量多於銀行實際的金幣擁有量，是部分儲備。而這種「欠條＋許諾」的銀行券與生俱來就帶有風險係數和通貨膨脹的天性，這種天性註定了此類銀行券非常不適合於承當社會產品和服務的交易媒介，以及經濟活動的基本度量衡。

部分儲備金系統天生就有模糊兩種銀行服務產品界限的衝動。銀行家們在銀行券的設計上推行

「標準化」，讓普通人很難區分兩種銀行券的本質差異，數百年來，盎格魯—薩克遜國家因此而產生的法律訴訟汗牛充棟。當憤怒的儲戶狀告銀行家未經許可，擅自將儲戶認爲的「託管金幣」貸款給別人時，銀行家則聲稱他們有權支配儲戶的金幣。其中最著名的就是一八四八年的「佛雷對希爾及其他人案」（Foley v.s. Hill and Others）：

當（儲户的）金錢存入銀行時，就完全不再屬於儲户了；此時金錢屬於銀行家，他有義務在儲户要求時歸還相應數額的金錢。存放在銀行、被銀行家所管理的金錢，在所有的意義和内涵上，都是銀行家的金錢，他有權任意處置。他沒有義務回答儲户這些錢是否處於危險境地、他是否進行有害的投機，他沒有義務像對待別人的財產那樣保存和對待它；但是他當然對（儲户存放金錢的）數額有義務，因爲他被合約所約束。[2]

在英美法系之下，英國法官的這個判決，無疑成爲金融歷史上的一個重要轉捩點，儲戶存放在銀行的、自己辛苦掙來的金錢突然失去了法律保護，這嚴重地侵犯了公民的財產權。在此之後，盎格魯—薩克遜國家的銀行完全拒絕承認「儲蓄託管」的合法性，全額儲備金失去了合法地位，一切儲蓄都變成了「風險投資」，從法律上奠定了部分儲備金體系的壟斷地位。

一八一五年的滑鐵盧戰役，羅斯柴爾德家族銀行以早於英國官方二十四小時的時間差得知戰爭結局，從而一舉掌握了英國國債市場，控制了大英帝國的貨幣發行，隨後不久，又相繼控制了法國、奧地利、普魯士、義大利等國的貨幣發行，把持世界黃金市場定價權長達近兩百年。羅斯柴爾德、希夫、沃伯格和其他猶太銀行家族在各國設立的銀行網路，事實上形成了最早的國際金融體系和世界清算中心，只有加入他們的結算網路，其他銀行的支票才能跨國流通，他們逐步形成了銀行家的卡特爾（Cartel）集團。這些家族的銀行準則成爲當今世界金融業的「國際慣例」。

銀行卡特爾是部分儲備金制度最重要的推動力量，也是最大的受益者。當這種「金融特殊利益集團」的能量達到相當規模時，它們勢必要扶持甚至直接建立對自身最爲有利的政治和司法遊戲規則。

一九一三年，當國際銀行卡特爾在美國終於成功地建立了部分儲備金體系的「楷模」——美聯儲之後，全額儲備金制度的貨幣逐漸在競爭中被「劣幣」所驅逐。當時美國政府發行的「白銀券」和「黃金券」堪稱全額儲備金制度的倖存者，兩種紙幣背後，都有美國政府百分之百足額的眞金白銀做抵押，一盎司的黃金白銀對應著等值的紙幣，即使銀行系統的所有債務同時被償還，市場上仍然有全額儲備的「金銀美元」在流通，經濟照樣能夠發展，就像一九一三年美聯儲存在之前一樣。

一九一三年以來，部分儲備的美聯儲「劣質美元」開始在市場上逐漸驅逐全額儲備的眞金白銀「優質美元」。國際銀行家就是要製造一種部分儲備金制度壟斷現代金融世界的既成事實，並將政府從貨幣發行領域徹底踢出去，所以他們使出渾身解數來妖魔化黃金和白銀，並最終在二十世紀六〇年代成功地廢除了白銀美元，並在一九七一年砍斷了黃金與美元的最後關聯。從此，部分儲備金制度終於完成了壟斷。

## 債務美元是怎樣「煉成」的

美聯儲紐約銀行是這樣描述美元的：「美元不能夠兌換財政部的黃金或其他任何資產。關於支撐『美聯儲券』的資產問題沒有實際意義，它只有記帳方面的需要……銀行在借款人承諾還錢時產生出貨幣。銀行是透過將這些私人和商業債務『貨幣化』來創造金錢的。」

美聯儲芝加哥銀行的解釋是：「在美國，無論是紙幣還是銀行存款，都不像商品一樣具有內在價值，美元僅僅是一張紙，銀行存款也只是存摺中的若干數字。硬幣雖然擁有一定的內在價值，但通常遠低於它們的面值。

「那究竟是什麼使得這些支票、紙幣、硬幣等工具在償還債務和其他貨幣時，能夠被人們按照它們的面值來接受呢？主要是人們的信心。人們相信在他們願意的情況下，他們隨時可以用這些貨幣換成其他的金融資產以及真實的產品與服務。這其中的部分原因是政府用法律規定，這些『法幣』必須被接受。」[3]

也就是說，債務的「貨幣化」創造了美元，而美元的票面價值必須由外力來強制。那麼債務究竟是如何變成美元的呢？要搞清「債轉錢」的細節，我們必須拿著放大鏡來仔細觀察美國的貨幣運作機制。

非金融專業的讀者，可能需要反覆閱讀以下內容，才能完全理解美聯儲和銀行機構的「造錢過程」。這是西方金融業最核心的「商業機密」。

由於美國政府沒有發幣權而只有發債權，然後用國債到私有的中央銀行美聯儲那裡做抵押，才能透過美聯儲及商業銀行系統發行貨幣，所以美元的源頭在國債。

第一步，國會批准國債發行規模，財政部將國債設計成不同種類的債券，其中一年期以內的叫做T-Bills（Treasury Bills），二至十年期的叫T-Notes，三十年期的叫T-Bonds。這些債券以不同的頻率在不同的時間裡，在公開市場上拍賣。財政部最後將拍賣交易中沒有賣出去的國債全部送到美聯儲，美聯儲照單全收，這時美聯儲的帳目上將這些國債記錄在「證券資產」（Securities Asset）項下。

因爲國債由美國政府以未來稅收作爲抵押，因此被認爲是世界上「最可靠的資產」。當美聯儲獲得了這一「資產」之後，就可以用它產生一項負債（Liability），這就是美聯儲印製的「美聯儲支票」。這是「無中生有」的關鍵步驟。美聯儲開出的這第一張支票背後，沒有任何金錢來支撐這張「空頭支票」。

這是一個設計精緻和充滿僞裝的步驟，它的存在使政府拍賣債券時更加易於控制「供求」，美聯儲得到借錢給政府的「利息」，政府方便地得到貨幣，但又不顯露大量印鈔票的痕跡。明明是空手套白狼（買空賣空）的美聯儲，在會計帳目上竟然是完全平衡的，國債的「資產」與貨幣的「負債」正好相等。整個銀行系統被巧妙地包裹在這一層外殼之下。

正是這一簡單而至關重要的一步，創造了世界上最大的不公正。人民的未來稅收被政府抵押給私有中央銀行來「借出」美元，由於是向私人銀行「借錢」，政府欠下了巨額利息。其不公體現在：

一、人民未來的稅收不應被抵押，因爲錢還沒有被掙出來，抵押未來必然導致貨幣購買力貶值，從而傷害了人民的儲蓄。

二、人民的未來稅收更不應該抵押給私有中央銀行，銀行家們在幾乎完全不出錢的情況下，就突然擁有了人民未來稅收的承諾，這是典型的「空手套白狼」。

三、政府平白無故地欠下巨額利息，這些利息支出最終又成爲人民的負擔。人民不僅莫名其妙地被抵押了自己的未來，而且現在就要立刻交稅來償還政府欠私有中央銀行的利息。美元的發行量愈大，人民的利息負擔就愈重，而且世世代代永遠無法還清！

第二步，當聯邦政府收到並背書美聯儲開出的「美聯儲支票」後，這張神奇的支票又被存回美聯儲銀行，並搖身一變成了「政府儲蓄」（Government Deposits），並存在政府在美聯儲的帳戶上。

第三步，當聯邦政府開始花錢，大大小小的聯邦支票構成了「第一波」貨幣浪潮湧向經濟體。收到這些支票的公司和個人紛紛將它們存到自己的商業銀行帳戶上，這些錢又變成了「商業銀行儲蓄」（Commercial Bank Deposits）。此時的它們呈現出「雙重人格」，一方面它們是銀行的負債，因爲這些錢屬於儲戶，早晚要還給別人；但在另一方面，它們又構成銀行的「資產」，可以用於放貸。在會計帳目上一切都還是平衡的，同樣的資產構成了同樣的負債。但是商業銀行在此開始借助「部分儲備金」這一高倍放大器，開始準備「創造」貨幣了。

第四步，商業銀行儲蓄在銀行帳目上被重新分類爲「銀行儲備」（Bank Reserves）。此時，這些儲蓄已經由銀行的普通「資產」一躍爲生錢種子的「儲備金」。在部分儲備金體系之下，美聯儲允許商業銀行只保留其十％的儲蓄做「儲備金」（一般而言，美國銀行只保留相當於總儲蓄額一％～二％的現金和八％～九％的票據在自己的「金庫」裡作爲「儲備金」），而將九〇％的儲蓄貸出。於是這九〇％的錢就將被銀行用來發放信貸。

這裡面存在著一個問題，當九〇％的儲蓄被貸款給別人之後，原來的儲戶如果寫支票或需要用錢怎麼辦？

其實當貸款發生的時候，這些貸款並不是原來的儲蓄，而是完全無中生有地創造出來的「新錢」。這些「新錢」使銀行擁有的貨幣總量比「舊錢」立刻增加了九〇％。與「舊錢」不一樣的地方在於，「新錢」可以爲銀行帶來利息收入。這就是「第二波」湧到經濟體中的貨幣。當「第二波」貨幣回到商業銀行中時，就產生了更多波次的「新錢」創造，其數額呈遞減趨勢。

當「第二十幾個波次」結束時，一美元的國債，在美聯儲和商業銀行的密切協同下，已經創造出了十美元的貨幣流通增量。如果國債發行量及其創造貨幣的餘波所產生的貨幣流通增量大於經濟增長需要，所有「舊錢」的購買力都會下降，這就是通貨膨脹的根本原因。當二〇〇一年到二〇〇六年，美國新增了三兆美元國債時，其中相當部分直接進入了貨幣流通，再加上多年前的國債贖買和利息支付，所造成的後果就是美元劇烈貶值，以及大宗商品、房地產、石油、教育、醫療、保險價格的大幅上漲。

但是大多數增發的國債並沒有直接進入銀行系統，而是被外國中央銀行、美國的非金融機構和個人所購買。在這種情況下，這些購買者花的是已經存在的美元，所以並沒有「創造出」新的美元。只有當美聯儲和美國的銀行機構購買美國國債時，才會有新美元產生，這就是美國能夠暫時控制住通貨膨脹的原因。不過，掌握在非美國銀行手中的國債遲早會到期，另外，利息也需要半年支付一次（三十年國債），這時美聯儲將無可避免地造出新美元。

從本質上看，部分儲備金制度加上債務貨幣體系是長期通貨膨脹的元兇。在黃金本位下，其結果必然是銀行券發行量逐漸大幅超過黃金儲備量，而導致金本位必然解體。在布雷頓體系下，則必然導致黃金兌換體系的崩潰。而在純粹法幣制度下，最終將無可避免地產生惡性通貨膨脹，最終導致世界範圍的嚴重衰退。

在債務貨幣之下，美國將永遠無法償還國債、公司和私人債務，因為還清債務之日，也正是美元消失之時。美國的總債務非但不會減少，隨著債務利息利滾利的雪球效應和經濟自然增長的貨幣需求，美國的債務總量將會持續上升，而且速度愈來愈快。

## 美國的「債務懸河」與亞洲人民的「白條」

美國二十世紀八〇年代發行的規模空前的國債，由於利息頗高，極大地吸引了私人和非銀行機構的投資者，外國中央銀行也趨之若鶩，在這個現有美元回流重新使用的過程中，新美元創造較少。

到了九〇年代，由於打垮了世界主要競爭貨幣，美元國債仍然搶手，進口日常商品的價格在第三世界國家貨幣普遍貶值的情況下，也顯得格外便宜，美國出現了高增長、低通膨的黃金歲月。

二〇〇一年以來，由於反恐戰爭的龐大開支，以及八〇年代以來大量發行的各種期限的國債紛紛到期，加上愈來愈大的利息支出，迫使美國發行更多的國債來替換老國債。從一九一三年到二〇〇一年，美國在八十七年裡一共累積了六兆美元的國債。而從二〇〇一年到二〇〇六年，短短五年多的時間裡，美國竟增加了近三兆美元的國債，美國聯邦國債總量已高達八．六兆美元，並以每天二五．五億美元的速度增加著。美國聯邦政府的利息支出已在政府開支中高居第三位，僅次於醫療健康和國防，每年高達近四千億美元，佔其財政總收入的十七%。

從一九八二年到一九九二年，美國貨幣增發尚處在「溫和增加」狀態，年均增加八%。但從一

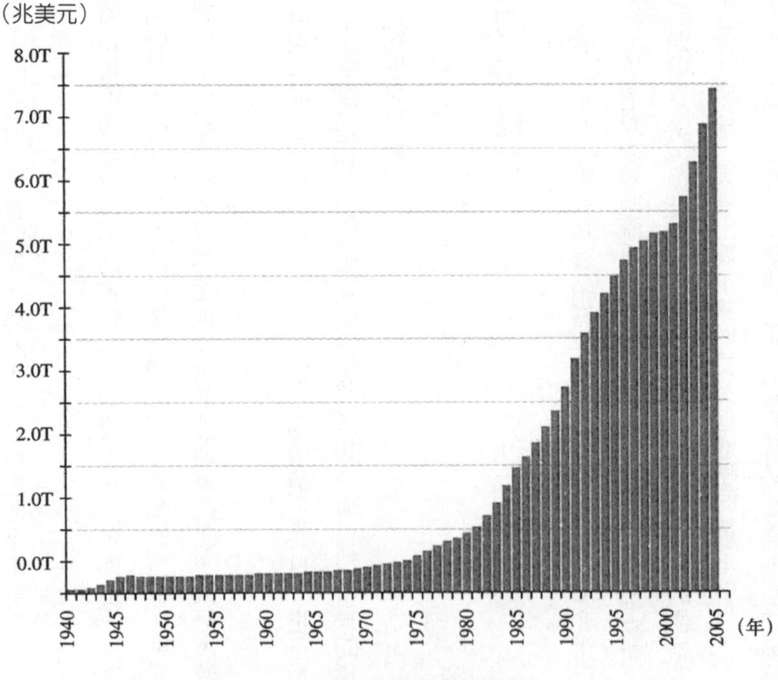


1940～2005年美國國債數額

（資料來源：美國國債鐘，U.S. National Debt Clock）

九九二年到二〇〇二年，美國貨幣增發進入「快車道」，達到了十二%。從二〇〇二年開始，由於反恐戰爭和刺激瀕臨衰退的經濟的需要，在戰後利率接近最低點的情況下，美國貨幣增發速度達到了驚人的十五%。其實從美國國債增發的陡度來看，一切已屬必然。美聯儲在二〇〇六年三月宣佈停止M3廣義貨幣統計報告並不是偶然的。

人類歷史上還沒有哪個國家如此嚴重地透支過未來，美國不僅透支了自己人民的財富，也同樣嚴重地透支著其他國家人民的未來財富。任何一個熟悉股票投資的人，都可以清楚地預見這種陡度的曲線最終將意味著什麼。（參見下頁圖）

二〇〇一年「九一一事件」以來，葛林斯潘爲挽救股市和債券市場，不顧後果地把利率從六%迅速降到一%所造成的美元信貸暴漲，使美元在全世界氾濫成災。人們終於明白了，原來美元只不過是印著綠色花紋的紙片。全世界的主要美元持有者幾乎同時撲向了房地產、石油、黃金、白銀、大宗商品等美聯儲變不出來的東西。一位法國投資者說：「紐約人能發行美元紙幣，但只有上帝才能發行石油和黃金。」其後果就是，原油價格從二十二美元一桶上漲到六十美元，黃金、白銀、白金、鎳、銅、鋅、鉛、大豆、糖、咖啡、可可等價格分別是二〇〇二年價格的一二〇%至三〇〇%。但經濟學家仍然信誓旦旦地說通貨膨脹只有一%至二%，人們不禁想起馬克·吐溫的一句名言：「世界上有三種謊言：謊言、該死的謊言和統計數字。」

更加令人不安的是，美國的總債務已高達四十四兆美元，這些債務包括聯邦國債、州與地方政府債務、國際債務及私人債務的總和。這些債務平攤到每一個美國人身上高達近十五萬美元，一個四口

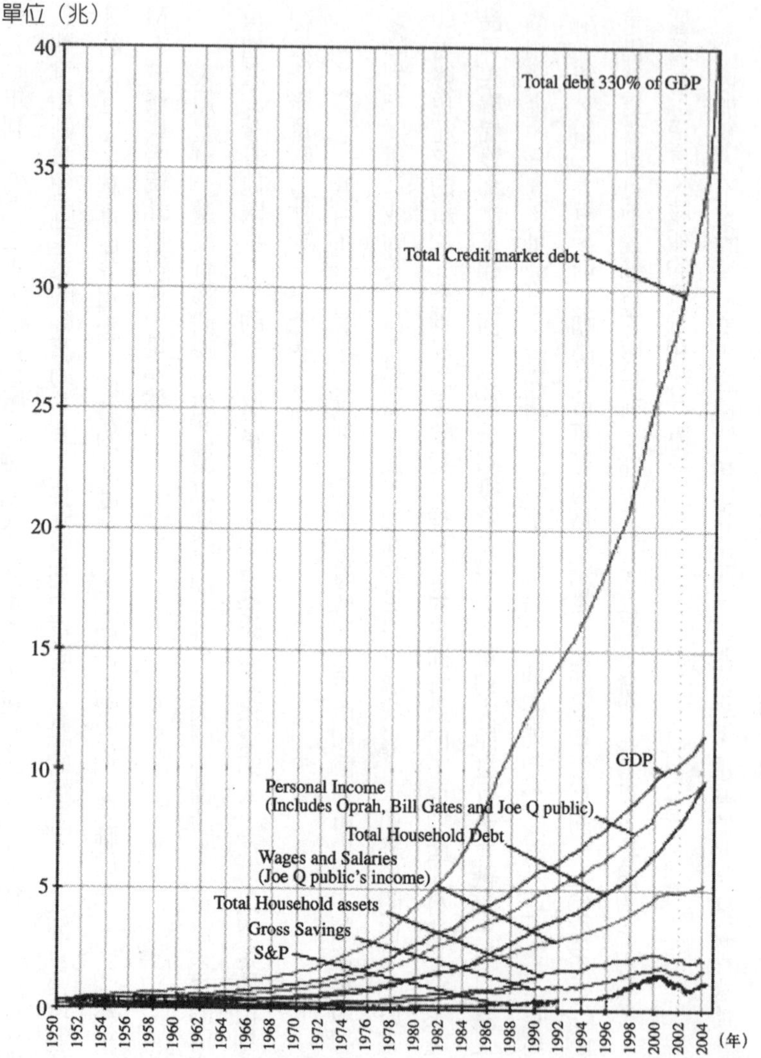


· Total Credit Market Debt: 信用市場債券總和
· GDP: 國民生產總值
· Personal Income: 國民收入總值
· Total Household Debt: 家庭負債總值
· Wages and Salaries: 工資收入總值
· Total Household Asset: 家庭資產總值
· Gross Savings: 儲蓄總值
· S&P: 股票市值

（資料來源：Economagic）

之家要負擔近六十萬美元的債務。在私人債務中，最令人注目的就是數目龐大的住房抵押貸款和信用卡欠款。如果以五%的保守利息計算，四十四兆美元每年需要支付高達二・二兆美元的利息，幾乎相當於美國聯邦政府全年的財政總收入。在全部債務中，近七〇%的債務都是一九九〇年以後「創造」出來的。現在的美國已經不可能再發動八〇年代初的高利率戰爭來套牢第三世界國家，因爲美國本身已經嚴重負債，任何高利率的政策都無異於經濟自殺。

債務「金錢化」再加上部分儲備金這一超級放大器，已經嚴重透支了美國人民未來的財富。到了二〇〇六年，美國人所上繳的個人收入所得稅的總額，在聯邦政府那裡僅稍事停留，就立刻全部轉入銀行系統以支付債務美元的利息。個人繳納的所得稅沒有一分錢用在政府身上，各地區的教育開支主要靠當地的地產稅收入，全美國的高速公路建設和維護用的是汽油稅，對外用兵的戰爭費用恰好等於美國公司繳納的公司稅。換句話說，三億美國人被銀行家「間接徵稅」了幾十年，而且還要年復一年被繼續剝削下去。美國人民的儲蓄，則透過長期通貨膨脹被銀行家的「潛在稅收」再刮掉一層皮。

先不論美國的債務人是否還能還得清這利滾利的債務，問題是美國政府壓根兒就沒有打算償還國債。美國政府只是不斷地用永遠增加的新債券去替換老債券及老債務所累積的利息，循環往復，直至永遠。美聯儲費城銀行指出：「在另一方面，日益增加的眾多分析家現在認爲國債是非常有用的，甚至是（經濟的）福音。他們認爲國債完全不需要減少。」

是啊，如果一個人可以不斷靠借愈來愈多的債務來過著奢侈的生活，而且永遠不用還錢，天底下只怕再也找不到這樣的好事了。這種聽起來類似「經濟永動機」的「好事」，現在正在美國大行其道。這些經濟學家們認爲可以用不斷增加債務來永遠享受「美好生活」的想法，與認爲一國可以靠多印鈔票就能致富的思路，並沒有本質區別。

這些學者們還進一步指責亞洲和其他國家過多的儲蓄，才是造成世界經濟結構失調的根本原因。這種得了便宜還賣乖的論調，恰足以證明其學術道德已墮落到何等怵目驚心的程度。亞洲國家過多的儲蓄？他們哪裡還有過多的儲蓄呢？這些幾十年辛苦積攢的儲蓄，正在源源不斷地透過購買美國國債，被美國吸進了這個人類歷史上規模空前的「經濟永動機」的「偉大試驗」中去了。

亞洲國家「出口導向」的經濟對美國國債的需求，就像吸毒上癮一般，一刻不被人吸血，就會周身不通泰。而美國也樂得拿這種實質上「永不償還」的國債來給亞洲人民打白條（編按：指無從兌現的憑據或借條）。不過亞洲國家最終必然會意識到，爲了區區五％的美國國債名義回報，冒的卻是美元資產無法挽回的劇烈貶值的實質風險，無論如何不是一個合算的投資。

美國前財政部長薩莫斯指出，如果中國停止平均每星期數十億美元國債的購買量，美國經濟就會有大麻煩。但由於中國經濟向美國出口萎縮也會有大麻煩，事實上，雙方已經陷入「金融恐怖平衡」的狀態。

## 金融衍生商品市場的「霸盤生意」

如果每年以利滾利方式增加的至少兩兆美元的利息支出，遲早會被「創造」出來進入貨幣系統，儘管其中一部分可以用更高債務的代價往未來堆積，另外一部分利息美元增發也足以造成顯著的通貨膨脹，但奇怪的是，美國的通膨似乎並不明顯。國際銀行家的魔術是怎麼玩的呢？

竅門在於必須有吸納大量貨幣增發的去處，這就是近十幾年來畸形膨脹起來的金融衍生商品市場。

二十年前，全世界的金融衍生商品的名義價值（Notional Value）總額幾乎為零，到了二〇〇六年，這個市場的總規模已經達到三七〇兆美元，相當於全世界的GDP總和的八倍多。其增長速度之快和規模之大，遠超過任何正常人類的想像力。

金融衍生商品的本質是什麼呢？和美元一樣，也是債務！它們是債務的打包，它們是債務的集合，它們是債務的貨櫃，它們是債務的倉庫，它們是債務的喜馬拉雅山。

這些債務被作為資產充斥著對沖（避險）基金的投資組合，也是這些債務被保險公司和退休基金當做資產放在帳戶上。這些債務被交易著、延期著、擠壓著、拉伸著、滾動著、塡充著、掏出著，這是一個債務的盛宴，也是一個賭博的盛宴。在紛繁的數學公式背後，只有「空」和「多」兩個選擇，每一張合約都是一次賭博，每一次賭博都必見輸贏。

既然是數百兆美元的豪賭，這個賭場上必有莊家。誰是莊家呢？就是美國最大的五家銀行，它們不僅是重量級的玩家，而且做的是「霸盤生意」（壟斷經營）。

美國財政部公佈的二〇〇六年第二季的商業銀行金融衍生市場報告中指出，美國最大的五家銀行，摩根大通、花旗集團等，佔全部九百零二家銀行金融衍生商品總和的九七％，收入佔九四％。在所有銀行金融衍生商品類別中，規模最大的是「利率商品類」，佔整個盤子的八三%，名義價值為九八．七兆美元。[4]

在利率商品類別中，「利率交換」（Interest Rate Swap）佔絕對優勢。「利率交換」的主要形式是在一定期限內，用「浮動利息現金流」去交換「固定利息現金流」，交易一般不涉及本金。其主要用途是以「更低的成本」來「模擬」長期固定利率債券的運作。使用這種工具最多的就是美國兩大政府特許機構（GSE，Government Sponsored Entity），房地美（Freddie Mac）和房利美（Fannie Mae）。這兩家超級金融公司用發行短期債券來資助三十年固定利息的房地產貸款，輔之以「利率交換」來對沖未來利率變化的風險。

在九八．七兆美元的利率衍生商品中，摩根大通獨佔鰲頭，佔有七十四兆的份額。在金融領域中，用十比一的資金槓桿比例進行投資已屬非常「冒進」，一百比一則是「瘋狂型」投資。九〇年代著名的超級對沖基金「長期資本管理基金」（Long Term Capital Management），在兩位諾貝爾經濟獎得主指導下，建立了當時世界上最複雜的風險對沖數學模型，擁有世界上最先進的電腦硬體設施，在用這一槓桿比例投資時，一不留神就輸了個精光，還險些拖垮整個世界的金融體系。摩根大通做利率衍生商品時的槓桿潛在比例竟然高達六二六比一，堪稱世界之最[5]。

摩根大通實際上做的是利率衍生商品市場的「霸盤生意」，它是幾乎所有對沖利率走高風險公司的對家。換句話說，絕大多數人需要在投資時防止未來利率突然暴漲，而摩根大通則向所有人保證利率不會暴漲，它賣的就是這樣一種保險。

是什麼神祕的水晶球能讓摩根大通敢冒如此驚天動地的風險，來預測只有葛林斯潘和美聯儲到時候才知道的利率變化呢？合理的答案只有一個，摩根大通本身就是美聯儲紐約銀行最大的股東之一，而美聯儲紐約銀行是一家不折不扣的私營公司，摩根大通不僅可以比其他人更早得知利率變化的消息，更是利率變化政策的真正制訂者，而遠在華盛頓的美聯儲「委員會」僅僅是個執行機構而已，利率政策的變化並非像世人所想像的那樣，在美聯儲定期會議上才投票臨時決定的。當然，投票過程是逼真的，但是投票人從一開始就是被國際銀行家們安插好的。

所以摩根大通做的是穩賺不賠的買賣。這就好比摩根大通是一家能夠人工控制降雨量的公司，而它賣的是洪水氾濫的保險，它當然知道洪水什麼時候氾濫，它甚至知道洪水要淹沒哪個地區。愛因斯坦曾說過，上帝不擲骰子。摩根大通敢玩金融衍生市場的「霸盤生意」，同樣不會擲骰子。

隨著金融衍生商品市場規模爆炸性地增長，政府的監管早已遠遠落後了。大量衍生商品的合約是在正規交易市場之外進行的，也叫做「櫃檯交易」（Over the Counter）；在會計制度上，也很難將衍生商品的交易與常規商業交易相類比，更不用說稅務計算和資產負債核算了。由於其規模龐大，金融槓桿比例嚴重偏高，對家風險難以控制，政府監管疏鬆，對於金融市場而言不啻爲一枚定時核彈。

正是由於這個投機市場的空前繁榮，大量吸納了美國債務利息支付所「創造」的天文數字的流動性。只要巨額新增發的美元和海外回流的美元，被這個高速旋轉的市場所裹挾進去，而不至於大量洩漏到其他市場上，核心通貨膨脹指數就會奇蹟般地被控制住。同理，一旦金融衍生市場崩盤，我們將見識到世界有史以來最嚴重的金融風暴和經濟危機。

## 政府特許機構：「第二美聯儲」

許多金融機構似乎並不理解這些（政府特許機構所發行的短期）債券的風險性質。投資者們誤以爲他們的投資完全可以避免（政府特許機構的）信用風險，原因在於危機發生的時候，他們認爲有足夠的預警時間可以等這些短期債券在幾個月後到期時從容套現。問題在於當金融危機出現時，政府特許機構的短期債券會在短短幾個小時，最多幾天之內完全喪失流動性。儘管一個投資者可以選擇退出，但當所有投資者同時逃離時，誰也跑不掉，就像銀行擠兌時發生的情況一樣。由於這些短期債券所依託的房地產資產無法快速變現，從整體上來說，爭相拋售政府特許機構債券的嘗試不會成功。[6]

威廉・波爾，美聯儲聖路易斯銀行總裁

政府特許機構在這裡指美國政府特許授權的、最大的兩家房地產貸款公司——房利美和房地美。這兩家公司負責建立美國房地產貸款的二級市場，其發行的以房地產爲抵押品的債券（Mortgage Backed Securities）總額高達四兆美元。實際上，美國銀行系統所發放的七兆美元的房地產貸款中，大部分都轉賣給了這兩家公司。它們把這些長期的房地產貸款打成包，做成MBS債券，然後在華爾街出售給美國的金融機構和亞洲的中央銀行。在它們所發行的MBS債券和它們從銀行手中收購的房地產抵押貸款之間存在著一個利差，這就構成了這兩家公司的利潤來源。據統計，美國有六〇%的銀行持有這兩家公司的債券資金，超過銀行資本的五〇%。[7]

身爲上市公司，房利美和房地美都是以追求利潤爲導向，對它們而言，直接持有房地產抵押貸款更加有利可圖，在這種情況下，利率波動、房貸提前償還和信用風險都將由它們自己承擔。當美聯儲從二〇〇二年開始漫長的升息過程時，房利美和房地美卻開始大量吃進並直接持有房地產抵押貸款，其總額到二〇〇三年年底已高達一．五兆美元。

作爲承擔如此龐大債務的金融機構，它們本該小心謹慎地規避風險，其中最重要的策略就是使資產和債務的期限吻合，否則利率波動的風險將難以控制。其次，應該避免以短期融資支持長期債務。傳統的保守方式就是發行長期可回收債券（Callable Bonds），使得資產和債務時限達到同步，同時鎖定利差，這樣就可以完全避免利率波動、房貸提前償還兩大風險。但實際上，這兩家公司卻主要使用長期固定債券和短期債券來進行融資，其短期融資的規模高達每週必須滾動三百億美元的短期債券，從而使自己處於高度風險之中。

爲了規避利率波動的風險，它們必須採取複雜的對沖策略，如使用債務和「利率交換」產生一種「短期債務＋未來固定利息現金流」的組合，來「類比」長期債券的效果，用「交換期權」（Swaption）來對沖房貸提前償還風險。除此之外，他們還使用「不完備動態對沖」（Imperfect Dynamic Hedging）策略，對短期可能的利率劇烈波動來個「重點防守」，對長期不太可能的利率震盪則是「疏於設防」。透過這些措施，一切看起來都是固若金湯，成本也頗低廉，似乎是個完美的方式。

在追求利潤的強烈慾望之下，在房利美和房地美的投資組合中，它們還大量吃進自己發行的ＭＢ

S債券。乍聽之下似乎不合常理，哪有自己發行短期債券購買自己長期債券的道理？

怪事自有怪事的道理。房利美和房地美是美國政府授權的房地產貸款二級市場的壟斷經營商，美國政府對這兩家公司提供著間接的擔保。所謂間接，就是美國政府對這兩家公司提供一定數量的信用額度，在緊急情況下可以動用。另外，美聯儲可以對房利美和房地美的債券進行貼現，也就是說中央銀行可以直接將它們的債券進行貨幣化。近半個世紀以來，除了美國國債，還沒有任何公司的債券享此殊榮。當市場得知房利美和房地美所發行的債券幾乎等於美元現金時，其信譽度就僅次於美國國債了。所以它們所發行的短期債券的利息僅比國債略高，既然有如此低廉的融資來源，當然購買自己的長期債券仍然有套利的空間。

可以不算誇張地說，這兩家公司的債券在一定程度上發揮著美國財政部債券的功能，它們實際上成了「第二美聯儲」，爲美國銀行系統提供大量的流動性，尤其在政府不方便出面的時候。這就是爲什麼在美聯儲進行了十七次連續升息之後，金融市場上仍然呈現出流動性氾濫，原來被美聯儲吸回來的流動性，又透過政府特許機構大舉吃進銀行房地產貸款而流回了金融市場。這種情形恰似電影「地道戰」的情節：日本鬼子從井裡不斷抽水然後灌入村裡的地道，聰明的游擊隊透過暗道，又把灌進地道的水送回井裡，搞得鬼子直納悶，不知道地道到底有多深。

政府特許機構以短期債券購買長期MBS債券的套利行爲，再加上國際銀行家們從日圓市場上以極低的成本融資，再以高倍槓桿購買美國國債期權的行爲，人爲地造成了美國長期債券（國債和三十年MBS債券）異常搶手的「繁榮景象」，從而壓低了長期債券的殖利率。經過粉飾之後，市場對長期通貨膨脹的憂慮似乎顯得杞人憂天了。於是外國投資者在猶豫一陣之後，還是會回到美國長期債券市場上來；於是別國的儲蓄可以繼續資助美國的「經濟永動機試驗」；於是人們在慾望的盛宴上繼續狂歡著。

只是再美妙的幻覺終究是幻覺。當政府特許機構繼續爲狂歡節供應酒精時，不知不覺間，它們的自有資本金已經下降到極度危險的三．五%水平上。在背負著數兆美元的沉重債務之下，在劇烈動盪的國際利率市場之中，其資本量是如此之低，已經到了足以讓葛林斯潘失眠的程度。當年「長期資本管理基金」在號稱世界上「最懂經濟」的大師指導下，擁有最完備、最複雜的風險對沖模型，一個俄羅斯債務危機，就使這個國際仰慕的完美對沖基金頃刻間灰飛煙滅。高度依賴金融衍生工具的政府特許機構對沖策略，究竟能不能抵抗得住意想不到的突發事件呢？

政府特許機構的罩門在於對短期利率突變的防範上有嚴重缺陷。美聯儲聖路易斯銀行總裁威廉．波爾對政府特許機構的抗利率震盪能力憂心忡忡，他在分析了二十五年來美國國債每日利率波動幅度的情況後得出的結論是：

> 在超過一%的國債價格波動中，大約有四分之三的情況其絕對值超過了三．五的標準偏差，這比通常的正態分佈模式估算的高出十六倍。假設一年有兩百五十個交易日，發生這種強度的利率波動的機率是一年兩次，而不是人們估計的八年一次。正態分佈模式完全誤判了利率劇烈波動的風險。超過四．五或更大的標準偏差的超大強度波動，不是人們預期的百萬

分之七，而是在六千五百七十三個交易日中發生了十一次，這種級別的波動，將足以震垮一個高度依賴金融槓桿的公司。還有一點，劇烈的波動傾向於集中爆發。這一特點是重要的，它意味著一家公司會在很短的時間內被劇烈震盪好幾次。不完備對沖在利率劇烈波動的情況下，會導致這家公司徹底的失敗。[8]

如果金融駭客突然攻擊美元、恐怖份子對美國進行核襲擊或生化襲擊、黃金價格持續暴漲等突發事件出現，美國國債市場勢必劇烈震撼，政府特許機構一旦出了問題，數兆美元的債券可能在幾個小時之內喪失流動性，美聯儲甚至來不及出手相救，而這種規模的崩潰，即使是美聯儲也只能是有心而無力救助。最終六〇%的美國銀行可能被拖垮，高度脆弱的三

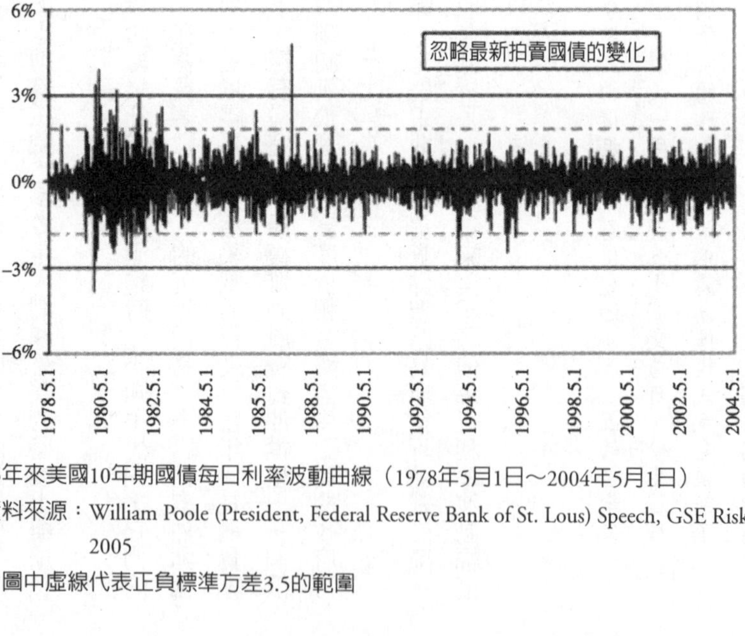


25年來美國10年期國債每日利率波動曲線（1978年5月1日～2004年5月1日）

資料來源：William Poole (President, Federal Reserve Bank of St. Lous) Speech, GSE Risks, 2005

＊圖中虛線代表正負標準方差3.5的範圍

七〇兆的金融衍生商品市場將發生雪崩，世界金融市場將出現恐怖的瘋狂逃亡景象。

政府特許機構所折射出的金融衍生商品市場的巨大風險，僅僅是冰山一角。

《富爸爸，窮爸爸》的作者羅伯特．T．清崎在〈債務的奢欲〉一文中，是這樣描述當今世界的「債務經濟繁榮」：

在我看來，問題在於這些被（天價）收購的公司並不是被金錢和資本買下的，它們是被債務買下的。我的常識告訴我，將來一定有人得償還這些債務。西班牙帝國的最終崩潰是由於對戰爭與征服的過度貪婪，我擔心當今世界會由於對債務的昂貴奢慾而最終重蹈覆轍。所以我的建議是什麼呢？就目前而言，盡興地在（慾望盛宴的）晚會上狂歡吧，但是別喝得太多，要站在出口附近。[9]

在一個五光十色、熱鬧非凡的巨大賭場之中，人們都在聚精會神地賭著被清崎稱爲「滑稽貨幣」的美元，此時尚未喝醉的、頭腦清醒的人，已經看到賭場的角落開始冒煙了，他們悄悄地、儘可能平靜地走向賭場狹窄的出口。這時火苗已經依稀可見，人們都還渾然不覺，只是有更多人聞到了煙味，他們四下張望，有人開始小聲議論。賭場老闆生怕大家發現已經出現的火苗，於是大聲吆喝並擺出更加驚險刺激的賭局，大多數人又被重新吸引到賭桌旁。火苗終於漸漸成了火燄，更多的人開始騷動，有人開始奔跑，大多數人則不知所措。賭場老闆開始喊話，說有一些火苗和煙霧是正常的，能夠刺激賭場生意，而且火苗（通膨）是完全可控制的，一九七一年以來就是如此。喊話發揮了穩定人心的作用，於是人們繼續賭錢。只不過愈來愈多的人擠向出口方向。此時最怕的就是一聲尖叫……

當災難發生時，每個人都會尋找自己的出口。對於清崎而言，賭場的出口就是黃金和白銀。他在〈賭黃金，別賭滑稽貨幣〉一文中指出：

我覺得黃金很便宜，當石油價格上升以及俄羅斯、委內瑞拉、阿拉伯國家和非洲愈來愈不願接受我們的美元的時候，黃金就會漲價。目前我們還可以用我們「滑稽的貨幣」來支付其他國家的產品和服務，但是世界已經逐漸厭倦美元了。我多年以來的策略是：投資眞錢，它們就是黃金和白銀。我同樣繼續借出「滑稽貨幣」來購買房地產。每當金銀價格大跌時，我就買進更多的實物。什麼樣的聰明投資者會不願意借「滑稽貨幣」來購買低廉的眞錢呢？[10]

## 黃金：被軟禁的貨幣之王

黃金擁有很多不穩定的因素，幾個大國政府一直試圖震盪黃金價格就是其中之一。如果你關注一下過去二十年來政府對黃金的政策，就會發現在金價高達八百美元一盎司（一九八〇年）的時候，沒有政府出售黃金。那時出售應該是很合算的買賣，而且可以穩定金價。但是政府卻在最低價（一九九九年）時出售黃金，英國政府正是如此。政府這種在最低價拋售黃金的做法，正是造成金價不穩定的因素之一。[11]

羅伯特・蒙代爾，諾貝爾經濟學獎得主，歐元之父

蒙代爾所說的黃金不穩定因素，正是一九八〇年以來國際銀行家妖魔化黃金的整體戰略的一個重要組成部分。但是對黃金價格的操縱卻是一個佈置嚴密、手法高超、令人難以察覺的天才計畫，能在二十多年的時間裡成功壓制黃金價格，在人類歷史上還是頭一回。

最讓人無法理解的，要算英格蘭銀行在一九九九年五月七日悍然宣佈賣掉一半的黃金儲備（四一五噸）的聲明了。這是英國自拿破崙戰爭以來最大規模的黃金拋售。這一石破天驚的消息，使本已疲軟的國際金價狂跌至二八〇美元一盎司。

人們不禁狐疑，英格蘭銀行究竟要幹嘛？投資嗎？不像。要是投資，它應該在一九八〇年以八百美元一盎司賣出，再買進當時高達十三%回報率的美國三十年國債，那早就賺大錢了。結果英格蘭銀行硬要在一九九九年以二八〇美元接近歷史最低價時出售黃金，再去投資當時回報不到五%的美國國債，難怪蒙代爾大呼看不懂。

是英格蘭銀行不懂做生意嗎？當然不是。自一六九四年成立算起，英格蘭銀行雄霸國際金融市場近三百年，堪稱現代金融業的老祖宗，什麼樣的大風大浪沒見過，美聯儲在它面前還只是小學生，要說它不懂低買高賣的道理，簡直就是天方夜譚。

英格蘭銀行違背基本的商業規律行事，只因爲一件事，那就是恐懼！它恐懼的倒不是金價持續下

跌而導致黃金儲備貶值，恰恰相反，它害怕的是黃金持續上漲。因爲在英格蘭銀行的帳目上記錄在案的黃金早已不翼而飛，那些被標注在黃金應收帳目下的黃金，可能永遠也收不回來了。

瑞士銀行家費迪南．利普斯（Ferdinand Lips）曾說過一段耐人尋味的話：「如果英國人民得知他們的中央銀行是怎樣瘋狂和輕率地處置人民累積數百年的眞正財富——黃金的話，斷頭台下將是人頭滾滾。」其實更爲準確地說，要是世界人民最終知道了中央銀行家們是如何操縱黃金價格，人類歷史上最大的金融犯罪行爲將大白於天下。

英格蘭銀行的黃金到哪裡去了呢？原來早已被「租借」給了「金錠銀行家們」（Bullion Bankers）。

事情的原委是這樣的，九〇年代初，倫敦－華爾街軸心成功地打垮了日本經濟，遏制住歐洲統一貨幣進程之後，雖然春風得意，輝煌一時，但是對黃金這一眞正的敵人卻時刻不敢掉以輕心。要知道，歐元與日圓對於倫敦－華爾街軸心而言只是疥癬之疾，黃金才是心腹大患。黃金一旦翻盤，所有法幣體系都會臣服。黃金雖然已經不是世界貨幣，但它始終是制約國際銀行家透過通貨膨脹劫掠世界人民財富的最大障礙。黃金雖然無聲無息地被「軟禁」在貨幣體系之外，但它的歷史地位和作爲眞正財富的象徵，卻無時無刻不在輻射出強大的吸引力。國際上稍有風吹草動，人們就不由自主地奔到黃金的周圍，接受它堅實的庇護。要想完全廢黜這個「貨幣之王」，即使是一手遮天的國際銀行家也不敢奢望，他們只能設法「永遠軟禁黃金」。

要做到「軟禁黃金」，就必須使世人「看到」黃金這個「貨幣之王」是多麼無能與軟弱，它既不能保護人民的儲蓄，也無法提供穩定的指標，甚至不能吸引投機之徒的興趣。

所以，黃金的價格必須被嚴格控制。

在吸取了一九六八年「黃金互助基金」慘敗的教訓後，國際銀行家痛定思痛，絕不會再犯以實物黃金對抗龐大的市場需求這樣愚蠢的錯誤了。在一九八○年採用極端的二○%利率暫時壓制住黃金價格，恢復了美元信心之後，他們開始大量使用金融衍生工具這種新的武器。

兵法云：「攻心爲上，攻城爲下。」國際銀行家深諳此道。黃金也好，美元也罷，或是股票、債券、房地產，玩到最高境界，都是玩信心，而金融衍生商品則是超級信心武器。在一九八七年股災中成功試爆「金融衍生核彈」之後，一九九○年這一高效能武器又被再次在東京股市上使用，其殺傷力令國際銀行家喜出望外。用核爆炸的方式有短期和強烈的效果，但是對於黃金這種慢性和長期的威脅，則必須使用多種信心武器，並以「雞尾酒式」的混合方式進行攻擊。

被私有銀行控制的中央銀行「出租」國家的黃金儲備就是手段之一。在二十世紀九○年代初，國際銀行家開始推銷一種說法：黃金放在中央銀行的倉庫裡，沒有任何利息收入，除了落滿灰塵之外，保存還需要另外一筆開支，不如「出租」給信譽良好的金錠銀行家，利息可以低到一%，但好歹也是一筆穩定的收入。此法果然在歐洲很快地蔚然成風。

誰是所謂的金錠銀行家呢？以J．P．摩根公司爲首的國際銀行家當仁不讓。他們以自己「良好」的信譽從中央銀行手中以一%的超低利息「借來」黃金，再到黃金市場上出售，拿到手的錢轉手就用於購買五%回報率的美國國債，穩吃四%的利差，這被稱爲「黃金套利交易」（Gold Carry Trade）。這樣一來，拋售中央銀行的黃金既打壓了黃金價格，又吃到了利差的美餐，還同時刺激了美國國債的需求，壓低了長期利率，眞可謂一箭數鵰的妙計。

不過這裡面有一個風險。金錠銀行家從中央銀行借來的黃金，大多是六個月左右的短期合約，但投資的很可能是長期債券，如果中央銀行到期索要黃金或金價持續上漲，金錠銀行家的處境就危險了。

爲了「對沖」這種風險，華爾街的金融天才們把主意打到了黃金生產商身上。他們向黃金生產商反覆灌輸黃金價格長期走低的「歷史必然」，只有現在就鎖定未來的出售價格，才能避免將來的損失。另外，國際銀行家還可以提供四%左右的低息貸款，供黃金生產商繼續探勘和開發之用，這樣的利息實在令人難以拒絕，再加上眼看國際金價一年不如一年，與其等到將來減價出售，還不如現在就把未來的、尙在地下待開採的黃金產量賣個好價錢。這叫做「黃金遠期合約」（Gold Forward Sale）。

於是，金錠銀行家手中就有了黃金生產商未來的產量，作爲償還中央銀行黃金租借的抵押。再加上中央銀行家和金錠銀行家原本就是一家人，所以「租借合約」幾乎可以無限延期。因此金錠銀行家就有了雙保險。

在這個最初的主意開始運作後不久，天才的華爾街銀行家又不斷推出新的衍生商品，比如延交現貨合約（Spot Defered Sales）、條件遠期合約（Contingent Forward）、變量遠期合約（Variable Volume Forward），德爾塔對沖（Delta Hedging）和各種期權合約。

在投資銀行的推波助瀾之下，黃金生產商紛紛陷入這個前所未有的金融投機活動之中。各國黃金生產商紛紛「透支」未來，將地下可能的黃金儲量全部折算成現有產量進行「預售」。澳洲的黃金生產商甚至將未來七年的黃金產量賣了出去。西非加納的重要黃金生產商Ashanti更是在高盛和十六家銀行的「參謀」之下，購買了總量高達兩千五百份的金融衍生商品合約，到了一九九九年六月，其對沖帳目上的金融資產高達二．九億美元。評論家紛紛指出，當代的黃金生產商，與其說是在開採黃金，還不如說是以開採黃金爲噱頭進行危險的金融投機。

在黃金生產商掀起的「對沖革命」浪潮中，巴里克黃金公司（Barrick Gold）可算是名副其實的大哥大。巴里克的對沖規模早已超越了風險控制的合理範疇，說它的策略是金融豪賭也絕不誇張。在其海量的單向賣空黃金的行動中，巴里克無形中造成了同行之間競相殺價的局面，其結果必然是自毀市場。在巴里克的年報上，系統性地誤導了投資人，它吹噓自己複雜的對沖策略使其總能以高於市場的價格賣出黃金。其實巴里克賣到市場上的黃金中，有相當部分就是透過金錠銀行家向各國中央銀行低息「借來」的黃金，它在市場上拋售這些「借來」的黃金所得的收入，用於購買美國財政部的債券，其中的利差收益，就是所謂的「複雜的對沖工具」所產生的奇妙效果的眞正來源。這構成了典型的財務欺詐。

在幾個方面的合力之下，黃金價格不斷下跌，這符合所有參加方的利益。黃金生產商由於早已鎖定出售價格，在金價下跌時，他們帳面上做空黃金的各類「金融資產」還會升值。於是黃金生產商奇怪地成爲金價下跌的同謀者。事實上，生產商得到的只是短暫的甜頭，失去的卻是長遠的利益。

黃金反壟斷行動委員會（Gold Anti-Trust Action Commitee）主席比爾．莫菲將這個蓄謀打擊黃金價格的特殊利益集團稱爲「黃金卡特爾」，它的核心成員包括：J．P．摩根公司、英格蘭銀行、德意志銀行、花旗銀行、高盛公司、國際清算銀行、美國財政部和美聯儲。

當金價被強大的市場需求不斷推高時，中央銀行就會衝到第一線，公開拋售大量黃金，直到嚇退投資者爲止。

葛林斯潘在一九九八年七月的美國眾議院銀行委員會（House Banking Committee）的聽證會上宣稱：「黃金是另一種有大量金融衍生產品進行場外交易的商品，投資者無法控制黃金的供應量，如果黃金價格上漲，中央銀行家們隨時準備『出租』黃金儲備來增加供應量。」換句話說，葛林斯潘公開承認，如果有必要，黃金價格完全處於中央銀行家們的控制之下。

一九九九年三月科索沃戰爭爆發，情況發生了微妙的變化。北約的空襲遲遲未能奏效，黃金價格在強大購買力的支撐下開始積蓄爆發力。金價一旦失控而持續走高，金錠銀行家則必須從市場上高價買回黃金，歸還給中央銀行家們。如果市場上沒有這樣多的現貨，或者當初以「地下未來」黃金產量做抵押的黃金生產商破產，又或許地下根本沒有足夠的黃金，不僅國際銀行家要承受巨大損失，中央銀行家們的黃金儲備帳目也會出現巨大的虧空。如果事情敗露，人民得知實情，只怕眞的有人會上斷頭台。情急之下，英格蘭銀行終於在一九九九年五月七日衝上第一線。如果能夠嚇退投資者，金價繼續下跌，自然皆大歡喜，即使失手，索性將呆帳的黃金賣出，到時候也死無對證，正所謂「黃金呆帳，一賣了之」。這就是爲什麼中央銀行家們出售黃金時，人們從來不知道誰是買主的原因。

儘管科索沃戰爭在一九九九年六月十日結束，驚出一身冷汗的中央銀行家們覺得玩得太過火了，再加上國際黃金市場的投資者已經開始聲稱要告中央銀行家們操縱黃金價格，各國政治家們也開始關注黃金價格問題，看來事情要鬧大了。

在這種情況下，一九九九年九月，歐洲的中央銀行家們達成了「華盛頓協定」（Washington Agreement），限制各國在未來五年內出售或出租黃金的總量。消息傳來，黃金「租借」利率在幾個小時之內從一％跳升至九％，做空黃金的生產商和投機商的金融衍生商品損失慘重。

黃金近二十年的熊市終於畫上了句號，它預示著商品市場大牛市的到來。

一九九九年是黃金戰場的重要戰略轉捩點，其意義相當於二次大戰中的「史達林格勒保衛戰」。從此以後，打壓金價的企圖再也未能取得黃金戰場的戰略主動權。以美元爲首的法幣體系將在黃金的強大攻勢面前不斷敗退，直至最終崩潰。

在控制黃金價格的主戰場之外，國際銀行家還開闢了第二戰場，那就是輿論戰和學術戰。國際銀行家最成功之處，就在於系統性地對經濟學界進行洗腦，將學術界的熱點引導至與實際世界的經濟運行嚴重脫節的數學公式遊戲之中。當多數現代經濟學家疑惑地問黃金究竟有何用處的時候，國際銀行家應該感到非常欣慰，一切尚在控制之下。

人們自然會問，法幣制度有何不好？我們不已經在法幣體系下生活了三十多年了嗎？經濟不是照樣在發展嗎？

原美聯儲紐約銀行副總裁和花旗集團副總裁約翰·埃克斯特的回答是：

在這樣一個系統之下，沒有國家需要向另外一個國家支付眞正保值的貨幣，因爲它們沒有兌換（金幣）的紀律約束。我們可以用紙幣去購買石油，不管我們印多少這樣的紙幣。他們（經濟學家）選擇忽視人民對一種能夠儲藏財富的堅實貨幣的渴望。事實上，他們拒絕承認黃金是貨幣，而武斷地認定黃金只是一種普通商品，就像鉛和鋅一樣在貨幣系統中沒有任何位置。他們甚至建議財政部沒有必要繼續儲存黃金，應該逐漸在市場上拋售。拿掉黃金之後，他們任意地定義紙幣價值。他們不曾告訴我們，這種永遠以神奇速度增加的「IOU」（我欠你）借條如何能夠實現貨幣保值的功能。他們似乎完全沒有意識到，以這種神奇速度增發的紙幣有一天會造成債務問題。

凱恩斯和傅立曼只是二十世紀的約翰·勞的翻版。他們選擇漠視紙幣兌換黃金這一鐵律，而故意以某些經濟學家或政治家的思維定式中的速度來印刷紙幣，他們認爲這樣就能夠欺騙自然規律，無中生有地「創造」財富，消除商業週期，確保全民就業和永遠繁榮。這意味著某些經濟學家爲著特定政治傾向而制訂政策，在不用他們自己的金錢在市場中冒險的前提下，以當年約翰·勞一般的智慧，對經濟事務無所不知，任意決定貨幣、財政、稅收、貿易、價格、收入等政策，還告訴我們這樣對我們最好。於是他們就「微調」了我們的經濟。

當今大多數經濟學家們都是凱恩斯的徒子徒孫培養出來的，包括那些諾貝爾獎的獲得者，如著名的教材《經濟學》的作者保羅·薩繆爾森。他的教材裡充滿了數學公式和各種彩色圖表。但是當讀到他對黃金的觀點時，才發現他的看法幾乎沒有任何歷史縱深而顯得非常膚淺。他是二十世紀學術界的一個典型例子，經濟學家們完全忽略了對金錢歷史的研究，或者是爲了某些理由而選擇故意忽略。[12]

薩繆爾森在他著名的、對一九六八年以後的黃金價格雙軌制的評論中說：

> 在國際貨幣基金組織之外，黃金最終被完全去貨幣化了。它的價格完全由供需關係決定，就像銅、小麥、銀或鹽一樣。
>
> 一個中東的酋長如果在五十五美元一盎司的價位上購買了黃金而在六十八美元的價位上賣出，他一定能掙不少錢。但若他是五十五美元買進，而在三八・五美元甚至三十三美元拋出，他就會輸掉身上的襯衫。

薩繆爾森堅信一旦黃金被踢出貨幣系統，那麼對黃金的需求就只限於很少的幾種工業需求，如首飾業。所以自一九七一年八月十五日尼克森關閉黃金窗口、布雷頓體系垮台之後，黃金已不再是貨幣，誰還會需要黃金呢？到一九七三年這位大教授發表這段宏論時，他認定一九七二年七十五美元一盎司的金價肯定維持不住，黃金最終可能跌到三十五美元以下。讓教授下巴脫臼的是，七年以後，黃金的價格衝到了八五〇美元一盎司。

還好薩繆爾森不是華爾街的對沖基金經理，否則他輸掉的就不僅是身上的襯衫了。

## 一級警報：二〇〇四年羅斯柴爾德退出黃金定價

一切霸權的力量源泉和最終形式都體現於定價權，透過控制價格的過程來實現有利於己而不利於人的財富分配方式。定價權的搏鬥恰似帝位爭奪一般劇烈，充滿權謀和狡詐，價格鮮有在平等自由合理的市場運作過程中自然產生，擁有優勢的一方從來就是以無所不用其極的手段來確保自己的利益，這和戰爭沒有任何本質區別。討論價格問題必須用研究戰爭和戰例的思路才能接近事情的眞相。制訂價格、推翻價格、扭曲價格、操縱價格都是各路當事人反覆激烈較量的結果，沒有人的因素作爲參照背景，就不可能明白價格形成的軌跡。

人們比較容易理解的是，爲什麼有人坐在老闆的位置上發號施令，而多數人只能服從，因爲一切都有切膚之感。但老闆的老闆透過控制老闆來間接控制眾人，就不是那麼明瞭和直觀了，順著這個權力鏈條，愈往上人數愈少。定價權的取得也是如此，控制一種商品的價格從來就是自上而下的行爲。

就黃金而言，誰控制了世界最大的黃金交易商，誰就控制了黃金的價格。所謂控制，就是交易商們爲了利益或迫於威勢，主動或被動地接受權力上層的安排。

羅斯柴爾德家族從一八一五年拿破崙戰爭中一舉奪取黃金定價權，至今已有近兩百年的歷史。現代的黃金定價體制建立於一九一九年九月十二日，當五名各大財團的代表聚集在羅斯柴爾德銀行時，金價被定在四磅十八先令九便士的價位上，約合七．五美元。儘管一九六八年改爲以美元報價，但其運作模式基本未變。參加第一次金價制訂的代表除了羅斯柴爾德家族的人，還有Mocatta & Goldsmid、

Pixley & Abell、Samuel Montagu & Co.、Sharps Wilkins。羅斯柴爾德家族隨後成爲固定的主席和召集人。從這一天開始，五位代表每天在羅斯柴爾德銀行會面兩次，討論實物黃金的交割價。由主席建議一個開盤價，這個價格立即透過電話傳到交易室，然後主席詢問誰想買賣多少四百盎司的標準金條，數量是多少，根據雙方出價和最終達成交易的價格，主席這時宣佈金價被「敲定」（The London Good Fix）了。

這個黃金定價制度一直運作到二〇〇四年。

二〇〇四年四月十四日，羅斯柴爾德家族突然宣佈退出倫敦黃金定價體系，這一石破天驚的消息立刻震撼了全世界的投資者。大衛．羅斯柴爾德解釋道：「我們在倫敦商品市場（包括黃金）交易的收入，在過去五年中已經下降到不足我們業務總收入的一%，從戰略分析的角度看，（黃金交易）已經不是我們的核心業務，所以我們選擇退出這個市場。」

英國《金融時報》立刻在四月十六日大聲附和這一說法：「正如凱恩斯所說，（黃金）這一『野蠻的遺跡』正在走進歷史的塵封。當我們看到令人尊敬的羅斯柴爾德家族從黃金市場中退出，連號稱最死忠的『黃金蟲子』的法蘭西銀行，也不得不斟酌它的黃金儲備時，黃金作爲投資品已經更加接近它的盡頭了。」

無獨有偶，白銀交易市場的大哥大AIG集團於六月一日宣佈退出白銀市場定價，自願降級爲普通交易商。

這兩件事從裡到外透著蹊蹺。

莫非羅斯柴爾德家族眞的看壞黃金嗎？若是如此，爲何不在一九九九年金價跌到歷史最低點時退出，反而要在黃金白銀氣勢如虹的二〇〇四年金盆洗手呢？

另外一種可能就是，黃金和白銀的價格最終將會失控，一旦控制金銀價格的陰謀敗露，操控價格的人將會成爲世界公敵。早早地撇清與黃金之間的任何關係，如果十年以後，金銀價格果然出了大問題，誰也怪不到羅斯柴爾德家族的身上。

不要忘記，羅斯柴爾德家族不僅過去，而且現在仍然擁有著世界上組織最嚴密、效率最高的戰略情報網絡，他們掌握著常人無法窺知的資訊資源。深謀遠慮加上龐大的金融資源，以及對資訊高效的收集分析能力，使得他們在過去兩百年來幾乎左右著整個世界的命運。

當他們突然宣佈退出苦心經營了兩百多年的家族核心業務時，這是一件相當不尋常的事。

## 美元泡沫經濟的死穴

最近一段時間裡國際石油價格暴漲，倫敦—華爾街軸心眾口一辭，都說是中國經濟發展惹的禍，無非是要挑起世人對中國的不滿，掩蓋石油暴漲是爲了刺激美元需求這個事實。結果謠言不攻自破，爲了美國期中選舉，硬是放了一顆一夜之間發現了「特大油田」的衛星。這與一九七三年他們策劃讓石油漲價四〇〇%從而刺激美元需求，同時將油價暴漲的責任嫁禍於中東國家的石油禁運如出一轍。

由於美元氾濫這一無法避免的本質，很快地，中東核問題又會升溫，伊朗戰爭最終將無法避免。

以色列動手也好，美國出手也罷，總之是激惹伊朗用水雷或飛彈封鎖了荷姆茲海峽，切斷世界三分之二的石油通道，於是石油價格會輕易衝上一百美元大關，世界對美元的需求又會大增，這次罪魁禍首是伊朗。只要世人不要對美元發行產生「不健康」的聯想就好。

從二十世紀七〇年代黃金遭到「軟禁」開始，世界證券市場和大宗商品市場呈現出反向關係。大宗商品市場極爲火熱的七〇年代，也正是證券市場表現奇差的十年。從八〇年代初開始的證券市場十八年大牛市，則代表著大宗商品市場熊氣彌漫的時代。而從二〇〇一年開始，大宗商品市場開始了牛氣衝天的征途，與此同時，股市、債市、房地產、金融衍生市場也同步狂長。表面上看是美元資產增值，實際上是債務美元的爆炸性擴張所致，而所有的債務必須支付利息，這種債務以利滾利方式膨脹的結果，必然是原來只需要大宗商品或證券市場中的一個水缸增加容量，就能夠消化過剩的美元，而現在當所有水缸都被氾濫成災的美元裝滿後，還要往外溢出。

問題是到哪裡去找這麼大的水缸呢？於是華爾街的天才們又開始談論金融衍生市場的無限容量概念。他們不斷地推出成百上千的新「金融產品」，不僅在貨幣、債券、商品、股指、信用、利率等方面動腦筋，更異想天開地創造出像天氣賭博這樣的新玩意兒。從理論上講，他們可以把未來一年中每一天的好壞都貼上美元標籤賣到市場上來，他們同樣可以將世界未來一百年的每一天、每一小時甚至每一分鐘的地震、火山、水災、旱災、蟲災、流行感冒、交通事故、婚喪嫁娶都做成「金融衍生商品」，明碼實價地在金融市場上交易。從這個意義上講，金融衍生市場的確是「無可限量」。只是這種論調聽起來多少有點像一九九九年ＩＴ泡沫登峰造極時，華爾街分析家們信誓旦旦地說要爲地球上每一粒沙子分配一個IP網址。同樣是這些人的祖先，在「南海泡沫」時代還曾發愁世界的金錢太多，沒有好的項目來投資，於是有人提出抽乾紅海的海水，看看埃及法老王追逐摩西和猶太人時，到底有多少金銀財寶葬身海底。

當人們「高燒」到這種溫度時，金融風暴就已經近在咫尺了。

黃金這個長期和系統地被妖魔化爲「野蠻的遺跡」的貨幣「眞龍天子」，如同一個飽經滄桑、歷盡磨難的智者，他並不急於張揚，他只是冷眼旁觀。夫爲不爭，天下莫能與之爭。詆毀、嘲笑、打壓、咒罵、諷刺，當「僞貨幣皇帝」耍盡一切手段後，黃金仍然金光燦燦，而「強勢美元」則早已成強弩之末。人民終於看出些門道了。

其實在中國人的心目中，從來不乏對眞實財富的直覺。人們稱和錢有關的活動爲「金」融，儲放財富的所在叫「銀」行，貨眞價實的東西爲「眞金白銀」。當世界人民再度認識到債務貨幣的本質，只不過就是一張欠條＋許諾，所謂美元財富只是「一個被超級誇大的白條」和「對財富的無限許諾」而已，這些債務白條從來就是永遠貶值的，而貶值的快慢取決於印刷它們的人的貪婪程度。完全不懂金融的普羅大眾，最終將會用他們的直覺和常識，去選擇存放他們辛勤汗水所創造的財富的「諾亞方舟」——黃金和白銀。用金融衍生工具「武裝到牙齒」的國際銀行家，最終將遭遇「人民戰爭的汪洋大海」。

倔強而持續上漲的黃金價格，將會無情地推高美國長期債務利率，由於國際銀行家們向金融市場兜售了數十兆美元的「利率保險」合約，保證長期利率不會上漲，一旦長期債務利率出現被金價逼著走高的局面，國際銀行家們將會被暴露在他們自身的貪婪所營造的極度風險之中。

最先被黃金持續上漲戳破的將是金融衍生商品市場的弄潮兒——「利率交換」這個七十四兆美元（僅僅是美國商業銀行所申報的資料）的超級大泡泡。手中資金只有三·五％的政府特許機構們的情勢將危如累卵。黃金價格的猛撲，來得如此突然而猛烈，國債利率波動將異常劇烈和集中，政府特許機構脆弱的利率對沖防線將率先被突破，高達四兆美元的政府特許機構短期債券會在「幾個小時，最多幾天」的時間內完全喪失流動性，同時陷入困境的還有摩根大通——這個金融衍生市場和黃金衍生市場「霸盤生意」的超級玩家，試圖壓制黃金價格和長期利率的操盤手。

率先崩盤的金融衍生市場將產生前所未有的流動性恐慌，當驚恐萬狀的世界投資者一起試圖將手中的各種「保險合約」拋售變現時，所有這些衍生品的生長基地：貨幣、債券、商品、石油、股票將同時遭到「電擊」，國際金融市場將爆發更大規模的流動性恐慌。爲了拯救已不可救藥的金融市場廢墟，美聯儲勢必如黃河決堤一般地增發美元來「抗洪救災」，當數十兆增發的美元如海嘯般衝向世界經濟體系時，世界經濟將陷入一片混亂。

國際銀行家蓄謀廢除黃金貨幣之後僅僅三十多年，美國就已經透支了世界八〇％的儲蓄。到今天，美國必須每天繼續從世界各國人民身上「吸血」二十億美元的儲蓄，才能使美國這部「經濟永動機」繼續運轉，美國的債務和利息增加的速度，早已遠遠超過了世界經濟的增長能力。當所有國家眞金白銀的「過剩儲蓄」都被抽光之日，也就是世界金融崩潰之時。這一天的到來，其實已不是會不會的問題，而是何時以何種方式發生而已。

貌似龐然大物的美元泡沫體系，其致命的死穴就在「信心」二字，而黃金則是點中這一罩門的「一陽指」。

## 注釋


1 Irving Fisher, *100% Money* (Pickering & Chatto Ltd; Set Only edition (November 1996) Forward.
2 Murray N. Rothbard, *The Mystery of Banking* (E P Dutton, 1983) p61.
3 Modern Money Mechanics, Federal Reserve Bank of Chicago.
4 OCC's Quarterly Report on Bank Derivatives Activities Second Quarter 2006, US Treasury Report.
5 Adam Hamilton, *The JPM Derivatives Monster* (2001 Zeal Research).
6 William Poole (President, Federal Reserve Bank of St. Louis) Speech, *GSE Risks*, 2005.
7 FANNIE MAE, FREDDIE MAC AND THE NEED FOR GSE REFORM, NOW, Office of Federal Housing Enterprise Oversight (OFHEO).
8 William Poole (President, Federal Reserve Bank of St. Louis) Speech, *GSE Risks*, 2005.
9 Robert Kiyosaki, *A Taste for Debt* (Yahoo Finace Experts Column Oct 31, 2006).
10 Robert Kiyosaki, *Bet on Gold, Not on Funny Money* (Yahoo Finace Experts Column July 25, 2006).
11 Ferdinand Lips, Gold War, The Battle Against Sound Money as Seen From a Swiss Perspective (New York: The Foundation for the Advancement of Monetary Education 2001) p125.
12 Ibid., p86, p87.

第十章

# 謀萬世者

如同自由一樣，黃金從來不屈居於低估其價值的地方。

莫里爾，美國共和黨議員，一八七八年

◎本章導讀

一八五〇年，倫敦毫無疑問是世界金融體系的太陽；一九五〇年，紐約成爲全球財富的中心；二〇五〇年，誰將問鼎國際金融霸主的寶座呢？

人類有史以來的經驗表明，崛起中的國家或地區總是以更加旺盛的生產力創造出巨大的財富，爲了保護自己的財富在貿易中不被別人稀釋的貨幣所竊取，這些地區有著保持高純度貨幣的內在動力，恰如十九世紀堅挺的黃金英鎊和二十世紀傲視全球的黃金白銀美元，而世界的財富從來就是自動流向能夠保護其價值的地方。堅挺穩定的貨幣反過來又極大地促進了社會分工和市場資源的合理分佈，從而形成更加有效率的經濟結構，創造出更多的財富。

反之，當強盛的國家開始走下坡路的時候，社會生產力不斷萎縮，龐大的政府開銷或戰爭費用逐漸掏空了從前的積蓄，政府總是從貶值貨幣開始，企圖逃避高築的債台和搜刮人民的財富，此時財富將不可逆轉地外流去尋找其他能夠庇護它們的地方。

貨幣是否堅挺，成爲一個國家盛衰交替之際最早出現的徵兆。當一九一四年英格蘭銀行宣佈停止英鎊的黃金兌換時，大英帝國的雄風就一去不復返了。當尼克森於一九七一年單方面關閉黃金窗口時，美利堅的輝煌業已到了盛極而衰的轉捩點。英國的國力在第一次世界大戰的硝煙中迅速地消散，而美國幸運的是在一個沒有重大戰爭的世界裡，還能夠保持一段時期的繁榮。但表面上鮮花著錦、烈火烹油的大宅門，裡子卻已逐漸被巨額債務所掏空了。

從歷史上看，凡是操弄貨幣貶值來試圖欺騙財富的國家，最終也必將被財富所拋棄。

## 貨幣：經濟世界的度量衡

貨幣是整個經濟領域最基本、最核心的度量衡，貨幣的作用類似於物理世界中的千克、米、秒等最重要的尺度，一個每天都在劇烈動盪的貨幣體系，就如同千克、米、秒的定義時時刻刻都不停地變化一樣荒謬而危險。

一個工程師手中的尺每天長短都不一樣，他該怎麼修建幾十層的高樓呢？即使修起來了，又有誰敢住？

如果體育比賽的碼錶計時標準隨時都在更改，運動員如何能夠比較在不同場地進行的比賽成績？一個商人在賣東西時，如果秤重的千克標準每天都在縮水，就好像不斷地調換秤砣，哪個買家願意從他這買東西？

當今世界經濟的根本問題之一，就在於沒有一個穩定而合理的貨幣度量衡標準，從而導致政府無法準確測算經濟活動的規模，公司難以正確地判斷長期投資的合理性，人民對財富的任何長遠規劃喪失了安全的參照系。貨幣對經濟的作用在銀行家任意和武斷的操控下，已經嚴重扭曲了市場資源的合理分配。

當人們計算投資股票、債券、房地產、生產線、商品貿易的投資回報時，幾乎無法核算眞正的投資報酬率，因爲難以估算貨幣購買力的縮水程度。

美國的美元從一九七一年完全脫離黃金之後，其購買力已經下降了九四．四％，今天的一美元只值七〇年代初的五．六美分。

中國八〇年代的「萬元戶」是富裕的標誌，九〇年代的「萬元戶」只是城市收入的平均水平，現在家庭年收入一萬元可能就接近「貧困線」了。

經濟學家只「關心」消費物價的通貨膨脹水平，可是高得嚇人的資產通貨膨脹現象卻沒有人注意。這樣的貨幣制度是對儲蓄者的殘酷懲罰，這就是爲什麼儘管股票和房地產市場非常危險，但不投資將更加危險。

當人們買房時，向銀行申請的貸款只是一張欠條，銀行的帳戶上本沒有這樣多的錢，但在債務產生的同時，卻無中生有地「創造出了」錢，這張欠條立刻被銀行系統「貨幣化」了，於是貨幣供應將立刻增加幾十萬的流通量，這些增發的貨幣即時地推高了全社會的平均物價水平，尤其是在資產領域。所以在沒有房地產貸款時，房價不可能有如此高的水平，銀行聲稱是爲了幫助人民負擔得起住房，但結果正好相反。銀行房地產貸款相當於一下子透支了人民未來三十年的收入，將「未來」三十年的錢拿到今天一起發放成貨幣，如此海量的貨幣暴增，房價、股市、債市豈有不暴漲的道理？當透支了人民未來三十年的財富積累之後，房價已經高到普通人無法企及的程度。爲了「幫助」人民能夠負擔更多的債務來支撐更高的房價，銀行家們正在英國和美國試推「終身房產債務」的「偉大創新」，英國將推出長達五十年的房貸，美國加州準備試行四十五年的房貸，如果試點獲得成功，更大規模的債務貨幣增發即將決口而出，房地產將迎來一個更加「燦爛的春天」；向銀行貸款的人，將終身被債務的鎖鏈緊緊束縛；沒有購買房子的人下場則更爲不妙，最終他們將貧窮到連銀行的債務鎖鏈都不屑於去光顧的程度。如果人民五十年的債務美餐還不能餵飽銀行家的胃口呢？只怕終有一天，「父債子還」、「爺債孫還」的「跨世代抵押貸款」也會被創造出來。

當一兆美元的外匯存底讓人們欣喜之時，八兆的人民幣必須增發出來購買這些「沉重的美國白條」，而這些新增的貨幣如果完全進入銀行體系，將有六倍的放大，這要「感謝」從「西天取來」的部分儲備金制度這部「聖經」。政府只能選擇增發國債（或央行票據）來有限地吸納這些來勢迅猛的貨幣增發浪潮。問題是，國債需要償還利息，誰來還呢？還是「光榮的」納稅人。

當教育和醫療也進行「產業化」時，由於這些社會資源原本嚴重不足，從全社會共用的公共資源一下子變成了「獨佔的資產」，在貨幣氾濫的浪潮中，其利潤又怎會不一飛衝天呢？

當公司之間的交易憑據成爲這種「欠條」時，銀行將對其進行「貼現」，將這些「欠條」以一定折扣收爲銀行的「資產」，同時「創造出」新的貨幣。

當人們刷信用卡消費時，每一個簽字後的紙片都成爲一張欠條，每一張欠條都成爲銀行的「資產」，每一筆銀行的「資產」都成爲增發的貨幣，換句話說，每一次刷卡都「創造」了新貨幣。

債務，債務，還是債務。人民幣正在迅速滑向債務貨幣的深淵。

與美國情況不同的是，中國沒有美國如此「發達」的金融衍生工具市場來吸納這些增發的貨幣，這些流動性的氾濫將集中在房地產和股市債市，幾乎沒有任何有效的手段能夠遏制這些領域的「超級資產通貨膨脹」。日本當年的股市神話、房地產狂熱將在中國重現。

國際銀行家正等著看另一場東亞經濟超級泡沫的好戲。當「圈裡人」柴契爾夫人不屑地說中國經濟難成大器的時候，她絕非危言聳聽或妒火中燒，他們對這種債務拉動型泡沫經濟可謂見多識廣。當債務貨幣泡沫膨脹到一定程度時，國際著名經濟學家們就會從各個角落鑽出來，對中國經濟的各種負面消息和高聲警告將鋪天蓋地般堆滿世界主流媒體的通欄大標題，在一邊磨刀霍霍、早已等得不耐煩的金融駭客們將如惡狼般一擁而上，國際與國內的投資者將驚得四散奔逃。

部分儲備金制度和債務貨幣這對危險的孿生魔鬼一旦被放出鎮魔瓶後，世界的貧富分化就已經註定了，債務貨幣在部分儲備金制度的高倍放大器的作用之下，將會造成向銀行借錢購買資產的人「享受」到了資產通貨膨脹和被債務套牢的「好處」，篤信「無債一身輕」傳統觀念的人必然承受資產通貨膨脹的慘痛代價。在這對孿生兄弟壟斷了國際銀行「慣例」之後，儲蓄者失去了保護自己財富的任何其他選擇，而銀行業註定成爲最大的贏家。

債務貨幣和部分儲備金制度無疑將造成這種「欠條＋許諾」貨幣的貶值，在這樣持續貶值的「度量衡」之下，經濟如何能夠穩定與和諧地發展？

在一個凡事都要談「標準化」的時代，貨幣度量衡卻沒有任何標準，這豈不是咄咄怪事？

當人們徹底了解了債務貨幣和部分儲備金制度的本質，其荒謬、不道德、不可持續的本質就暴露無遺了。

沒有穩定的貨幣度量衡，就不會有均衡發展的經濟，不會有合理分配的市場資源，就必然造成社會的貧富分化，註定使社會財富逐漸向金融行業集中，和諧社會也就只能是無法實現的空中樓閣。

## 金銀：價格動盪的定海神針

一九七四年七月十三日，《經濟學人》雜誌發表了一份令人震驚的、英國整個工業革命時代的物價統計報告。從一六六四年到一九一四年的兩百五十年間，在金本位的運作下，英國的物價在長達兩百五十年的漫長歲月中保持著平穩而略微下降的趨勢。當今世界中，再也找不出第二個國家能夠連續不間斷地保持這樣長久的物價資料了。英鎊的購買力保持了驚人的穩定性。如果一六六四年的物價指數被設定為一〇〇的話，除了在拿破崙戰爭期間（一八一三年），物價曾短暫地上漲到一八〇之外，在絕大部分時間裡，物價指數都低於一六六四年的標準。當一九一四年第一次世界大戰爆發時，英國的物價指數為九一。換句話說，在金本位的體制下，一九一四年的一英鎊比兩百五十年前（一六六四年）的等值貨幣的購買力更強。

在金銀本位之下的美國，情況也非常類似。一七八七年，美國憲法第一章第八節授權國會發行和定義貨幣。第十節明確規定，任何州不得用除金銀之外的任何貨幣支付債務，從而明確了美國的貨幣必須以金銀為基礎。《一七九二年鑄幣法案》確立了一美元是美國貨幣的基本度量衡，一美元的精確定義為含純銀二四．一克，十美元的定義為含純金十六克；白銀作為美元貨幣體系的基石；金銀比價為十五比一；任何稀釋美元純度、使美元貶值的人都將面臨死刑的處罰。

一八〇〇年，美國的物價指數約爲一〇二．二，到一九一三年時，物價下降到八〇．七。在整個美國工業化的巨變時代，物價波動幅度不超過二六%。在一八七九年到一九一三年的金本位時代，物價波動幅度小於十七%。美國在生產飛速發展、國家全面實現工業化的歷史巨變的一百一十三年裡，平均通貨膨脹率幾乎爲零，年均價格波動不超過一．三%。[1]

同樣是在金本位之下，歐洲主要國家在從農業國向工業國轉變的經濟空前發展的關鍵時代，它們的貨幣同樣保持了高度的穩定性。

- 法國法郎，從一八一四年到一九一四年，保持了一百年的貨幣穩定。
- 荷蘭盾，從一八一六年到一九一四年，保持了九十八年的貨幣穩定。
- 瑞士法郎，從一八五〇年到一九三六年，保持了八十六年的貨幣穩定。
- 比利時法郎，從一八三二年到一九一四年，保持了八十二年的貨幣穩定。
- 瑞典克朗，從一八七三年到一九三一年，保持了五十八年的貨幣穩定。
- 德國馬克，從一八七五年到一九一四年，保持了三十九年的貨幣穩定。
- 義大利里拉，從一八八三年到一九一四年，保持了三十一年的貨幣穩定。[2]

難怪奧地利學派的米賽斯將金本位高度評價爲「整個西方文明在資本主義黃金時代的最高成就」。沒有一個穩定合理的貨幣度量衡，西方文明在資本主義迅猛發展階段所展示出來的巨大的財富創造力，將是一件無法想像的事。

黃金與白銀在市場的自然進化過程中所形成的高度穩定的價格體系，可以讓所有二十世紀以來的「天才」經濟規劃者們汗顏。黃金和白銀成爲貨幣是自然進化的產物，是眞正市場經濟的產物，是人類信賴的「誠實的貨幣」。

所謂貨幣度量衡，就是不以金融寡頭的貪婪本性爲轉移，不以政府的好惡爲轉移，不以「天才」經濟學家的利益投機爲轉移，歷史上只有市場自然進化而來的黃金和白銀貨幣做到了這一點，未來也只有黃金和白銀才能擔當這一歷史重任，只有黃金和白銀才能誠實地保護人民的財富和社會資源的合理分佈。

當代的經濟學家有一種普遍流行的觀點，認爲黃金和白銀增加的速度趕不上財富增加的速度，在黃金和白銀貨幣體系之下，將會導致通貨緊縮，而通貨緊縮則是所有經濟體的大敵。這實際上是一種先入爲主的錯覺。「通貨膨脹有理」的歪論，完全是國際銀行家們與凱恩斯共同炮製出來，用以廢除金本位，從而透過通貨膨脹的手段向人民「隱蔽徵稅」，不露痕跡地搶劫和偷竊人民財富的理論依據。英美等歐美主要國家從十七世紀以來的社會實踐，以無可辯駁的事實說明了社會經濟的巨大發展，並不必然會造成通貨膨脹，事實上，英美兩國都是在輕度通貨緊縮狀態下完成了工業革命。

眞正的問題應該是，黃金和白銀增加的速度，到底是趕不上財富增加的速度，還是趕不上債務貨幣增加的速度？債務貨幣的濫發眞的對社會發展有益處嗎？

## 債務貨幣脂肪與GDP減肥

以GDP增加爲導向的經濟發展模式，恰如以體重增加爲健康核心任務的生活方式。政府以財政赤字拉動經濟增長的政策，就好比靠注射激素來刺激體重增加。而債務貨幣呢？就是增生出來的脂肪。

一個看起來愈來愈臃腫的人，眞的非常健康？

一個國家的經濟增長模式無非有兩種，一種是由儲蓄累積起眞正的財富，然後這些眞金白銀的資本被用於投資，從而產生更多的實實在在的財富，社會經濟由此進步。這種增長帶來的是經濟肌肉的發達，經濟骨骼的強健，經濟營養分佈的均衡。雖然見效較慢，但增長的質量高，副作用小。

另一種模式就是債務拉動型經濟增長，國家、企業和個人大量負債，這些債務經過銀行系統的貨幣化之後，巨額債務貨幣增發產生了泡沫財富感，貨幣貶值無可避免，市場資源配置被人爲扭曲，貧富分化日趨嚴重，其後果是經濟脂肪大量增生。債務驅動型經濟猶如依靠注射激素迅速增肥，雖然從短期來看頗有奇效，但其潛在的副作用終會導致各種併發症叢生，到那時，經濟體必須服用愈來愈多的各種藥物，從而進一步惡化經濟體自身的內分泌系統，造成體內生態環境的徹底紊亂，最終將無可救藥。

債務貨幣脂肪增生首先產生的就是經濟高血糖——通貨膨脹現象，尤其是資產通貨膨脹。這種經濟高血糖在另一方面又導致生產領域產能過剩，重複建設嚴重，極大地浪費了市場資源，製造了生產領域慘烈的價格戰，壓低了消費品價格，使得資產通貨膨脹與消費品通貨緊縮同時存在。家庭作爲經濟體的基本單元，在受到資產通貨膨脹擠壓的同時，很可能還會受到雇主在生產領域不景氣所採取的裁員行動的波及，從而降低了普通家庭的消費能力和慾望，導致經濟體內的大量細胞失去活力。

另一種由債務貨幣脂肪造成的問題，就是經濟血液的高血脂。

當債務貨幣化之後，貨幣將變得不再稀缺，貨幣增發所導致的流動性氾濫，將堆積在社會的每一個角落，人們會發現「錢」愈來愈多，但可以投資的機會卻愈來愈少。在金本位之下，股票市場的主要特徵是：上市公司財務結構堅實，公司負債情況良好，自有資本充足，公司收益穩定增長，股票分紅逐年增加，股票市場雖有風險，但卻是一個眞正值得投資的市場。而當今世界的主要股票市場已經被堆積如山的債務貨幣所淹沒，處於被嚴重高估的狀態，幾乎沒有投資者指望得上股票分紅的收益，而是將所有希望寄託在股票價格上漲的預期上，即所謂「博傻理論」。證券市場日漸失去投資性的一面，而逐漸演變成一個擁擠異常的超級賭場。房地產領域的情況也非常類似。

債務本身造成了經濟血管壁變得更脆，擁擠的債務貨幣增發則使得經濟血液黏稠，沉澱在證券市場和房地產市場的大量資金使得經濟血管更加臃塞，經濟體的高血壓症狀將無法避免。

長期處於經濟高血壓狀態之下，將加重經濟心臟的負擔。經濟心臟就是人民用以創造財富的自然生態環境和社會資源。

沉重的債務貨幣負擔將對整個生態環境造成日趨嚴重的透支，環境污染、資源枯竭、生態破壞、氣候反常、災害頻繁就是債務貨幣滾雪球般增加的利息支出。貧富分化、經濟動盪、社會矛盾、貪污腐化則是債務貨幣對和諧社會的罰款單。

當債務貨幣脂肪所誘發的這些經濟高血脂、高血糖、高血壓等併發症同時存在時，整個經濟體的天然內分泌系統將處於紊亂狀態，營養吸收不良，內臟器官嚴重受損，新陳代謝無法正常運轉，自身免疫系統失去抵抗力。如果採取「頭痛醫頭，腳痛醫腳」的辦法，將產生更大的藥物依賴性，從而更加惡化經濟體的內分泌系統。

當我們認清了債務貨幣的本質及其危害之後，就必須對經濟發展的戰略做出相應的調整。以GDP增長爲導向，以債務貨幣爲基礎，以赤字財政爲手段的增長舊模式，應該轉變爲以社會和諧發展爲中心，以誠實貨幣爲度量衡，以積累帶動增長的新模式。

逐步建立一個以金銀爲支撐的、穩定的中國貨幣度量衡體系，將債務一步步從貨幣流通中驅逐出去，穩步提高銀行儲備金比例作爲金融宏觀調控的重要手段，使金融行業的利潤率保持在社會各行業的平均利潤率水平上。只有根治債務貨幣和部分儲備金制度這兩個頑疾，才能最終保證社會公平與和諧。

將債務擠出貨幣流通的過程，勢必是一個漫長而痛苦的過程，這就像減肥一樣。減少飲食，調整膳食結構，增加體育運動量，這一切比起賴在債務貨幣增生的溫暖被窩裡，的確要痛苦一些。隨之而來的輕度通貨緊縮，就好比早上起床冬泳，是對人意志和耐力的考驗。當最初的痛苦逐步被克服之後，經濟體的靈活性將明顯增強，抵抗各種經濟危機衝擊的防禦系統將更加健全，生態環境壓力減輕，市場資源分配趨於合理，經濟體中的高血糖、高血脂和高血壓症狀將得到有效緩解，經濟體的天然內分泌系統將逐步恢復平衡，社會本身將更加和諧與健康。

在中國全面開放金融領域的同時，必須認清西方金融制度的優勢和弊端，採取開放的心態、揚棄的態度，要有全面創新的勇氣和膽略。

大凡歷史上崛起之中的大國，必會對人類社會的發展做出開創性的貢獻。中國正處在這一特殊的「戰略拐點」之上。

## 金融業：中國經濟發展的「戰略空軍」

世界儲備貨幣地位是所有主權國家發行貨幣的最高境界，它代表著無與倫比的權威，它擁有普天之下的信賴。對儲備貨幣國的經濟而言，它的澤被將無遠弗屆。

人們經常困惑於中國在國際市場上爲何缺少定價權。沃爾瑪可以將中國企業產品的利潤率壓榨到令人心碎的程度，經濟學家解釋說因爲它是最大的消費者，而且代表著美國這個最大的消費市場，消費者擁有著定價權。也有人解釋說沃爾瑪掌握著美國市場的銷售管道，管道權決定了定價權。

那麼鐵礦石呢？石油呢？藥品呢？客機呢？電腦軟體呢？中國幾乎都是世界最大的市場之一，也完全掌握著中國市場的銷售管道，身爲最大的消費者，怎麼別人說漲就漲，說多少中國就必須老老實實地掏腰包呢？

實際上，中國缺少定價權的關鍵問題，是沒有金融的戰略制空權！

中國的經濟發展在很長的歷史階段中都是依賴外國資金，沒有對外開放引進外資的政策，就不會有中國今天的經濟發展。但是外資可以選擇中國，也同樣可以選擇印度；外資可以選擇進入，也同樣可以選擇撤離。控制著資金流動權的一方，才是眞正的定價權的擁有者。

世界上的企業無論是一百強還是五百強，也無論是什麼汽車工業的霸主，還是電腦業的巨擘，所有的企業必須進行融資，金錢對於企業來說就像空氣和水一樣，須臾不可或缺。金融行業對於全社會的各行各業而言，是絕對的主人。誰控制著金錢的流動，誰就可以決定任何一個企業的興衰存亡。

對於壟斷著美元貨幣發行權的國際銀行家而言，如果需要澳洲的鐵礦公司降價，一個電話就足夠了。還要不要融資？如果不答應，這家公司在國際金融市場上將到處碰壁。更簡單一些，就是在國際證券市場上顚覆其股票債券價格，直到該公司跪地求饒爲止。金融行業的撒手鐧就是可以隨時切斷企業的「糧道」，以迫使對手就範。

金融行業就像一個國家的戰略空軍，沒有空中打擊的支援，地面的各行各業勢必陷入與其他國家慘烈的肉搏戰，甚至自相殘殺，拼價格低廉、拼資源消耗、拼工作環境惡劣。一句話，在國際市場中沒有金融的制空權，就沒有產品的定價權，也就沒有經濟發展戰略的主動權。

這就是爲什麼中國的貨幣必須成爲世界儲備貨幣的原因。

那麼，什麼樣的貨幣堪當世界各國的儲備貨幣呢？英鎊和美元都曾是世界貨幣群雄之中的翹楚，它們成爲儲備貨幣的歷史，其實就是英美國內經濟在穩定的貨幣度量衡所構建起來的經濟座標系下，物質生產迅猛發展，最終逐步主導世界貿易結算體系的歷史。英鎊和美元良好聲譽的基石就是黃金和白銀。在兩國崛起的過程中，其銀行網路逐步遍佈世界各地，英鎊和美元在國際上可以自由和方便地兌換成黃金，深受市場追捧，故被人們稱爲「硬通貨」。美國在一九四五年第二次世界大戰結束時，一度擁有世界上七〇%的黃金，美元於是被世人譽稱爲「美金」。金銀本位所提供的穩定財富度量衡，不僅是英美經濟崛起的保障，也是英鎊和美元成爲世界儲備貨幣的歷史前提。

在一九七一年，世界貨幣體系最終與黃金脫鉤之後，各國貨幣的購買力在黃金燦爛的光芒照耀之下，就像冰棍一樣無法挽回地競相融化。一九七一年，一盎司黃金價值三十五美元，到二〇〇六年的一盎司黃金則價值六三〇美元（二〇〇六年十一月二十三日）。三十五年以來，相對於黃金的價格而言：

- 義大利里拉的購買力下降了九八．二%（一九九九年以後折算爲歐元）。
- 瑞典克朗的購買力下降了九六%。
- 英磅的購買力下降了九五．七%。
- 法國法郎的購買力下降了九五．二%（一九九九年以後折算爲歐元）。
- 加元的購買力下降了九五．一%。
- 美元的購買力下降了九四．四%。
- 德國馬克的購買力下降了八九．七%（一九九九年以後折算爲歐元）。
- 日元的購買力下降了八三．三%。

- 瑞士法郎的購買力下降了八一・五%。

美元體系最終走向崩潰是邏輯上的必然，如果債務化的美元靠不住，那麼世界憑什麼相信其他債務貨幣最終能夠比美元做得更好呢？

在西方所有「現代」債務貨幣中，最堅挺的莫過於瑞士法郎。全世界對瑞士法郎高度信賴的原因簡單之極，瑞士法郎曾百分之百地被黃金所支撐，具有和黃金等同的信譽。人口僅七百二十萬的彈丸之地，其中央銀行的黃金儲備曾高達二五九〇噸（一九九〇年），佔世界所有央行黃金總儲備量的八%，在當時的世界上僅次於美國、德國和國際貨幣基金組織。當一九九二年瑞士加入國際貨幣基金組織時，國際貨幣基金組織禁止會員國的貨幣與黃金掛鉤，瑞士最終迫於壓力，不得不將瑞士法郎與黃金脫鉤，隨後瑞士法郎的黃金支撐度逐年下降，到一九九五年時，僅剩下四三・二%。到了二〇〇五年，瑞士僅剩下一三三二・一噸黃金，這個數量仍然是中國官方黃金儲備（六百噸）的兩倍多。隨著瑞士法郎的黃金支撐度下降，瑞士法郎的購買力也逐漸日薄西山了。

日本的黃金儲備在二〇〇五年時僅有七六五・二噸，倒不是日本不願意增加黃金儲備，而是被美國禁止增加黃金擁有量，原因就是日本不得不服從美國保衛美元的意志。世界黃金問題專家費迪南・利普斯（Ferdinand Lips）是瑞士著名銀行家，與羅斯柴爾德家族一起成立了蘇黎世羅斯柴爾德銀行（Rothschild Bank AG in Zurich），並執掌該銀行多年。他於一九八七年成立了自己的利普斯銀行（Bank Lips AG in Zurich），算是國際金融帝國的「圈內人」。他在《黃金戰爭》（*Gold War*）一書中披露，一九九九年世界黃金協會（World Gold Council）在巴黎召開的年會上，一位不願公佈姓名的日本銀行家向利普斯抱怨，說只要美國的太平洋艦隊還在日本「保護他們的安全」，日本政府就被禁止購買黃金。[3]

目前，中國已經擁有一兆美元的外匯存底，正確使用這筆巨額財富，將關乎未來中國的百年國運，這絕不僅僅是分散金融風險這樣簡單的問題。重要的是中國應該考慮如何在即將到來的國際金融戰爭中贏得戰略主動權，最終實現在一個國際「後美元體系」中的貨幣霸主地位。

二〇〇六年年底，中國全面開放金融領域，國際銀行家們早已磨刀霍霍，一場不見硝煙的貨幣戰爭已經迫在眉睫。這一次，人們看不見洋槍洋砲，也聽不到戰場廝殺，但這場戰爭的最後結局將決定中國未來的命運。不管中國是否意識到了，也不管中國是否準備好了，中國已經處於不宣而戰的貨幣戰爭狀態之下。只有清晰和準確地判斷國際銀行家的主要戰略目的和主攻方向，才能制訂出行之有效的應對策略。

國際銀行家大舉進入中國的根本戰略目的有兩個：控制中國的貨幣發行權，並製造中國經濟「有控制地解體」，最終爲建立一個由倫敦—華爾街軸心主導的世界政府和世界貨幣掃平最後一個障礙。

眾所周知，誰能壟斷某種商品的供應，誰就能實現超級利潤。而貨幣是一種人人都需要的商品，如果誰能壟斷一國的貨幣發行，誰就擁有無法限量的賺取超級利潤的手段。這就是數百年來，爲什麼國際銀行家要絞盡腦汁、處心積慮、無所不用其極地謀取壟斷一國的貨幣發行權的原因。他們最高的境界就是壟斷全世界的貨幣發行權。

從整體態勢來看，國際銀行家處於明顯的戰略攻勢狀態，中國的銀行業無論是金融理念、人才資源、經營模式、國際經驗、技術基礎設施、配套法律體系，都與玩錢超過幾百年的國際銀行家差了幾個量級。要想避免全面戰敗，唯一的選擇就是「你打你的，我打我的」，絕不能按照對方劃定的規則來打。

這是一場不折不扣的貨幣戰爭，參戰者只有戰勝和戰敗兩種出路。中國不是在這場戰爭中被「新羅馬帝國」所征服，就是在打垮對手的過程中，建立起一個合理的世界貨幣新秩序。

## 未來的戰略：「高築牆，廣積糧，緩稱王」

### 「高築牆」

要建立對內金融防火牆和對外金融防洪牆兩條防禦體系。

國際銀行家即將大舉深入中國金融腹地，中國已無險可守。當人們談論外資銀行進入時，多數人關注的焦點只是外資銀行與內地銀行爭奪居民儲蓄大餅，其實更加危險的是，外資銀行透過向中國企業和個人提供信貸，將直接介入中國的貨幣發行領域。外資銀行透過部分儲備金制度，將大舉推進中國國家、企業和個人債務的貨幣化進程，這些外資銀行增發的「信貸人民幣」，將透過銀行支票、銀行票據、信用卡、房地產抵押貸款、企業流動資金貸款、金融衍生商品等多種方式，進入中國的經濟體內。

如果說幾十年來對貸款望眼欲穿而飽受國有銀行怠慢的中小企業和個人，對資金的渴求猶如乾柴，那麼服務殷勤、出手大方的外資銀行就如同烈火，雙方一拍即合之下，中國的信貸洪水氾濫將完全可以預期，大量的資金又將導致更大規模的重複建設，消費物價緊縮和資產通貨膨脹同時惡化的情況將更爲嚴重，前者將中國浸泡在刺骨的冰水之中，而後者則把中國置於火爐上燒烤。當產能嚴重過剩和資產泡沫化急遽升高時，國際銀行家就將開始剪中國人民的羊毛了。國際銀行家最賺錢之時，從來就是經濟崩潰之日。

美國立國元勳湯瑪斯·傑佛遜有一句警世名言：「如果美國人民最終讓私有銀行控制了國家的貨幣發行，那麼這些銀行將先是透過通貨膨脹，然後是通貨緊縮來剝奪人民的財產，直到有一天早晨，當他們的孩子們一覺醒來時，發現自己已經失去了家園和父輩曾經開拓過的土地。」

時隔兩百多年，傑佛遜的警語今天聽起來仍然那麼清晰，那麼有震撼力。

外資銀行全面進入中國之後，與以前最根本的不同就在於，從前的國有銀行雖然有推動資產通貨膨脹來賺取利潤的衝動，但絕沒有惡意製造通貨緊縮來血洗人民財富的意圖與能力。中國建國以來之所以從未出現重大經濟危機，其原因就是沒有人有惡意製造經濟危機的主觀意圖和客觀能力。國際銀行家全面進入中國之後，情況發生了根本性變化。

中國對內的金融防火牆，旨在防範外資銀行惡意製造通貨膨脹推高中國資產泡沫化，繼而猛抽銀根製造通貨緊縮，迫使大批企業倒閉和人民破產，從而以正常價格的幾分之一甚至幾十分之一來賤價收購中國的核心資產。金融管理部門必須嚴格監控外資銀行的信貸發放規模和方向，以儲備金比例和儲備金成分來進行金融宏觀調控，嚴防外資銀行大量將國內債務進行貨幣化。

對於外資銀行與國際對沖基金這樣的金融駭客聯手，更要嚴加防範。中國境內的所有公司的金融衍生合約必須上報金融管理部門，尤其是與外資銀行所簽訂的金融衍生合約更需要加倍當心，謹防國際金融駭客在海外對中國金融體系實施遠端非接觸打擊。一九九〇年國際銀行家遠端「核」打擊日本股市和金融市場的殷鑒不遠。

中國對外的金融防洪牆，主要針對的是美元體系的崩潰危機。在近乎天文數字的四十四兆美元債務的沉澱之下，美國經濟猶如河床高於地面數十米的「地上懸河」一般，龐大的債務複利支出所創造出的流動性氾濫，日夜衝擊著愈來愈危險的河堤，給生活在「地上懸河」之下低窪地帶的中國及其他東亞國家和地區造成了極大的威脅。

中國必須緊急行動起來，準備進行金融「抗洪救災」和「保護人民財產安全」。美元資產的迅速貶值早已不是什麼預測，而是每天正在發生著的事實，現在的狀況還只是洪水洩漏而已，一旦發生「堤壩事故」，後果將不堪設想。中國龐大的外匯存底已經處於高度風險之中。

在下一場突如其來的嚴重國際金融風暴中，颱風眼將是已經超級泡沫化的金融衍生商品市場和美元體系，黃金和白銀將是世界財富最安全的「諾亞方舟」。大量增加中國的黃金和白銀儲備，已成為刻不容緩的問題。

## 「廣積糧」

官民並舉，大幅度提高中國官方和民間的黃金白銀儲備。中國境內的所有金礦和銀礦資源，必須視爲最重要的戰略資產加以嚴密保護，並逐步實行全面國有化。在國際上，應該大力收購黃金和白銀生產公司，當作中國未來黃金白銀資源的補充。中國貨幣改革的最終方向，就是建立一套符合中國國情的黃金、白銀支撐下的「雙軌制貨幣體系」，實現穩定的貨幣度量衡，完成作爲世界主要儲備貨幣的戰略準備。

## 「緩稱王」

必須充分考慮到中國自身的困難和局限。世界強國崛起無不是以無與倫比的創新能力獨步世界，強國能夠大量生產出別國無法替代的全新產品和全新服務，大量孕育出世界領先的技術與科學創新，大量產生引領世界文明方向的偉大思想和理念。中國目前僅僅是在大規模模仿西方生產技術方面很有進展，在思想理念與科學技術創新方面還差之甚遠。尤其是在思想文化領域，嚴重缺乏文明自信心。缺乏自信心的重要表現，就是無法辨別西方制度的合理性與不合理性，缺乏批判其明顯荒謬之處的道德勇氣，不敢嘗試西方沒有的東西，缺乏試圖建立新的世界規則的膽略。這一切不是一朝一夕就能解決的問題，中國只能徐圖緩進。

## 邁向世界儲備貨幣之路

一個崛起的世界強國，其堅實的基石不會只有領先的科技與強大的軍事。只有當她建立起具備普世公信力的貨幣體系和金融系統時，才能在世界民族之林中立於不敗之地，在變幻莫測的國際風雲中威信不移。

試想當今的美國，若是單單抽去了美元作爲世界貨幣這根頂樑柱，縱使F-22戰機和Microsoft的地位仍然無人可以挑戰，她在國際事務中的位置與發言權，還能那樣遊刃有餘、一言九鼎嗎？還能一如既往做「全世界人遙望的燈塔」？

身爲明日之星的中國，必將毫不遲疑地邁進建立起成熟可信的貨幣金融體系的歷程。貨幣無可置疑是人類社會經濟機體的血液。能夠執掌和供應血源者，自然佔據了先機和強勢。什麼樣的「血源」令眾生趨之若鶩？它必須產生於健全而完備的肌體——內在經濟發展模式與金融體制，若是染上循環裂變債務而無可救藥的「愛滋」病毒，還強綁上大家「輸血」，只會共赴黃泉。同時，該「血源」應該是O型——即具備獨樹一幟的公信力和不可撼動的被接受性質。

什麼樣的貨幣金融體系，是中國明日的健康O型「血源」？

這套完備而堅實的體系應該以多元化背景爲支撐。而當前僅靠強勁出口大量換匯，緊盯美元超量購買美國國債的單一戰術，愈來愈顯露出致命傷。出口拉動型經濟本身的副作用太大，其本質是靠美國的債務增加來拉動本國經濟發展，而美國人民早已不堪債務重負，持續透支他們的債務負擔能力，將會造成中國出口經濟結構更大的失衡，產能過剩將更加嚴重，將來的調整過程必然更爲痛苦。這樣的結果實際上是最終的雙輸。

一國多元化良性循環的貨幣金融體系的具體建構，是一個巨大而艱複的課題，我們在本書中，只是集中思索一種設想——在多元化背景中注入金銀元素。蓋因金銀歷經千年歷史淘沙，已具備天然的公信度和無可匹敵的受接納性質，以金銀背書的貨幣體制，不可不謂一條通向世界儲備貨幣地位的「捷徑」。

讓我們沿著這個設想，一步步探索曲徑深處。

如果中國政府與人民每年以兩千億美元的規模吃進黃金，若以六五〇美元一盎司的價格計算，中國將可購買九千五百噸黃金，相當於一年買光美國（八一三六噸）所有的黃金儲備。戰役的開始階段，國際銀行家勢必透過金融衍生工具拚命壓制黃金價格，西方國家的中央銀行可能聯合出面拋售黃金，金價可能暫時出現暴跌。如果中國方面看穿對手的底牌，壓低金價將成爲西方歷史上對中國最慷慨的金融援助。

要知道，全世界六千年全部開採的黃金總量只有十四萬噸，全部歐美中央銀行的帳面黃金儲備量只有二．一萬噸，考慮到二十世紀九〇年代歐洲中央銀行瘋狂地出租黃金的行爲，其全部家底可能遠低於兩萬噸。以現在金價（六五〇美元一盎司）折算，這不過是個四千億美元的小盤子，中國貿易盈餘量是如此巨大，消化四千億美元的黃金儲備不過是兩三年的事。歐美中央銀行的子彈會在不太長的時間裡全部打光。

如果中國以這樣的胃口連續五年吃進黃金，國際金價的飛漲將會刺穿國際銀行家所設置的美元長期利息上限的鎧甲，人們將會有幸親眼目睹，世界上貌似最強大的美元貨幣體系是如何土崩瓦解的。

問題不是中國能不能用黃金價格打垮美元體系，而是要不要的問題。黃金價格問題對美元而言是生死攸關的大事，中國不要說眞的吃進兩千億美元的黃金，只是放出話來，美國財政部部長和美聯儲主席就會立刻高血壓發作。

困擾中國數十年的臺灣問題，將轉化爲美國「是要臺灣，還是要美元」的問題。中國自然不能眞的跟美國在金融上「同歸於盡」，只要美國開出的條件合理，必要的時候，可能還可以幫美元一把。

在中國逐步增加官方和民間的黃金擁有量的同時，中國可以開始貨幣改革，逐步將黃金和白銀引入貨幣體系。中國的貨幣體制逐步實現金銀本位下的「中國元」轉化，將是中國對世界經濟的一大重要貢獻。

「中國元」的實施可以分階段進行。首先可以做的是：發行財政部「金邊債券」和「銀邊債券」，以實物黃金和白銀結算債券本金和利息。比如五年期的「金邊債券」，利息可以定在一％到二％，由於黃金實物本身作爲本息最終結算手段，人們將會踴躍購買這一眞正擁有「財富保值」作用的金融產品。

「金邊債券」和「銀邊債券」在債券交易市場上的殖利率與同期同額普通國債的殖利率之差，將會眞實反映市場對黃金、白銀貨幣的接受程度。這一重要參數，將作爲下一階段試點的參照。

第二階段的工作可以進行銀行系統儲備金結構的重新調整。無論外資還是國有銀行，其儲備金必須包括一定比例的黃金或白銀，同時減少債務票據在儲備金中的比例，儲備金中金銀比例愈高者，將獲得較高的貸款放大係數。同樣地，債務票據比例愈大，貸款能力將被調降。中央銀行應該停止對黃金和白銀之外的一切票據進行貼現。這一措施將強化黃金和白銀在中國貨幣體系中的地位，增加銀行對黃金和白銀資產的需求程度。沒有金銀做儲備，將嚴重制約其發放信貸的能力。同時，銀行系統將逐漸把債務票據從貨幣流通中驅趕出去。銀行也將有興趣向人民開辦實物黃金白銀的儲存託管和買賣業務，在全國範圍內形成實物黃金白銀的流通市場。

全國所有高利潤行業，如房地產、銀行、煙草、電信、石油等，在其營業稅中必須包括一定比例的黃金和白銀，這將進一步刺激黃金和白銀的市場需求量。

第三階段，以財政部的黃金和白銀作爲全額抵押發行「中國金元」和「中國銀元」紙幣，一元「中國金元」爲中國貨幣基準度量衡，根據中國的黃金白銀儲備情況，每一元「中國金元」含純金若干克。「中國金元」主要用於大宗貿易結算、銀行之間轉帳及大額現金支付。一定額度以上的「中國金元」可到財政部兌換實物黃金。「中國銀元」可作爲輔幣，每一元中含純銀若干克，主要用於小額支付。一定額度以上的「中國銀元」也可到財政部兌換等值白銀。「中國金元」與「中國銀元」之間的比價由中央銀行公佈並定時調整。

一般認爲的「劣幣必然在流通中驅除良幣」的原理，其實有一個重要的前提條件，那就是政府介入，以強制力規定劣幣與良幣等值。在自然的市場中情況正好相反，良幣必然驅除劣幣，因爲市場中沒人會願意接受劣幣。

當中國通行金銀中國元時，市場上仍然流通著含有債務成分的普通人民幣。政府需要規定所有稅收必須以金銀中國元繳納，市場可自由選擇金銀中國元定價或普通人民幣定價，金融市場將根據供需關係決定金銀中國元與普通人民幣的比價。此時人們將會發現，由商業銀行發放的、含有債務成分的普通人民幣信貸購買力，與金銀中國元相比將逐漸貶值。金融市場兩種貨幣的比價將清晰地顯露這一資訊。

最終控制金銀中國元發行的必須是財政部而不是商業銀行系統，原因很簡單，財富的創造始於人民，也終於人民，任何私人不得壟斷和染指貨幣發行。

儘管中國出口的旺盛勢頭將隨著中國元的日益堅挺而逐步下滑，但實際上這是ＧＤＰ減肥必不可少的一環。

當黃金白銀背書的中國元發行量愈來愈大時，中國元勢必成爲全世界金融行業關注的焦點。由於中國元可自由兌換成黃金或白銀，它將是世界上最爲堅挺和強勢的貨幣，它將理所當然地成爲「後美元」時代世界各國首選的儲備貨幣。

財富從來就是自動流向能保護並能使之升值的地方，強大的財富創造力和穩定的貨幣，必將使中國成爲世界財富匯聚的中心。

**注釋**

1 Ferdinand Lips, Gold War, The Battle Against Sound Money as Seen From a Swiss Perspective (New York: The Foundation for the Advancement of Monetary Education, 2001), p10.
2 Ibid. p15.
3 Ibid. p143.

後記

# 對中國金融開放的幾點看法

## 中國金融開放的最大風險是缺乏「戰爭意識」

在探討中國金融開放的風險問題時，大多數學者和決策者關注的是「戰術」層面上的風險，比如外資銀行參股控股的風險、金融機構混業經營的監管風險、利率市場化的風險、證券市場波動風險、外匯存底貶值風險、房地產貸款市場風險、資本帳戶開放風險、人民幣升值風險、國有銀行內控缺失風險、金融衍生商品市場風險、巴塞爾協議的衝擊風險等等。其實金融開放的最大風險源自「戰略」層面，即金融開放的本質，實際上是一場「貨幣戰爭」，缺乏戰爭的意識和準備是中國當前最大的風險！

想當然地把金融領域的開放理解成普通行業的開放，是極端危險的。

貨幣是一種商品，而它不同於其他一切商品之處就在於，它是一種社會中每一個行業、每一個機構、每一個人都需要的商品，對貨幣發行的控制是所有壟斷中的最高形式。

中國的貨幣發行原本爲國家所控制，也只有國家控制貨幣才能保障社會結構的基本公平。當外資銀行進入中國後，中國的貨幣發行權將處於危險境地。

普通人可能會認爲中國的貨幣就是人民幣，只有國家才能印刷和發行貨幣，外資銀行怎麼可能自己印人民幣呢？其實外資銀行們根本不必印發人民幣就能「創造」貨幣供應。它們會引進大量令人眼花繚亂的「創新」金融產品，以各種方式創造債務工具並使之貨幣化，這就是貨幣的類似物「流動性」。這些金融貨幣完全具備實體經濟領域貨幣的購買力，從這個意義上說，外資銀行將參與中國人民幣的貨幣發行。

當外資銀行「創造」的人民幣信貸總量超過國有商業銀行時，它們實際上就能夠架空中國的中央銀行，控制中國貨幣的發行權。它們將有能力和意圖來惡意製造貨幣供應的波動，從而先是透過通貨膨脹，然後是通貨緊縮來血洗中國人民的財富，就像歷史上反覆出現的經濟危機一樣。

當外國銀行勢力日漸強大之後，它們透過金錢與權力的交易、金錢與金錢的交易、金錢與名譽的交易、金錢與學術的交易，來形成一個中國前所未有的「超級特殊利益集團」的「強強聯合」局面。它們將透過提供巨額信貸來獎勵那些與它們「心心相印」的地方政府；它們將物色和重點栽培「有潛力」的新一代政治新星，以圖長期政治回報；它們將透過提供學術研究項目基金，來「鼓勵和支持」對其有利的各種學術研究成果；，它們將大量資助各類社會團體來影響公共議程，從而形成自下而上的強大「主流民意」；它們將慷慨支持新聞媒體的市場化運作，來反映社會對外資銀行的「積極評價」；它們將使用高額投資回報來左右出版機構的選題方向；它們將大手筆投資醫藥行業，包括系統性地妖魔化中醫；它們還將逐步向教育領域、法律系統甚至軍隊系統進行滲透。在一個商品社會裡，沒有人對金錢具有「免疫力」。

外國銀行勢力還將透過投資來控制中國的電信、石油、交通、航太、軍工等國有壟斷行業，畢竟沒有法律規定國有壟斷行業不能從外資銀行貸款和融資。而外資銀行一旦成爲中國國有壟斷行業的主要資金提供者，它們將掌握這些中國的「核心資產」的命脈，外資銀行可以隨時切斷這些重要企業的資金鏈，從而導致中國核心產業部門的癱瘓。

外資銀行進入中國當然是爲了賺錢，但不一定是常規的賺法。

金融開放所面臨的戰略風險遠不是金融業本身那麼簡單，它涵蓋了整個中國社會的各個層面，稍有閃失則後果不堪設想。令人遺憾的是，在受中國保護的國有行業名單中，竟然沒有最應當受到保護的金融業。目前中國國產的銀行家與歐美兩百多年「血雨腥風」中殺出來的銀行巨頭們，完全就不是一個級別的對手！這就好比讓一個單薄的初中生去和拳王泰森同台較量，人們不需要太多的想像力就可以預測最後的結果。

由於金融開放的戰略風險涉及全局，現有的銀監會、證監會和保監會分業監管，已經不可能承擔這樣綜合性跨行業的戰略風險監督重任，建議組建「國家金融安全委員會」將三者的職能統一起來，直屬最高決策層；大力加強金融情報研究，加強對外資銀行中的人員背景、資金調動、戰例收集等方面的研究分析工作；建立國家金融安全保密等級制度，重要金融決策者必須通過該制度審核。必須考慮對外資銀行可以涉及的行業進行「軟限制」；制訂中國突然陷於金融危機的各種預案，並定期演練。

金融安全對於中國來說，是一個遠比戰略核武器更需要嚴密監督的領域。在建立起一個強有力的金融安全監管機制之前就貿然全面開放，乃是取亂之道。

## 要貨幣主權還是要貨幣穩定？

貨幣主權是任何一個主權國家不可剝奪的基本權力之一，它賦予了主權國家根據自身國情制訂貨幣發行政策的職責。貨幣主權理應高於一切外來因素，包括所有國際慣例和國際協議，以及外來政治壓力。貨幣主權只應服務於本國人民的根本利益。

保持貨幣穩定指的是維護本國貨幣在國際貨幣體系中的幣值穩定，以便向國內行業提供良好和平穩的經濟發展生態環境。

目前中國的困境在於，貨幣主權與貨幣穩定只能二選一。維護人民幣的主權就會面臨升值的後果；而追求人民幣與美元匯率的基本穩定，就會喪失貨幣主權。中國現在的政策是爲了經濟發展，不得不追求貨幣穩定而放棄貨幣主權。問題的要害是，美聯儲實際在很大的程度上左右著中國的貨幣供應量。由於中國採用強制結匯制度，美國可以透過增加對中國的貿易赤字，來迫使中國央行增發基礎貨幣，而這些基礎貨幣經過商業銀行的放大，會產生若干倍的貨幣增發效應，造成流動性氾濫，推高股市和房地產泡沫，極大地惡化中國金融生態環境。爲了對沖這樣的貨幣增發，政府和央行只能被迫增發國債和央行票據來吸納過剩的流動性，但是這又將增加政府的債務負擔，這些債務早晚是要連本帶利償還的。

這種完全被動的金融戰略態勢對中國極端不利。只要美元是世界儲備貨幣，中國就無法擺脫這樣的局面。從根本上講，只有推動黃金的重新貨幣化，才能給世界各國創造出一個自由、公平與和諧的金融生態環境。在劇烈動盪的國際匯率市場情況下，世界各國付出的經濟代價實在是極端高昂和痛苦，尤其是生產物質財富的國家更是受害深重。如果難以一步到位，也應該大力推動國際儲備貨幣多元化，採取分而治之的策略。

## 貨幣升值與金融系統「內分泌紊亂」

如果說有誰可當作貨幣劇烈升值的反面教材，日本無疑是最恰當的人選了。日本經濟的長期委靡不振，固然有其內在的客觀因素，但對於美國突然發動的「金融戰爭」完全缺乏思想準備，應當是最重要的因素之一。一九四一年日本發動了「偷襲珍珠港」事件，打了美國一個措不及防，而美國則在近半個世紀後的一九九〇年回敬日本一次「金融閃電戰」，雙方也算是扯平了。

日本《金融戰敗》的作者吉川元忠哀嘆，就財富損失的比例而言，日本一九九〇年金融戰敗的後果，幾乎和第二次世界大戰中戰敗的損失相當。

日本和中國一樣，是老老實實、一手一腳努力創造物質財富的典型，對於虛無飄渺的金融財富理念向來持懷疑態度。日本的邏輯很單純，自己生產的高中端產品質優價廉，在市場競爭中幾乎所向披靡，而日本銀行業當年曾是世界級別的巨無霸，挾世界第一大外匯存底國和第一大債權國地位而傲視天下。一九八五年到一九九〇年，日本國內經濟和出口貿易空前紅火，股市、房地產連年暴漲，大批收購海外資產，日本人的自信也達到了空前程度，超越美國似乎只有十年之遙。對於金融戰爭毫無概念的日本，和目前中國的樂觀情緒何其相似，而中國現在還遠不如當年日本的家底厚實。

忘戰必危對於昨天的日本和今天的中國具有同等深刻的意義。

從一九八五年「廣場協定」簽訂時一美元兌二五〇日圓的匯率，在三個月內劇烈貶值到兩百日圓左右，美元貶值高達二〇％，到一九八七年一美元貶值到一二〇日圓，日圓在短短三年中升值了一倍，這是日本金融業最重要的外在生態環境巨變，結果已經表明，這樣的生態巨變，足以導致「恐龍滅絕」。

美國的金融大夫們早就明白，強迫日圓短時間內劇烈升值，其療效類似於強迫日本吞服大劑量的激素，後果必然是造成日本經濟出現「金融系統內分泌」嚴重紊亂。再脅迫日本保持二·五%超低利率達兩年之久，則療效更佳。果然，日本的經濟在金融內分泌失調和大劑量激素的刺激下，股市、房地產等脂肪組織迅速增生，物質生產部門與出口行業的肌肉組織嚴重萎縮，然後是經濟高血脂、高血糖、高血壓症狀如期出現，最後導致金融系統罹患心臟病和冠心病。爲了更加容易地誘發這些併發症，一九八七年國際銀行家們在國際清算銀行又研製出針對日本的新型特效藥——巴塞爾協議，要求從事國際業務的銀行自有資本率必須達到八%。美國和英國率先簽署協議，然後脅迫日本和其他國家必須遵守，否則它們就無法與佔據著國際金融制高點的美英銀行進行交易。日本銀行普遍存在著資本金偏低的問題，只有依靠銀行股票高價格所產生的帳外資產才能達標。

高度依賴股票價格和房地產市場的日本銀行系統，終於將自己的罩門暴露在美國金融戰爭的利劍之下。一九九〇年一月十二日，美國在紐約股票市場利用「日經指數認沽權證」這一新型金融「核武器」，發動了對日本東京股市的「遠端非接觸式」戰略打擊。

日本金融系統的心臟病和冠心病經受不住這樣的強烈刺激，終於發生了中風，然後導致日本經濟長達十七年的軟癱。

如今，幾乎一模一樣的藥方又被「熱心和急切」的美國金融大夫們介紹到了中國，所不同的是，中國經濟的身子骨遠不如當年的日本，這服藥灌下去只怕就不是軟癱這麼簡單了。臥床已久的日本甚至比美國大夫更急迫地想看看中國喝下這服藥到底反應如何。

糟糕的是，中國現在的早期症狀與一九八五年到一九九〇年的日本極其類似。

## 對等開放下的外線作戰

「國際慣例」眼下是個頗爲時髦的辭彙，仿佛遵循了「國際慣例」，天下就從此太平了，金融開放就像田園牧歌般地優美舒暢。如此天眞爛漫的想法只怕會誤國誤民。

「國際慣例」的形成完全在業已形成壟斷地位的國際銀行家的操控之下，在特定條件下，也非常可能爲中國量身製作一套全面封殺中國銀行業生存壯大的「國際慣例」，這一招已經成爲居於金融行業壟斷制高點的美英銀行封殺競爭對手的有效武器。

當年成功打垮日本金融業擴張勢頭的老巴塞爾協議，已經改頭換面地升級爲二〇〇四年巴塞爾新資本協議，它同樣有可能被用在中國銀行系統的頭上，成爲阻止中國金融行業海外發展的重要障礙。

一些發達國家認爲，所有該國境內的外國銀行分支機構，必須完全符合巴塞爾新資本協議的要求才能繼續運作，這還不算，連這些外國銀行的所在國也必須符合該協議的要求，否則就可能存在「監管漏洞」。這樣的規定，無疑將大大增加這些外國銀行分支機構的運作成本。對於中國剛剛開始走向世界的金融行業來說，無異於釜底抽薪。換句話說，如果中國本土的銀行尚未實現巴塞爾新資本協議，意味著這些銀行在美國和歐洲的分行有可能被改制甚至關閉，中國辛辛苦苦建立起來的海外金融網路，存在著被一網打盡的危險。

佔據著巨大優勢的歐美銀行業的遊戲規則制訂者們，將輕而易舉地封殺中國金融行業的對外發展之路。而中國國內的銀行業還要苦苦遵守這些冠冕堂皇封殺自己的所謂「國際慣例」，天下沒有比這種遊戲規則更加不公平的了。在擁有巨大優勢的對手面前，還要被人捆上手腳，這場遊戲的輸贏早已成定局。

然而，來而不往非禮也。

中國的對策就是，也只能是「對等開放下的外線作戰」。如果所在國利用不管何種「國際慣例」來封殺中國的海外銀行分支，中國也將如法炮製，制訂出「具有中國特色」的銀行業規定，限制乃至關閉其銀行在中國的運作。回顧英美成爲國際銀行業的主導力量的歷程，我們不難發現建立國際銀行網路是必經之路。中國的銀行業與其只在中國本土與國際接軌，不如實施外線作戰，去直接收購歐美的銀行或擴張分行，建立中國自己遍佈世界各地的金融網路，在戰爭中去學習戰爭。如果中國的銀行業在海外收購或擴張受阻，中國不妨也照對等原則辦理外資銀行在中國的運作事宜。

## 藏匯於民不如藏金於民

面對美元長期貶值的趨勢，許多學者提出要藏匯於民，以分攤國家的外匯存底損失的風險。如果中國放棄強制結匯制度，企業直接控制外匯，雖然分攤了國家外匯存底的貶值風險，並減輕了貨幣增發和人民幣升值的壓力，但是卻不可避免地削弱了國家對外匯流動的監控能力，因而增加了金融系統整體的風險，這並非是一個萬全之策。

與其藏匯於民，不如藏金於民。任何外匯從長期來看都會對黃金貶值，只是貶值速度不同而已。要想將中國已經創造出的巨大財富實現購買力保值，唯有變外匯存底為黃金白銀儲備。國際黃金價格波動其實不過是個假象而已，看破了這一層，哪怕它匯率市場掀起千重浪，中國自有萬噸黃金作為定海神針。

藏金於民從根本上保護了人民的財富安全，無論是商品還是資產形式的通貨膨脹，都無法侵蝕老百姓的眞實購買力，這是所有致力於和諧與平等社會構建所不可或缺的經濟自由基石。畢竟是人民的勞動創造了財富，人民有權選擇儲藏自身財富的方式。

黃金具有所有貨幣中最高等級的流動性。黃金不僅在人類五千年的歷史上，被不同文明、不同種族、不同地域、不同時代、不同政體的社會公認為財富的最高形式，它也必將在未來的社會擔當起經濟活動最基本度量衡的重大歷史重任。在世界歷史上，人們曾四次嘗試拋棄黃金作為貨幣體系的基石，而試圖「發明」更為聰明的貨幣制度；前三次已經失敗，而我們當今的世界正在經歷第四次失敗。人類與生俱來的貪婪本性，注定了以人的主觀意識來標定客觀經濟活動的嘗試不會成功。

藏金於民以待天下有變，以黃金為支撐的「中國元」將在一片由過度債務貪婪所造成的國際金融廢墟上卓爾屹立，中華文明自有出頭之日。

增補篇、

# 二〇〇八世界金融危機的根源

二〇〇七年八月初，一場突如其來的流動性緊縮風暴席捲全球，各國股市劇烈震盪，債券市場幾乎癱瘓，中央銀行們紛紛向銀行系統注入鉅資來挽救瀕於崩潰的市場信心，在八月九日和十日兩天內，歐洲、美國、加拿大、澳大利亞、日本等央行總共注資三〇二三億美元，是為「九一一」事件後最大的一次全球央行聯合行動。即使如此，仍然不能遏制市場的恐慌，美聯儲被迫於八月十七日突然將貼現率調降了〇．五個百分點（五．七五％），金融市場才終於站穩了腳跟。這已經是二〇〇七年以來第二次出現世界金融市場大地震了，上次是二月二十七日。

對於這兩次大的金融市場震動，無論是學術界還是媒體已經逐漸達成了一種共識，即美國的次級房貸問題是地震的「震源」，但對於後續發展的看法卻是大相逕庭。

多數人認為次級房貸在美國金融市場中的比例不大，影響範圍有限，金融市場劇烈震動實屬反應過度，隨著各國中央銀行態度堅決的大規模注資行動，市場的驚慌情緒會很快平復下來。美國的實體經濟不至於受到大規模衝擊而陷入衰退。但也有一部分人認為，到目前為止次級房貸問題的暴露還只是冰山一角，更大規模的真相將會陸續浮出水面，次級房貸很可能是多米諾骨牌倒下的第一個，它將觸發一連串其他市場發生烈度更強、破壞力更大的金融地震，最終後果是世界範圍的流動性過剩突然逆轉為流動性緊縮的經濟景氣週期的巨變。換句話說，世界經濟的「冰河期」可能不期而至，沒有做好準備的「經濟物種」可能會滅絕。

## 危機重放

讓我們用慢鏡頭重播一下二○○七年八月初以來國際金融市場的震盪過程和美聯儲的注資手法，我們或許能發現一些地震烈度方面的蛛絲馬跡。

八月一日，瑞士信貸發出警告，全球的金融流動性「就像沙漠中的水一樣正在迅速蒸發」。

八月一日，貝爾斯登旗下兩支對沖基金宣佈破產保護。

八月二日，著名房貸銀行Indymac的CEO邁克爾．培里驚呼：「（房貸抵押債券MBS）二級市場上一片驚慌，流動性已經完全喪失。」

八月三日，資產評級公司標準普爾警告調降貝爾斯登評級，美國股市聞訊暴跌。

八月四日，房地美（Freddie Mac）擔心更多的次級貸款問題將會出現，「這些貸款原本就不應該發放」。

八月五日，路透社擔心次級貸款規模問題將會繼續困擾華爾街。

八月六日，德國法蘭克福信託基金被美國次級貸款「污染」，宣佈停止贖回。

八月七日，標準普爾調降二○七類ALT-A房貸抵押債券信用等級。

八月八日，次級貸款問題蔓延到ALT-A貸款市場，ALT-A貸款違約率大幅攀升。

八月八日，高盛公司旗下的一百億美元的對沖基金在一周之內損失了八%。

八月九日，歐洲中央銀行自「九一一」以來首次緊急注資，規模高達九五○億歐元。

八月九日，美聯儲一天三次緊急注資三八○億美元。

美聯儲的三次緊急注資分別發生在早上八點二十五分，數額一九○億美元，方式爲三天期的回購協定（REPO），抵押品MBS債券；上午十點五十五分，數額一六○億美元，方式爲三天期的回購協定（REPO），抵押品MBS債券；下午一點五十分，數額三十億美元，方式爲三天期的回購協定（REPO），抵押品MBS債券。

非常有意思的是，美聯儲的這三次緊急注資都是採用MBS房貸抵押債券爲回購抵押品，而不是正常情況下購買「混合抵押品」的回購協議（REPO）。

美聯儲對銀行系統的臨時注資行動，簡單地說，就是在債券市場上交易商開一張爲期三天的借條，然後交給美聯儲要求借美元，身爲發行美元的美聯儲說單憑借條還不行，必須要有抵押品，比如財政部發行的國債最好，因爲有政府稅收做抵押，只要美國政府還存在，就總會有稅收，所以國債最保險。除了國債以外，一些政府特許機構發行的債券也行，因爲這些機構往往有美國政府做擔保。還有就是房利美和房地美這兩家政府特許公司發行的房貸抵押債券（MBS），也可以作爲抵押品。八月九日這天，市場上一片驚慌，現金極度匱乏，而美聯儲還特別固執，說非要MBS做抵押才行，債券交易商從自己的保險箱裡翻出MBS交給美聯儲，美聯儲在它的帳本資產項記下收到某交易商借條若干張，價值總計三八○億美元，期限三天，抵押爲等值MBS債券，然後在負債項記下，支付現金三八○億美元給某交易商。最後註明，三天之後該交易商必須將這些MBS債券贖回，歸還欠美聯儲的三八○億現金和三天的利息，如果這三天中，這些MBS債券正好收到利息支付，這些錢歸該交易商所有。

美聯儲的所謂注資其實只有三天時限（多數時候只有一天），期限一到，這些錢還會被抽走。這種臨時行動主要是爲了應付市場恐慌情形之下的「尖峰時刻」，換句話說，就是「救急不救窮」。

在一般交易日，美聯儲都是三類債券通吃，極少只吃進MBS一種。那麼爲什麼八月九日這天美聯儲如此反常呢？它自己的解釋是，國債是避險天堂，投資人當天紛紛逃向那裡，爲了不擠佔資源，所以只吃進了MBS。有好事的媒體還加了一句，投資人（尤其是外國投資人）切不要錯誤理解成MBS債券沒人買了。

這最後一句話才是問題的關鍵，它不僅是當前國際金融市場出現流動性緊縮危機的根源，同時也是引導我們理解整個次級貸款危機的關鍵。

要明白爲什麼MBS房貸抵押債券與流動性關係如此緊密，我們必須首先理解資產證券化的實質。

## 資產證券化與流動性過剩

眾所周知，當今世界的各種金融創新都興起於二十世紀七〇年代布雷頓體系這一「準金本位」被廢除之後。原因就是在這一體制之下，金融業的核心資產是黃金，所有流通中的貨幣必須經受「紙幣兌換黃金」這一經濟鐵律的考驗。銀行系統不能也不敢放手生產「別人的債務」來創造債務貨幣，以免遭到人民的擠兌。債務在黃金的嚴密監管之下保持著謙卑的規模。

在金本位的制約之下，世界主要國家的通貨膨脹幾乎可以忽略不計，長期財政赤字和貿易赤字絕無藏身之處，外匯風險幾近於零。而在美元與黃金脫鉤之後僅僅三十多年裡，美元的購買力已跌去九〇%以上。貨幣購買力貶值，或者說通貨膨脹究竟對社會中的哪些人最有利呢？誰又是這場巨大的社會財富博弈的最大失敗者呢？

還是凱恩斯說得明白：「透過連續的通貨膨脹，政府可以祕密地、不為人知地剝奪人民的財富，在使多數人貧窮的過程中，卻使少數人暴富。」[1]

葛林斯潘一九六六年也曾說：「在沒有金本位的情況下，將沒有任何辦法來保護人民的儲蓄不被通貨膨脹所吞噬。」[2]

奧地利學派曾生動地將通貨膨脹的根源之一——銀行部分儲備金制度——比喻成罪犯在「偷印假錢」。在部分儲備金制度之下，將必然產生永久性的通貨膨脹問題。[3]

通貨膨脹將產生兩大重要後果，一是貨幣購買力下降，二是財富重新分配。

錢印多了東西自然會漲價，凡是經歷過一九四九年蔣介石在轉進臺灣前狂發金圓券的人都會明白這個簡單的道理。但是，當今的經濟學主流卻認為貨幣發行與價格上漲沒有必然聯繫，他們還會拿出許多資料來說明老百姓對物價上漲的感覺是錯誤的。

通貨膨脹造成財富重新分配卻不是那麼直觀的。簡單來說，銀行在部分儲備金之下「無中生有」地創造出支票貨幣，就相當於在印假鈔票。最先拿到「假鈔票」的人首先來到高檔餐館大吃了一頓，身為最早使用「假鈔票」的人，市場上的物價還是原來的水平，他手中的「假鈔票」擁有和從前一樣的購買力。當餐館老闆接受「假鈔票」之後，用它買了一件衣服，他就成了第二個受益人，此時「假鈔票」的流通量還沒有達到被市場發覺的程度，所以物價仍然沒有變動。但是隨著假鈔票不斷換手，以及愈來愈多的假鈔票進入流通，市場就會慢慢發覺，物價將會漸次上漲。

最倒楣的就是連假鈔票的面都沒來得及見到、物價就已經全面上漲的人，他們手中原來的錢在物價上漲時不斷喪失著購買力。也就是說，離假鈔票愈近的人就愈佔便宜，愈遠愈晚的就愈倒楣。在現代銀行制度下，房地產業離銀行比較近，因此它就佔了不小的便宜；而靠養老金生活和老老實實儲蓄的人，就是最大的輸家。

因此，通貨膨脹的過程就是社會財富發生轉移的過程。在這個過程中，那些遠離銀行系統的家庭的財富遭到了損失。

當廢除了黃金作為資產的核心概念之後，資產的概念被偷換成了純粹的債務。一九七一年之後，美元也從「黃金的收據」蛻化成了「債務的白條」。掙脫了黃金束縛的債務美元發行量如同脫韁的野馬，今天的美元再也不是人們記憶中沉甸甸的「美金」，而是持續貶值三十多年的美元白條了。

早在二十世紀七〇年代，美國的銀行業就已經開始相互買賣房地產抵押貸款的債權了，只是直接買賣整個貸款不太容易。如何才能使這些大小不一、條件不同、時限不等、信譽不齊的債權標準化以便於交易呢？銀行家們自然想到了債券這一經典載體。這就是一九七〇年由美國吉利美（Ginnie Mae）首創的世界第一個房貸抵押債券ＭＢＳ（Mortgage Backed Securities）。他們將條件非常接近的許多房貸債務集成在一起打包，然後製成標準的憑證，再將這些有房貸債務作爲抵押的憑證賣給投資人，債務利息收入與債務風險也同時「傳遞」（Pass-throughs）給投資人。後來，聯邦國民住房抵押貸款協會（Fannie Mae，房利美）也開始發行標準化的MBS債券。

應該說MBS是一個重大發明，如同金銀貨幣的出現大大促進了商品交換一樣，MBS也極大地方便了抵押債權交易。投資人可以方便地買賣標準化的債券，而銀行則可迅速將長期的、大額的、難以流動的房地產抵押債權從自己的資產負債表上拿掉，吃到一定的利差之後，連風險帶收益一併轉讓，然後套現去尋找下一個願意貸款買房的人。

從金融業的角度看，這是個皆大歡喜的局面，銀行解決了抵押貸款的流動性問題，同時投資人得到了更多的投資選擇，買房的人更加容易得到貸款，賣房的人更加容易出手房產。

但是，方便是有代價的。當銀行體系使用MBS債券方式，迅速從被抵押貸款套牢三十年的困境中釋放出來時（通常只有幾個星期的時間），同時將全部風險轉嫁給了社會。這種風險中就包括了鮮爲人知的通貨膨脹問題。

當買房人在銀行簽定借款合約時，銀行將這個「債務借條」作爲資產放在了它的資產負債表的資產項下，同時創造出同等數量的負債。注意銀行的這個負債在經濟意義上等同於貨幣。換句話說，銀行在發放債務的同時，創造了貨幣，由於部分儲備金制度允許銀行系統創造出原本不存在的錢，所以這筆幾十萬剛剛被銀行「無中生有地創造出來」的新錢，立刻被劃到了房地產公司的帳上。

在這個過程中，銀行在部分儲備金體系中，可以「合法地偷印假錢」，房地產公司就是第一個拿到「假錢」的人。這就是爲什麼房地產公司財富累積速度驚人的原因。當房地產公司開始花這筆「假錢」時，全社會的整體物價上漲壓力會在「假錢」換手過程中呈波浪式擴散。由於這種傳導機制極爲複雜，社會商品的供求變化又增加了多維變數空間，社會的貨幣心理反應還存在著相當程度的滯後效應，這些因素疊加在一起，就難怪凱恩斯會認爲通貨膨脹的眞正源頭「一百萬人之中也不見得能有一人發現」。從本質上看，銀行系統由於部分儲備金的放大作用，能以數倍的能力放大債務貨幣發行量。這種貨幣增發從根本上說必然大大超越實際經濟增長的速度，這就是流動性過剩的眞正根源。

這種銀行貨幣的本質是銀行出具的「收據」。在金本位時，這個「收據」對應著銀行的黃金資產；而在純粹的債務貨幣體系中，它只是對應著另外某人欠銀行的等值債務。

MBS從根本上說大大提高了銀行系統發行支票貨幣的效率，同時也就必然造就嚴重的貨幣供應過剩問題，這些過剩的貨幣如果不是湧進擁擠不堪的股市，就會繼續吹大房地產的價格泡沫，更糟的是「洩漏」到物質生產和商品消費的領域中，造成怨聲載道的物價上漲。

在MBS的啓發下，一個更爲大膽的想法被實踐出來了，這就是資產抵押債券（ABS，Asset Backed Securities）。銀行家們想，既然有未來固定本息收益做抵押的MBS能夠紅火，那推而廣之，一切有未來現金流做抵押的資產，都可以使用同樣的思路進行證券化，這樣的資產可以包括：信用卡應收帳款、汽車貸款、學生貸款、商業貸款、汽車飛機廠房商鋪租金收入，甚至是專利或圖書版權的未來收入等等。

華爾街有句名言：如果有未來的現金流，就把它做成證券。其實，金融創新的本質就是，只要能夠透支的，都可以今天就變現。

ＡＢＳ市場規模近年來迅速膨脹，從二〇〇〇年到現在規模已經增加了兩倍，達到了十九·八兆美元的驚人規模。[4]

這些ＡＢＳ和ＭＢＳ債券可以作爲抵押向銀行貸款，房利美和房地美所發行的ＭＢＳ甚至可以作爲銀行的儲備金，可以在美聯儲作爲回購協議（ＲＥＰＯ）的抵押品。如此規模的貨幣增發必然導致嚴重的資產通貨膨脹。如果說通貨膨脹意味著社會財富的悄悄轉移，那麼以銀行爲圓心，以貸款規模爲半徑，我們就不難發現誰動了人民的「乳酪」？

## 次級和ALT-A抵押貸款：資產毒垃圾

當大部分普通人的房地產抵押貸款資源開發殆盡後，銀行家又將目光盯上了原本「不普通」的人。這就是美國六百萬貧困或信譽不好的窮人和新移民。

美國的抵押貸款市場大致可以分爲三個層次：優質貸款市場（Prime Market）、「ALT-A」貸款市場和次級貸款市場（Subprime Market）。優質貸款市場面向信用等級高（信用分數在六六〇分以上）、收入穩定可靠、債務負擔合理的優良客戶，這些人主要是選用最爲傳統的三十年或十五年固定利率抵押貸款。次級市場是指信用分數低於六二〇分、收入證明缺失、負債較重的人。而「ALT-A」貸款市場則是介於二者之間的龐大灰色地帶，它既包括信用分數在六二〇到六六〇之間的主流階層，又包括分數高於六六〇的高信用度客戶中的相當一部分人。

次級市場總規模大致在二兆美元左右，其中有近半數的人沒有固定收入的憑證。顯然，這是一個高風險的市場，其回報率也較高，它的抵押貸款利率大約比基準利率高二%～三%。

次級市場的貸款公司更加「擁有創新精神」，它們大膽推出各種新的貸款產品。比較有名的是：無本金貸款（Interest Only Loan）、三年可調整利率貸款（ARM，Adjustable Rate Mortgage）、五年可調整利率貸款，以及七年可調整利率貸款、選擇性可調整利率貸款（Option ARMs）等。這些貸款的共同特點就是，在還款的開頭幾年，每月房貸支付很低且固定，等到一定時間之後，還款壓力陡增。這些新產品深受追捧的主要原因有二：一是人們認爲房地產會永遠上漲，至少在他們認爲的「合理」時間段內會如此，只要他們能及時將房子出手，風險是「可控」的；二是人們想當然地認爲房地產上漲的速度會快於利息負擔的增加速度。

「ALT-A」貸款的全稱是「Alternative A」貸款，它泛指

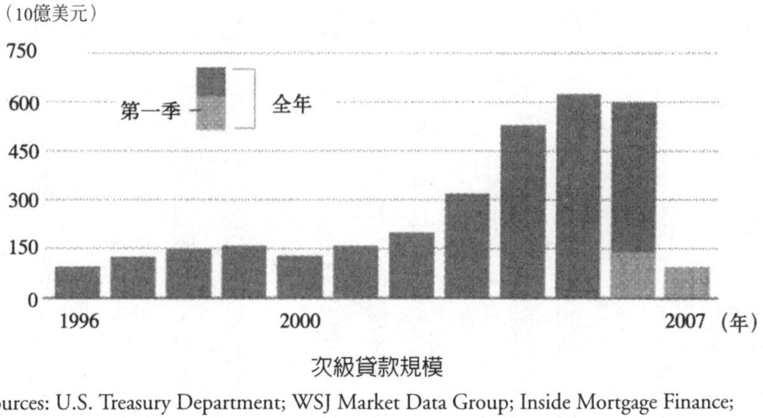


次級貸款規模

Sources: U.S. Treasury Department; WSJ Market Data Group; Inside Mortgage Finance; UBS; Dealogic

那些信用記錄不錯或很好的人，但卻缺少或完全沒有固定收入、存款、資產等合法證明文件。這類貸款被普遍認爲比次級貸款更「安全」，而且利潤可觀，畢竟貸款人沒有信用不好的「前科」，其利息普遍比優質貸款產品高一%～二%。

「ALT-A」貸款果眞比次級貸款更安全嗎？事實並非如此。

自二〇〇三年以來，「ALT-A」貸款機構在火熱的房地產泡沫中，爲了追逐高額利潤，喪失了起碼的理性。許多貸款人根本沒有正常的收入證明，只要自己報上一個數字就行，這些數字還往往被誇大，因此「ALT-A」貸款被業內人士稱爲「騙子貸款」。

貸款機構還大力推出各種風險更高的貸款產品。例如無本金貸款產品是以三十年Amortization Schedule分攤月供金額，但在第一年可提供一%至三%的超低利息，而且只付利息，不用還本金，然後從第二年開始根據利率市場情況進行利息浮動，一般還保證每年月供金額增加不超過上一年的七．五%。

選擇性可調整利率貸款則允許貸款人每月支付甚至低於正常利息的月供，差額部分自動計入貸款本金部分，這叫做「Negative Amortization」。因此，貸款人在每月還款之後，會欠銀行更多的錢。這類貸款的利率在一定期限之後，也將隨行就市。

很多炒房地產短線的「信用優質」人士認定房價短期內只會上升，自己完全來得及出手套現，還有眾多「信用一般」的人，用這類貸款去負擔遠超過自己實際支付能力的房屋。大家都是抱著這樣的想法：只要房價一直上漲，萬一自己償還債務的能力出了問題，可以立刻將房子賣掉歸還貸款，還能賺上一筆，或者再次貸款（Re-finance）取出增值部分的錢來應急和消費，即使在利率上漲較快的情況下，還有每年還款增加不得超過七．五%的最後防線，因此是風險小、潛在回報高的投資，何樂而不爲呢？

據統計，二〇〇六年美國房地產抵押貸款總額中有四〇%以上的貸款屬於「ALT-A」和次級貸款產品，總額超過四千億美元，二〇〇五年比例甚至更高。從二〇〇三年算起，「ALT-A」和次級貸款這類高風險抵押貸款總額超過了二兆美元。目前，次級貸款超過六十天的拖欠率已逾十五%，正在快速撲向二〇%的歷史最新紀錄，兩百二十萬「次級人士」將被銀行掃地出門。而「ALT-A」的拖欠率在三．七%左右，但是其幅度在過去的十四個月裡翻了一番。

主流經濟學家忽略了「ALT-A」的危險，是因爲到目前爲止，其拖欠率比起已經「冒煙」的次級貸款市場來說還不大明顯，但是其潛在的危險甚至比次級市場還要大。原因是，「ALT-A」的貸款協定中普遍「埋放」了兩顆重磅定時炸彈，一旦抵押貸款利率市場持續走高，而房價持續下滑，將自動引發這個市場的內爆。

在前面提到的無本金貸款中，當利率隨行就市後，月供增加額不超過七．五%，這道最後防線讓許多人有一種「虛幻」的安全感。但是這裡面有兩個例外，也是兩顆重磅炸彈，第一顆炸彈名叫「定時重新設置」（5 year / 10 year Recast）。每到五年或十年，「ALT-A」貸款人的償還金額將自動重新設置，貸款機構將按照新的貸款總額重算月供金額，貸款人將發現他們的月供金額大幅度增加了，這叫做「月供驚魂」（Payment Shock）。由於「Negative Amortization」的作用，很多人的貸款總債務在不斷上升，他們唯一的希望是房地產價格不斷上揚，這樣才能賣掉房子解套，否則將會失去房產或吐血拋售。

第二顆炸彈就是「最高貸款限額」。人們固然可以暫時不去考慮幾年以後的定時重設，但是「Negative Amortization」中有一個限制，就是累積起來的欠債不得超過原始貸款總額的一一〇%～一二五%，一旦觸及這個限額，又會自動觸發貸款重設。這是一顆足以要人命的定時炸彈。由於貪圖低利率的誘惑和第一年還款壓力較小的便宜，多數人選擇了儘可能低的月供額。比如每月正常應付一千美元利息，你可以選擇只付五百美元，另外五百美元的利息差額被自動計入貸款本金中，這種累積的速度會使貸款人在觸到五年重設貸款炸彈之前，就會被「最高貸款限額」炸得屍骨無存。

既然這些貸款如此兇險，美聯儲爲什麼不出面管管？

葛老（葛林斯潘）確實是出面了，而且是兩次。第一次是二〇〇四年，葛老覺得提供貸款的機構和買房的老百姓膽子太小，因爲他們還不是特別喜歡高風險的可調整利率貸款產品（Option ARMs）。葛老抱怨道：「如果貸款機構能提供比傳統固定利率貸款產品更爲靈活的選擇，那美國民眾將會受益匪淺。對於那些能夠並且願意承受利率變動風險的消費者來說，傳統的三十年和十五年固定利率貸款可能太昂貴了。」[5]

於是房利美們、新世紀們和普通買房者們果然膽子逐漸大了起來，情況也果然愈來愈離譜，房價也果然愈來愈瘋狂。

於是，十六個月後，葛老又出現在參議院聽證會上，這一次，他卻皺著眉說：「美國消費者使用這些新的貸款方式來負擔他們原本無法承受的房貸負擔，這是個糟糕的主意。」[6]

人們可能永遠無法眞正理解葛老的想法。是啊，葛老的話說得滴水不漏，他是說如果美國老百姓有能力承受利率風險並能夠駕馭這種風險，不妨使用高風險貸款。言下之意是，如果沒這本事，就別瞎湊熱鬧。也許葛老當眞不知道美國老百姓的金融智商。

## 次級貸款ＣＤＯ：濃縮型資產毒垃圾

次級房貸和ALT-A貸款這兩類資產毒垃圾的總額爲二・五兆美元。這些資產毒垃圾必須從次級房貸銀行系統的資產帳目表上剝離掉，否則後患無窮。

怎樣剝離呢？就是透過我們前面說的資產證券化。

本來以次級房貸爲抵押品的ＭＢＳ債券易生成但難脫手，因爲美國大型投資機構如退休基金、保險基金、政府基金的投資必須符合一定的投資條件，即被投資品必須達到穆迪或標普的ＡＡＡ評級。次級房貸ＭＢＳ顯然連最低投資等級ＢＢＢ都達不到，這樣一來，許多大型投資機構就無法購買。正是因爲其高風險，所以其回報也比較高，華爾街的投資銀行一眼就看中了資產毒垃圾的潛在高投資回報。

於是投資銀行開始介入這一高危的資產領域。

投資銀行家們首先將「毒垃圾」級別的ＭＢＳ債券按照可能出現拖欠的機率切割成不同的幾塊

（Tranche），這就是所謂的CDO（Collateralized Debt Obligations）擔保債券憑證。其中風險最低的叫「高級品CDO」（Senior tranche，大約佔八○%），投行們用精美禮品盒包裝好，紮上金絲帶。風險中等的叫「中級品CDO」（Mezzanine，大約佔十%），也被放到禮品盒裡，然後紮上銀絲帶。風險最高的叫「普通品CDO」（Equity，大約佔十%），被放到有銅絲帶的禮品盒裡。經過華爾街投資銀行這樣一番打扮，原先醜陋不堪的資產毒垃圾立刻變得熠熠生輝、光彩照人。

當投資銀行家手捧精美的禮品盒再次敲開資產評級公司大門時，連穆迪和標普們都看傻了眼。巧舌如簧的投資銀行大談「高級品」如何可靠與保險，他們拿出最近幾年的資料來證明「高級品」出現違約現象的比例是如何之低，然後亮出世界一流數學家設計的數學模型來證明未來出現違約的機率也極低，即使是萬一出現違約，也是先賠光「普通品」和「中級品」，有這兩道防線拱衛，「高級品」簡直是固若金湯。最後再大談房地產發展形勢如何喜人，抵押貸款人隨時可以做「再次貸款」（Re-finance）來拿出大量現金，或是非常容易地賣掉房產然後套得大筆利潤，生活中活生生的例子信手拈來。

穆迪和標普們仔細看看過去的數字，沒有什麼破綻，再反覆推敲代表未來趨勢的數學模型，似乎也挑不出什麼毛病，房地產如何紅火大家都知道。當然，穆迪們憑著幹這行幾十年的直覺，和經歷過多少次經濟衰退的經驗，他們明白這些花樣文章背後的陷阱，但也深知其中的利益關係。如果從表面上看，禮品盒「無懈可擊」，穆迪和標普們也樂得做順水人情，畢竟大家都在金融江湖上混，穆迪和標普們也要靠著投資銀行的生意才有飯吃，而且穆迪和標普們彼此也有競爭，你不做別人也會做，得罪人不說還丟了生意。於是穆迪和標普們大筆一揮，「高級品CDO」獲得了AAA的最高評級。

投資銀行家們歡天喜地地走了。

打個比方說，這個過程類似不法商販將麥當勞傾倒的廢油收集起來，再經過簡單的過濾和分離，「變廢爲寶」，重新包裝一下又賣給餐館老闆炒菜或煎炸油條。

身爲毒垃圾承銷商的投資銀行家們拿到CDO評級之後，又馬不停蹄地來找律師事務所建立一個「專用法律實體」（SPV，Special Purpose Legal Vehicle），這個「實體」照規矩註冊在開曼群島（Cayman Island）以躲避政府監管和避稅。然後，由這個「實體」將資產毒垃圾買下來並發行CDO，這樣一來，投資銀行可以從法律上規避「實體」的風險。

這些聰明的投資銀行有哪些呢？它們是：雷曼兄弟公司、貝爾斯登、美林、花旗、瓦喬維亞（Wachovia）、德意志銀行、美國銀行（BOA）等大牌投行。

當然，投資銀行們絕不想長期持有這些毒垃圾，它們的打法是迅速出手套現，推銷「高級品CDO」。因爲有了AAA的

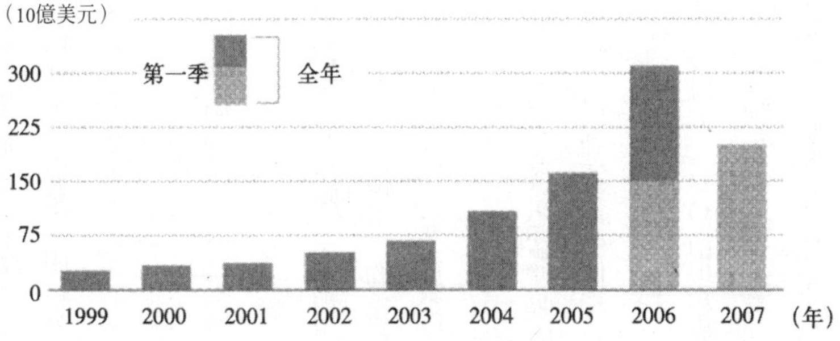


CDO發行量

Sources: U.S. Treasury Department; WSJ Market Data Group; Inside Mortgage Finance; UBS; Dealogic

最高評級，再加上投資銀行家的推銷天賦，自然是小菜一碟。購買者全都是大型投資基金和外國投資機構，其中就包括很多退休基金、保險基金、教育基金和政府託管的各種基金。但是「中級品CDO」和「普通品CDO」就沒有這麼容易出手了。投行們雖然費盡心機，穆迪和標普們也不肯爲這兩種「濃縮型毒垃圾」背書，畢竟還有個「職業操守」的底線。

如何剝離燙手的「濃縮型毒垃圾」呢？投行們煞費苦心地想出了一個高招——成立對沖（避險）基金！

投資銀行們拿出一部分「體己」銀子敲鑼打鼓地成立了獨立的對沖基金，然後將「濃縮型毒垃圾」從資產負債表上「剝離」給獨立的對沖基金，對沖基金則以「高價」從「本是同根生」的投行那裡購進「濃縮型毒垃圾」CDO資產，這個「高價」被記錄在對沖基金的資產上作爲「進入價格」（Enter Price）。於是投資銀行從法律上完成了與「濃縮型毒垃圾」劃清界限的工作。

幸運的是，二〇〇二年以來美聯儲營造的超低利率的金融生態環境滋生了信貸迅猛擴張的浪潮，在這樣的大好形勢下，房地產價格五年就翻了一番。次級貸款人可以輕鬆得到資金來保持月供的支付。結果次級貸款拖欠的比率遠低於原來的估計。

高風險對應著高回報，既然高風險沒有如期出現，高回報立刻爲人矚目。CDO市場相對於其他證券市場交易量要冷清得多，「毒垃圾」很少在市場上換手，因此沒有任何可靠的價格資訊可供參照。在這種情況下，監管部門允許對沖基金把內部的數學模型計算結果作爲資產評估標準。對於對沖基金來講，這可是個天大的好消息，經過各家自己「計算」，二〇%的回報率不好意思說出口，三〇

%難以向別的基金誇口，五〇%難登排行榜，一〇〇%也不見得能有曝光率。一時間，擁有「濃縮型資產毒垃圾」CDO的對沖基金紅透了華爾街。

投行們也是喜出望外，沒想到啊沒想到，持有大量「濃縮型毒垃圾」的對沖基金成了搶手貨。由於搶眼的回報率，愈來愈多的投資者要求入夥對沖基金，隨著大量資金湧入，對沖基金竟然成了投行們的生財機器。

對沖基金的基本特點就是高風險和高槓桿運作。既然手中的「濃縮型毒垃圾」CDO資產眼看著膨脹起來，如果不好好利用一下高倍槓桿，也對不起對沖基金的名頭。於是，對沖基金經理來找商業銀行要求抵押貸款，抵押品嘛就是市場上正當紅的「濃縮型毒垃圾」CDO。

銀行們對CDO的大名也是如雷貫耳，於是欣然接受CDO作爲抵押品，然後發放貸款繼續創造銀行貨幣。注意，這已經是銀行系統第N次用同樣的貸款的一部分債務來「偷印假錢」了。

對沖基金向銀行抵押貸款的槓桿比率爲五至十五倍！

當對沖基金拿到銀行的錢，回過頭來就向自己的本家投行買進更多的CDO，投行們再樂滋滋地完成更多毒垃圾MBS債券到CDO去「提煉」。在資產證券化的快速通道中，發行次級貸款的銀行於是更快地得到更多的現金去套牢愈來愈多的次級貸款人。

次級貸款銀行負責生產，投資銀行、房利美和房地美公司負責加工和銷售，資產評級公司是質量監督局，對沖基金負責倉儲和批發，商業銀行提供信貸，養老基金、政府託管基金、教育基金、保險基金、外國機構投資者就成了資產毒垃圾的最終消費者。這個過程的副產品則是金融流動性全球過剩和貧富分化。

一個完美的資產毒垃圾生產鏈就這樣形成了。

美國財政部的統計是：

・二〇〇七年第一季發行了二千億美元的CDO。

・二〇〇六年全年發行了三千一百億美元的CDO。

・二〇〇五年全年發行了一千五百一十億美元的CDO。

・二〇〇四年全年發行了一千億美元的CDO。

## 「合成CDO」：高純度濃縮型毒垃圾

在某些情況下，投資銀行出於「職業道德」和增強投資人信心的廣告目的，自己手中也會保留一些「濃縮型毒垃圾」。爲了使這部分劇毒資產也能創造出經濟效益，絕頂聰明的投資銀行家們又想出一條妙計。

前面我們提到，華爾街的一貫思路就是只要有未來的現金流，就要想辦法做成證券。現在，投行們手中的「濃縮型毒垃圾」資產尚未出現嚴重的違約問題，每月的利息收益還算穩定。但未來很有可能會出現風險。怎麼辦呢？他們需要爲這種不妙的前景找條出路，爲將來的違約可能買一份保險，這就是信用違約交換（CDS，Credit Default Swap）。

在推出這樣一種產品之前，投行們首先需要創造一種理論體系來解釋其合理性。他們將CDO的利息收入分解成兩個獨立的模組，一個是資金使用成本，另一個是違約風險成本。現在需要將違約風險模組轉嫁到別人身上，爲此需要支付一定的成本。

如果有投資人願意承擔CDO違約風險，那他將得到投行們分期支付的違約保險金，對於投資人來說，這種分期支付的保險金現金流與普通債券的現金流看起來沒有什麼不同。這就是CDS合約的主要內容。在這個過程中，承擔風險的投資人並不需要出任何資金，也不需要與被保險的資產有任何關係，他只需要承擔CDO潛在的違約風險，就可以得到一筆分期支付的保險金。由於資訊不對稱，普通投資人對違約風險的判斷不如投行們更準確，所以很多人被表面的回報所吸引而忽視了潛在的風險。

這時候，雖然「濃縮型毒垃圾」在理論上還留在投行的手裡，但其違約風險已經被轉嫁給了別人。投行既得了面子，又得了裡子。

本來到此爲止投行已經「功德圓滿」了，但人的貪婪本性是沒有止境的，只要還沒出事，遊戲就還會用更加驚險的形式進行下去。

二〇〇五年五月，一群華爾街和倫敦金融城的「超級金融天才們」終於「研製成功」一種基於信用違約交換（CDS）的新產品：「合成CDO」（Synthetic CDO）——「高純度濃縮型毒垃圾」資產。投資銀行家們的天才思路是，將付給CDS對家的違約保險金現金流集成起來，再次按照風險係數分裝在不同的禮品盒中，再次去敲穆迪和標普們的大門。穆迪們沉思良久，深覺不妥。拿不到評級一切都是空談，這可愁壞了投資銀行家們。

雷曼兄弟公司是「合成CDO」領域中的當世頂尖高手，它麾下的「金融科學家」們於二〇〇六年六月破解了「高純度濃縮型毒垃圾」中最有毒的「普通品合成CDO」（Equity Tranche）的資產評級這一世界性難題。他們的「創新」在於將「普通品合成CDO」資產所產生的現金流蓄積成一個備用的「資金池」，一旦出現違約情況，後備的「資金池」將啓動供應「現金流」的緊急功能，這個中看不中用的辦法對「普通品合成CDO」發揮了信用加強的作用。終於，穆迪們對這一「高純度濃縮型毒垃圾」給出了AAA的評級。

「合成CDO」投資的吸引力達到了登峰造極的程度，它是如此光彩照人，任何投資者都會有天使降臨人間般的錯覺。想想看，以前投資CDO債券，爲了得到現金流，你必須眞金白銀地投錢進去，而且必須承擔可能出現的投資風險。現在你的錢可以不動，仍然放在股市裡或其他地方爲你繼續創造財富，你只要承擔一些風險就會得到穩定的現金流。比起CDS來說，這是一個更有吸引力的選擇，因爲這個投資產品得到了穆迪和標普們AAA的評級。

不用出錢就能得到穩定的現金流，而且風險極小，因爲它們是AAA級別的「合成CDO」產品。結果不難想像，大批政府託管基金、養老基金、教育基金、保險基金經理們，還有大量的外國基金踴躍加入，在不動用他們基金一分錢的情況下，增加了整個基金的收益，當然還有他們自己的高額獎金。

除了大型基金是「合成CDO」的重要買主之外，投資銀行們還看中了酷愛高風險高回報的對沖基金，他們爲對沖基金量身訂製了一種「零息債券」（Zero Coupon）的「合成CDO」產品。它與其他「合成CDO」最大的區別在於，其他產品不需要投入資金就可以得到現金流，但致命的缺點是必須全時限地承擔所有風險，這就有賠光全部投資的可能性。而「零息債券」型產品則是投入票面價值的一部分資金，而且沒有現金流收益，但是等CDO時限一到，將可得到全部足額的票面價值，但要除掉違約損失和費用。這種本質上類似期權的產品將最大風險來了個「先說斷，後不亂」，對沖基金最多輸掉開始投入的一部分資金，但萬一沒有出現違約，那可就大賺一票了，這個「萬一」的美好憧憬對沖基金實在是無法抗禦的。投行當然是洞悉了對沖基金經理的內心活動，才能設計出如此「體貼入微」的產品。投行的角色就是刺激和利用對方的貪婪，自己卻幾乎永遠立於不敗之地，而對沖基金就得看自己的運氣了。

華爾街金融創新的想像力似乎是沒有盡頭的，除了CDO、CDS、合成CDO，他們還發明出基於CDO的「CDO平方」（CDO二）、「CDO立方」（CDO三）、「CDO的N次方」（CDON）等新產品。

Fitch的統計顯示，二〇〇六年信用類衍生市場達到了五十兆美元的驚人規模。從二〇〇三年到二〇〇六年，這個市場爆炸性地成長了十五倍！目前，對沖基金已經成爲信用類衍生市場的主力，獨佔六〇%的份額。

另外，BIS統計顯示，二〇〇六年第四季新發行了九二〇億美元的「合成CDO」，二〇〇七年第一季發行量為一二一〇億美元的「合成ＣＤＯ」，對沖基金佔了三三％的市場份額。誰是這個高純度濃縮型毒垃圾市場的主力呢？令人驚訝的結果顯示，是包括養老保險基金和外國投資人在內的「保守型基金」，而且這些資金居然是集中投在「合成ＣＤＯ」裡最有毒的「普通品合成ＣＤＯ」之中。[7]

## 資產評級公司：欺詐的同謀

在所有的次級貸款ＭＢＳ債券中，大約有七五％得到了ＡＡＡ的評級，十％得了ＡＡ，另外八％得了Ａ，僅有七％被評為ＢＢＢ或更低。而實際情況是，二〇〇六年第四季次級貸款違約率達到了十四．四四％，二〇〇七年第一季更增加到十五．七五％。隨著接近二〇〇七、二〇〇八兩年二兆美元的利率重設所必然造成的規模空前的「月供驚魂」，次級和ALT-A貸款市場必將出現更高比率的違約。從二〇〇六年底到二〇〇七年中，已經有一百多家次級貸款機構被迫關門。這僅僅是個開始。美國抵押銀行家協會公佈的調查報告顯示，最終將可能有二〇％的次級貸款進入拍賣程式，兩百二十萬人將失去他們的房屋。

被穆迪、標準普爾等資產評級公司嚴重誤導的各類大型基金投資人及監管部門，紛紛將評級公司告上法庭。二〇〇七年七月五日，美國第三大退休基金——俄亥俄員警與消防退休基金（Ohio Police & Fire Pension Fund）嚴重虧損的消息曝光，它的投資中有七％投在了ＭＢＳ市場上。俄亥俄州的檢察官馬克．德安（Marc Dann）怒斥：「這些評級公司在每筆次級貸款ＭＢＳ生成的評級中都大賺其錢。他們持續給這些（資產毒垃圾）ＡＡＡ的評級，所以他們實際上是這些欺詐的同謀。」

對此，穆迪反駁說簡直荒謬：「我們的意見是客觀的，而且沒有強迫大家去買和賣。」[8]穆迪的邏輯是，就像影評家一樣，我們稱讚「滿城盡帶黃金甲」，並不意味著強迫你去買票看這部電影。換句話說，我們只是說說，你們別當眞啊！

氣得七竅生煙的投資人則認爲，對於像ＣＤＯ與「合成ＣＤＯ」這樣極端複雜和價格資訊相當不透明的產品而言，市場信賴並依靠評級公司的評價，怎可完全不認帳呢？再說，如果沒有ＡＡＡ這樣的評級，大型退休基金、保險基金、教育基金、政府託管基金、外國機構投資基金又怎會大量認購呢？

一切都建立在ＡＡＡ的評級基礎之上，要是這個評級有問題，這些基金所涉及的數千億美元的投資組合也就危在旦夕了。

其實，資產評級推動著所有的遊戲環節。

最近，華爾街五大投行之一的貝爾斯登旗下從事次級房貸的兩支對沖基金出現巨額虧損。其實，在貝爾斯登出事之前，就有許多投資者和監管部門開始調查投資銀行和對沖基金持有資產的定價問題。「金融會計標準協會」（Financial Accounting Standard Board）開始要求必須以「公平價格」計算資產「退出價格」（Exit Price），而不是「進入價格」（Enter Price）。所謂「退出價格」，就是出售資產的市場價格，而目前投行和對沖基金普遍使用的價格則是內部設計的數學公式「推算」出來的。由於ＣＤＯ交易極爲罕見，所以非常缺乏可靠的市場價格資訊。投資人向五個中間商詢問ＣＤＯ報價，很可能得到五種不同的價格。華爾街有意保持該市場的不透明，以賺取高額的手續費。

當大家有錢賺的時候，自然是皆大歡喜，一旦出事，則爭相奪路而逃。此時，西方社會平日的謙謙君子將撕下各種僞裝。貝爾斯登與美林的關係就是如此。

貝爾斯登的兩大對沖基金據報導是在「次級MBS市場上押錯了寶導致巨額虧損」，正確的解讀應該是，它們在高純度濃縮型毒垃圾「合成CDO」中扮演了不幸承受違約風險的一方，而「站在了歷史錯誤的一邊」，轉嫁風險的一方也許就是包括它的本家在內的投資銀行們。截至二〇〇七年三月三十一日爲止，貝爾斯登的兩支基金控制的資產還高達二百億美元以上，七月初兩支基金的資產已縮水二〇%左右。由此，這些基金的債權人也紛紛謀求撤資。

最大債權人之一的美林公司在反覆討債未果的情況下急火攻心、方寸大亂，悍然宣佈將開始拍賣貝爾斯登基金持有的超過八億美元的貸款抵押債券。之前美林曾表示，在貝爾斯登的對沖基金宣佈調整資本結構的計畫之前，不會出售這些資產。幾天後美林拒絕了貝爾斯登提出的重組方案。貝爾斯登又提出增資十五億美元的緊急計畫，但並未得到債權人的認可。美林準備先出售常規證券，接著還計畫出售相關的衍生商品。同時，高盛、摩根大通和美國銀行等據稱也贖回了相應的基金份額。

讓所有人驚慌的是，公開的拍賣上只有四分之一的債券有人詢價，而且價格僅爲票面價值的八五%~九〇%。這可是貝爾斯登基金最精華的AAA評級部分了，如果連這些優質資產都要虧十五%以上的話，再想到其他根本乏人問津的BBB級CDO，簡直就令人魂飛魄散，整個虧損規模將不堪設想。

嚴酷的現實驚醒了貝爾斯登，也震動了整個華爾街。要知道，價值七千五百億美元的ＣＤＯ們，正作爲抵押品待在商業銀行的資產負債表上。他們目前的伎倆，就是將這些ＣＤＯ資產轉移到表外資產（Off Balance Sheet）上，因爲在這裡，這些ＣＤＯ能夠以內部數學模型計算價格，而不必採用市場價格。

華爾街的銀行家們此時只有一個信念：絕不能在市場上公開拍賣！因爲這將把ＣＤＯ的眞實價格暴露在光天化日之下，人們將會看到這些泡沫資產的實際價格，非但不是財務報表公佈的一二〇％或一五〇％，而很可能是五〇％甚至三〇％。一旦市場價格被曝光，那麼所有投資於ＣＤＯ市場的各類大小基金都將不得不重新審核它們的資產帳目，巨額虧損將再也難以掩蓋，橫掃世界金融市場的空前風暴必然降臨。

到了七月十九日，貝爾斯登的兩個下屬對沖基金已經「沒有什麼價值殘留下來」，二百億美元的巨額資產在幾個星期之內就灰飛煙滅了。八月一日，貝爾斯登旗下兩支對沖基金宣佈破產保護。

究竟誰持有資產毒垃圾呢？這是一個華爾街非常敏感的問題。據估計，到二〇〇六年年底，對沖基金手上持有十％，退休基金持有十八％，保險公司持有十九％，資產管理公司有二二％。當然還有外國投資者。他們也是ＭＢＳ、ＣＤＳ和ＣＤＯ市場的生力軍。二〇〇三年以來，外資金融機構在中國「隆重推出」的各種「結構性投資產品」中，有多少被這些「資產毒垃圾」所污染，恐怕只有天知道了。

國際清算銀行最近警告稱：「美國次級抵押貸款市場的問題愈發突顯，但還不清楚這些問題會如何滲透到整個信貸市場。」這個「還不清楚」是否暗示CDO市場可能崩盤？次級貸款和ALT-A貸款以及建築在其之上的CDO、CDS與合成CDO的總規模至少在三兆美元以上。難怪近來國際清算銀行強烈警告，世界可能會面臨二十世紀三〇年代那樣的大蕭條。該行還認爲，今後幾個月全球信貸領域的景氣週期將發生趨勢性的轉變。

從美聯儲官員的言論來看，政策制定者並不認同金融市場對於次級貸款市場的擔憂，並不預期其影響將在經濟中蔓延。美聯儲主席伯南克曾於二〇〇七年二月底表示，次級貸款是個很關鍵的問題，但沒有跡象表明正在向主要貸款市場蔓延，整體市場似乎依然健康。隨後無論投資者還是官員們，都對次級貸款危機擴散的潛在風險避而不談。

迴避問題並不能消除問題，人民在現實生活中不斷地觸摸到了即將來臨的危機。

如果政府託管的各類基金在資產抵押市場中損失慘重，後果就是老百姓每天都可能面對三千美元的交通罰單。如果養老基金損失了，最終大家只有延長退休年齡。要是保險公司賠了呢，各種保險費用就會上漲。

總之，華爾街金融創新的規律是，贏了是銀行家拿天文數字的獎金，輸了是納稅人和外國人買單。而無論輸贏，在「金融創新過程」中被銀行系統反覆、迴圈和高倍抵押的債務所創造出的巨額債務貨幣及通貨膨脹這一必然後果，則悄悄地重新瓜分著全世界人民創造出來的財富。難怪這個世界的貧富差距會愈來愈嚴重，也就難怪這個世界會愈來愈不和諧。

## 債務內爆與流動性緊縮

美國次級債危機從本質上看是一種典型的債務內爆型危機。銀行在產生抵押貸款的同時「無中生有」地創造了貨幣，而不完全是普通人想像的那樣將別人的儲蓄轉貸給他人，這其實就是將未來的尚未創造出的勞動，提前印成貨幣並進入流通。一方面是大規模的房地產貸款所產生的「貨幣海量增發」，而這一行爲又必然導致通貨膨脹和房價上漲失控；另一方面，央行爲了對付通貨膨脹又不得不透過加息來應付，這兩種作用的合力，導致貸款人還貸壓力逐步上升，直到被巨大的債務壓垮而出現違約率大幅攀升，緊接著就是房價出現下跌，投資人開始撤出房市，MBS和CDO無人問津，債券市場和票據市場突然出現流動性緊縮。這種緊縮又震撼了金融衍生商品的信用違約交換市場，大批購買了信用違約交換合約的基金經理們，突然發現風險對家竟然出現了資金鏈斷裂，此時銀行和投資者再來催帳，驚恐與無奈之下只有拋售資產套現還債。不幸的是，大多數投資人的投資方向和模式高度雷同，拋售終於演變爲恐慌。

這就是債務貨幣驅動下的經濟發展規律：債務創造貨幣，貨幣刺激貪婪，貪婪加重債務，債務發生內爆，內爆觸發緊縮，緊縮導致衰退！

很多分析師認爲次級房貸只是「孤立問題」，而且規模與美國整個金融市場相比不算太大，這種觀點忽視了金融市場的「形狀和結構」問題，即金融市場並非是水平發展和獨立的。

從垂直方向看，次級房貸呈現出一個龐大的倒金字塔形狀。金字塔的底部是大約四千億至五千億美元最終必然成爲爛帳的次級抵押貸款，而它卻支撐著上面七千五百億美元的ＣＤＯ，再往上還有更大的五十兆美元的ＣＤＳ信用違約交換市場，ＣＤＳ上面還有「合成ＣＤＯ」，還有ＭＢＳ、ＣＤＯ、合成ＣＤＯ等一起被抵押給商業銀行後，以五至十五倍高倍槓桿放大的新「假錢」支持下的流動性。當這個危險的倒金字塔傾斜和搖晃時，還會牽扯金融衍生商品市場中規模最大的一百兆美元的利率交換市場。因爲流動性氾濫逆轉爲流動性緊縮是如此的突然，ＭＢＳ和美國長期國債融資會出現問題，一旦長期利率持續走高，一百兆美元的利率交換市場將會發生更嚴重的內爆。

從債務結構關聯性方面看，當負債累累的兩百二十萬次級貸款人面臨被掃地出門危機的時候，還能指望他們會按時支付汽車貸款、學生貸款、信用卡債務和其他形式的債務嗎？而基於這些債務的ＡＢＳ債券和其他衍生品豈有不受影響之理呢？債務的基本特點就是「一損俱損，一榮俱榮」，這些債券和它的衍生品在整個銀行系統中被交錯抵押、高倍放大、反覆衍生，一個債務人倒下去，立刻就會拉倒一大片債務工具。幾百萬人同時倒下，誰能拯救？「金融創新」非但沒有「分散」風險，實際上是以前所未有的規模創造出史無前例的系統性風險。如果說一九九八年美國長期資本公司出問題時，美聯儲還知道通知幾個最大的債主開會研究對策，那麼今天的市場一旦出現大批和天文數字的債務內爆，由於信用違約合約被千千萬萬的投資者相互持有，而且又是櫃檯交易，缺乏監管，其中若干節點同時出現違約，立刻會出現可怕的「鏈式反應」，整個系統將癱瘓。換句話說，在風險集中的「傳統金融市場」中，風險節點規模巨大而目標清晰，一旦出現「大出血」問題，央行大夫們可以迅速採取有效行動，果斷「止血」；而當現代金融市場的風險被高度分散到成千上萬的機構投資人手上後，一

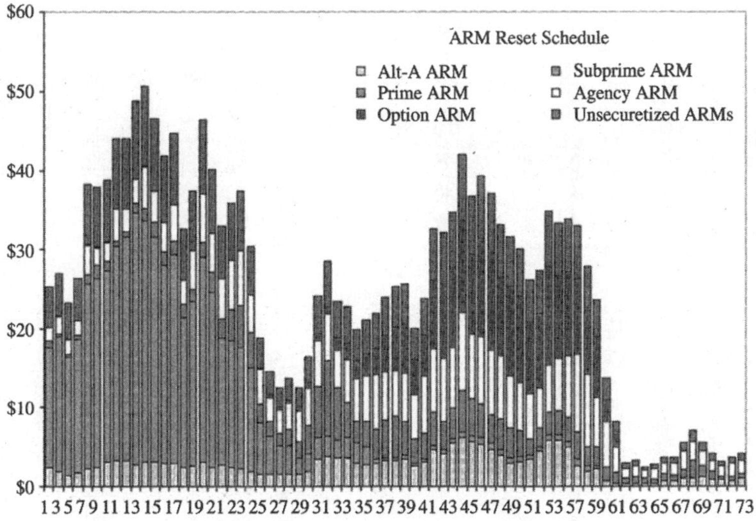


世界金融市場地震時間表

ARM Reset Schedule：可調整利率抵押貸款的利率重設時間表

Alt-A ARM：可調整利率抵押貸款

Prime ARM：優級可調整利率抵押貸款

Option ARM：可選擇可調整利率抵押貸款

Subprime ARM：次級可調整利率抵押貸款

Agency ARM：機構可調整利率抵押貸款

Unsecuretized ARMs：無抵押可調整利率抵押貸款

Note: Date as of Jannary 2007

Source: Credit Swiss

且出現「嚴重失血」，就是幾乎難以救治的「彌漫性失血」，大夫們完全不知從何處下手。

從這個意義上看，美聯儲和歐洲中央銀行二〇〇七年八月初以來史無前例的注資行動，凸顯了問題的嚴重性，他們並沒有反應過度。如果沒有中央銀行們的全力搶救，不誇張地說，今天的世界金融市場已經是一片廢墟了。

上頁圖是瑞士信貸發佈的抵押重設貸款時間表。橫座標是月份，起始點爲二〇〇七年一月。縱座標是抵押債務重設規模。從這張圖上，我們可以清晰地發現爲什麼二〇〇七年二月底發生了第一次世界金融市場大地震，又爲什麼八月發生了第二次大地震，而第三次大地震的高峰很可能是二〇〇七年年底。隨後的餘震還將持續多年。

## 世界金融市場的未來會怎樣？

儘管中央銀行家們暫時壓住了危機，但根本性的債務內爆問題並沒有得到絲毫緩解。美國銀行系統中七千五百億美元的ＣＤＯ資產估值問題尚未曝光，另外就是二〇〇七年年底和二〇〇八年會出現大規模抵押貸款利率重設問題。到時候，肯定又是一場大地震。連續災難性的地震之後，美國消費者仍然興高采烈地大舉借債消費的可能性微乎其微。

問題的本質是，在一個債務貨幣驅動世界經濟的時代，償還或摧毀債務都意味著流動性收縮。由於金融市場對高回報的需求是實體經濟增長難以滿足的，金融市場甚至不能容忍流動性增長減速，更不用說是停止和下降了。但是，次級貸款債務的內爆，已經說明美國人對未來的透支能力已被消耗得潛力殆盡了。二〇〇六年，美國的房貸增加了一．九兆美元，而基於此的債務衍生商品規模就更大了。如果這個龐大的債務工具系統性能下降，又到哪裡去找更大規模的債務系統呢？

作爲新的債務替代工具，華爾街的天才們正在加緊開發「死亡債券」（Death Bond）這個新產品。「死亡債券」的核心就是把人死後的人壽保險補償金倒騰出來。投行們會找到有人壽保險的人，他們會建議說，人壽保險是死後給別人花的，爲什麼不現在就拿出來在自己有生之年用呢？這個建議幾乎是人人都會受到誘惑的。投行們將二百張左右的人壽保險單集合打包成資產抵押債券（ABS），在華爾街賣給投資人。賣出人壽保險的個人，通常可以得到相當於自己全部保險金的二〇％至四〇％的現金；而購買死亡債券的投資人，則需要支付這筆錢並按月繼續支付保險金，直到保險人去世，然後所有保險金都歸投資人。保險人死亡愈早，投資人收益愈大。所以投資人是掐著碼錶等待保險人死亡。投資銀行在中間提取五％到六％的費用。儘管如此，這個市場也遠不夠替代抵押貸款的規模，即使達到最高水準，也只能產生大約每年一千九百億美元左右的債務工具，僅爲抵押債務規模的十分之一。

還有一個思路就是大大延長抵押債務的期限，從普通三十年期延長到四十至五十年，這樣也能大幅度提高債務規模，爲金融市場供應足夠的流動性。

如果沒有一種規模足夠大、增加足夠快、運作機制足夠合理的債務系統，來取代暫時癱瘓的抵押債務，將沒有什麼力量能夠阻止一場嚴重的經濟衰退的來臨！

## 注釋


1 John Maynard Keynes, *The Economic Consequences of the Peace*, Harcourt, Brace and Howe, 1919, pp.235

2 Ayn Rand, Alan Greenspan, *Capitalism: The Unknown Ideal*, Signet, 1986, pp. 35

3 Murray N. Rothbard, *The Case Against the Fed*, Ludwig von Mises Institute, 1994, pp.39-40

4 Federal Reserve Board, Flow of Funds, 2007-06-07

5 Alan Greenspan, *Understanding household debt obligations*, At the Credit Union National Association 2004 Governmental Affairs Conference, Washington, D.C., February 23, 2004

6 Peter Coy, *The Home Loans Vexing Greenspan*, Business Week, June 10, 2005, pp.52

7 Gillian Tett, *Pension Funds left Vulnerable after Unlikely Bet on CDOs*, Financial Times, July 6, 2007

8 Katie Benner, *Subprime Contagion?* Fortune, July, pp.152

綠蠹魚叢書 YLG86

貨幣戰爭

Currency Wars

編著：宋鴻兵

副主編：鄭祥琳

執行編輯：許雅婷

文化生活領域副總編輯：吳家恆

文化生活領域總編輯：林皎宏

封面設計：張士勇　內頁設計：唐壽南

---

發行人：王榮文

出版・發行：遠流出版事業股份有限公司

地址：臺北市南昌路二段81號6樓

電話：(02)2392-6899　傳真：(02)2392-6658

郵撥：0189456-1

---

著作權顧問：蕭雄淋律師

法律顧問：王秀哲律師・董安丹律師

2008年10月1日　初版一刷

2008年12月1日　初版七刷

行政院新聞局局版臺業字第1295號

售價：新台幣350元（缺頁或破損的書，請寄回更換）



ISBN　978-957-32-6379-1

YLib.com 遠流博識網

http://www.ylib.com　E-mail:ylib@ylib.com

---

國家圖書館出版品預行編目資料

貨幣戰爭 / 宋鴻兵編著. – 初版.
– 臺北市：遠流, 2008.10
面；　公分. --（綠蠹魚；YLG86）
ISBN 978-957-32-6379-1（平裝）
1.金融史 2.貨幣史 3.國際金融 4.貨幣政策
561.09　　97017713